기적의 필기노트

HSK 5급 합격요약서

머리말

'초단기 HSK 5급 합격'
접근부터 다릅니다

철저한 분석과 연구에 기반한 교재
오직 기출 데이터 분석에 근거하여 집필한 내용을 담았습니다.

HSK 5급 기출문제의 세부 문제 유형과 단서 표현, 빈출 어휘 등을 심도있게 분석하여 교재 집필에 반영하였습니다.
수험생 여러분이 HSK 5급 기출 트렌드를 파악하며 학습할 수 있도록 구성하였습니다.

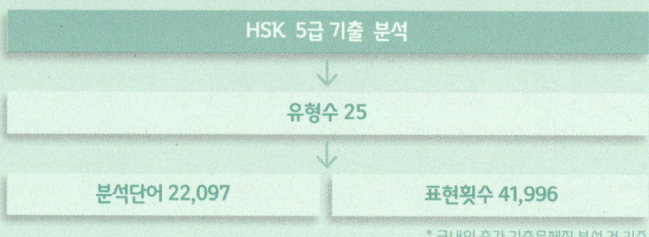

기출 문항 데이터 분석
23,032건

HSK 5급 기출 분석
유형수 25
분석단어 22,097   표현횟수 41,996
* 국내외 출간 기출문제집 분석 건 기준

초단기 합격은 결국 선택과 집중
기출 기반 빈출맵으로 우선순위를 도출하고
선택과 집중이 필요한 영역을 정리했습니다.

출제 빈도가 낮은 고난이도 영역 및 문제 유형은 과감히 버리고
가장 자주 출제되는 문제 유형과 단어를 중심으로 내용을 구성하여 단기간에 최대의 효과를 거둘 수 있도록 했습니다.

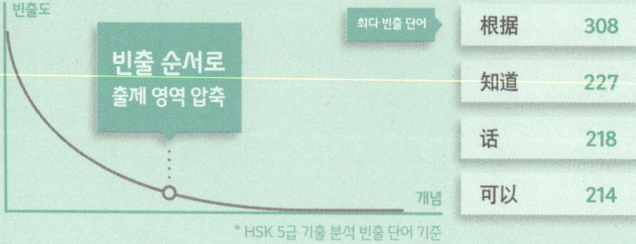

빈출도 / 빈출 순서로 출제 영역 압축 / 개념

최다 빈출 단어
根据 308
知道 227
话 218
可以 214

* HSK 5급 기출 분석 빈출 단어 기준

HSK를 대하는 자세를 바꾸다
중단기 HSK 5급 기적의 필기노트

어느 시험이나 합격을 위해서는 많은 시간과 노력이 필요합니다.
하지만, 같은 시험이라도 수험생 개개인이 어떻게 공부하느냐에 따라
'합격 수준'에 도달하는 시간은 크게 달라집니다.
막연한 고득점이 아닌 합격 수준을 달성하는 데 철저히 초점을 맞춘 오랜 연구의 결과로, 기출 Data Science 기반에
중단기의 통찰력을 더해 초단기 HSK 5급 합격을 위한 핵심 기술만을 담은 **기적의 필기노트**를 선보입니다.

중단기의 HSK 5급 핵심 기술 전수
시험장에서 바로 적용할 수 있는 중단기만의 실전 기술을 담았습니다.

특정 단어만 듣고도, 빈칸 앞뒤 단어만 보고도 바로 정답을 고를 수 있는 문제들이 많습니다. 기술로 잡을 수 있는 문제는 반드시 맞힐 수 있도록, HSK 마스터 중단기만의 검증된 핵심 기술들을 모았습니다.

기적의 필기노트

중단기 pick! 88개의 HSK 5급 합격 기술

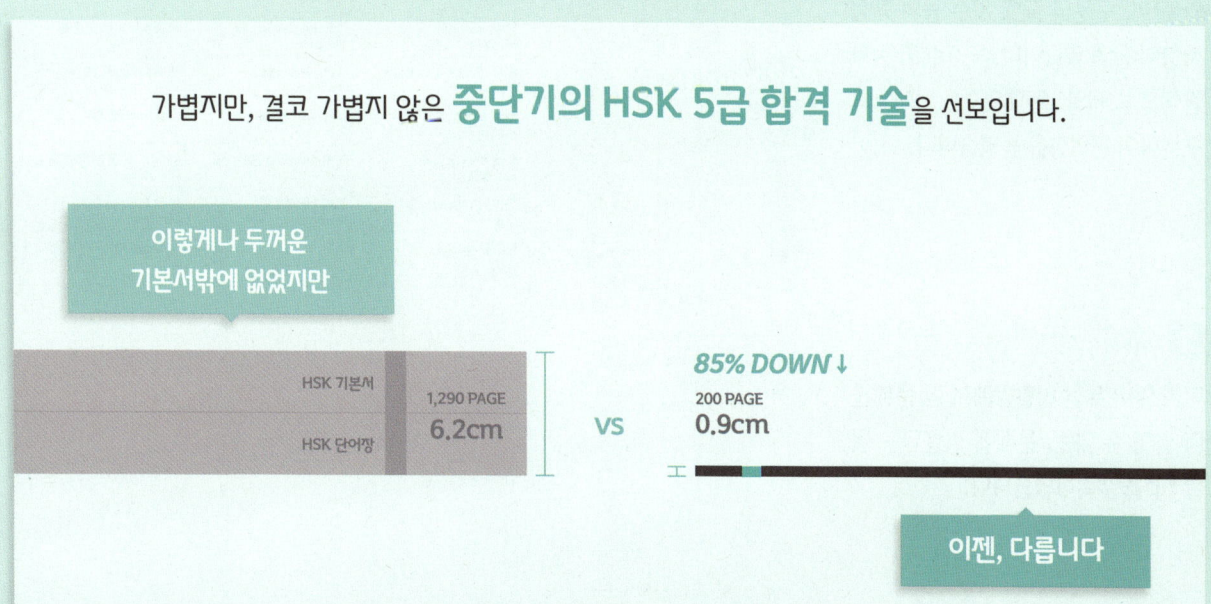

가볍지만, 결코 가볍지 않은 **중단기의 HSK 5급 합격 기술**을 선보입니다.

이렇게나 두꺼운 기본서밖에 없었지만

HSK 기본서
HSK 단어장
1,290 PAGE
6.2cm

VS

85% DOWN↓
200 PAGE
0.9cm

이젠, 다릅니다

교재의 특장점 및 활용법

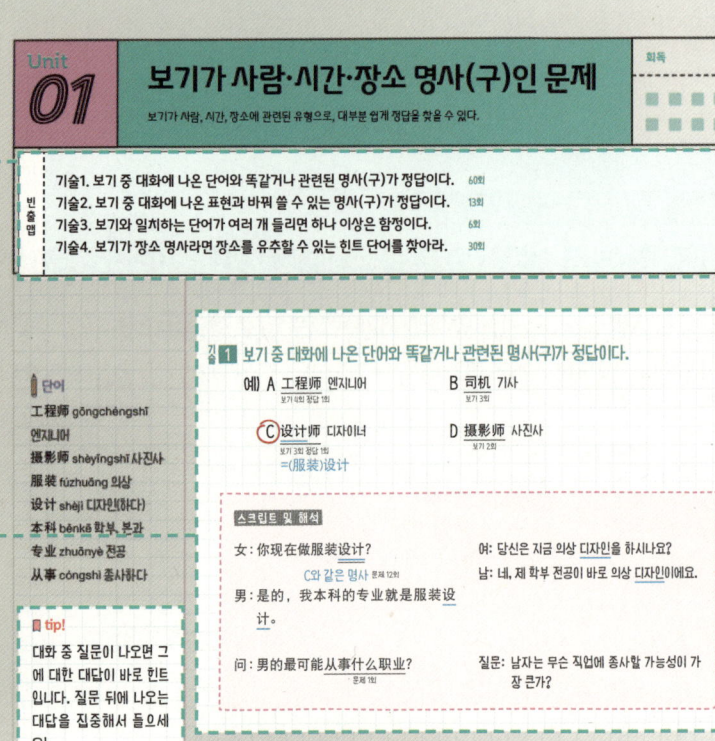

1 HSK 빈출맵

HSK 기출문제를 완벽 분석하여 도출한 각 영역별, 유형별 시험 기술을 한눈에 파악할 수 있습니다. 나에게 필요한 시험 기술을 집중적으로 공부하세요.

2 중단기만의 실전 기술

HSK 전문가이자 유튜브 스타 강사가 알려주는 중단기만의 실전 HSK 기술을 수록하였습니다. 기술에 대한 상세한 설명, 기술 활용에 필요한 문법 지식, 반드시 암기해야 할 암기 포인트와 단어, 구문의 출제 횟수 등의 핵심 사항이 담겨 있습니다. 보조 설명은 파란색으로, HSK 출제 횟수는 회색으로 구분하여 편의성을 높였습니다.

3 tip!

미리 알아 두면 시험장에서 한 문제를 더 맞힐 수 있는, 문제에 직결되는 필살 tip을 수록하였습니다.

HSK를 대하는 자세를 바꾸다
중단기 HSK 5급 기적의 필기노트

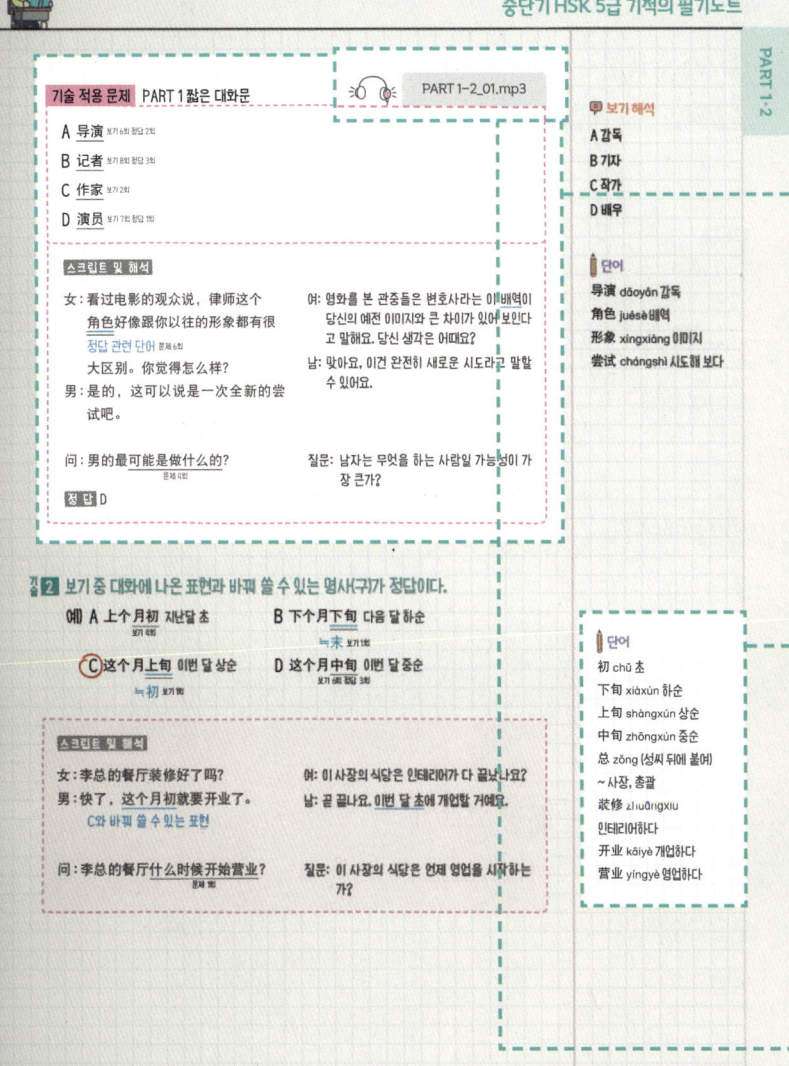

4 기술 적용 문제
앞에서 배운 기술을 실제 HSK 시험에 적용해 볼 수 있도록 기출 기반의 HSK 실전 문제를 수록하였습니다. 기술을 이해하는 것에 그치지 않고 실제 문제 풀이에 직접 적용해서 풀어 볼 수 있습니다.

5 필수 어휘
HSK에서 자주 출제되는 빈출 어휘 및 어려운 어휘를 정리하였습니다. 따로 사전을 찾아보지 않더라도 여기에 있는 어휘를 알고 넘어간다면 시험이 조금도 어렵지 않습니다.

6 MP3 무료 다운로드
중단기 홈페이지(china.conects.com) 접속 → 상단 [무료 서비스] → '교재 MP3 다운로드'를 클릭하여 실제 시험과 동일한 속도로 녹음된 듣기 영역 문제의 MP3를 다운받을 수 있습니다.

목차

듣기

PART 1·2   대화문

UNIT 01	보기가 사람·시간·장소 명사(구)인 문제	010
UNIT 02	보기가 사물 명사(구)인 문제	015
UNIT 03	이유, 감정을 묻는 문제	019
UNIT 04	제안, 요청을 묻는 문제	024
UNIT 05	종합적인 판단이 필요한 문제	028

PART 2   단문

UNIT 06	이야기형 단문	032
UNIT 07	설명형 단문	037
UNIT 08	논설형 단문	042

독해

PART 1   빈칸 채우기

UNIT 09	문장 성분 파악 유형	050
UNIT 10	어휘 호응 파악 유형	055
UNIT 11	앞뒤 문맥 파악 유형	060

PART 2   지문과 일치하는 문장 고르기

UNIT 12	독해 2부분 문제 풀이 전략	064
UNIT 13	오답 소거하기	069
UNIT 14	정답 찾기	074

PART 3   지문 읽고 질문에 알맞은 답 고르기

UNIT 15	질문 유형별 문제 풀이 전략 1	079
UNIT 16	질문 유형별 문제 풀이 전략 2	085
UNIT 17	질문 유형별 문제 풀이 전략 3	091

쓰기

PART 1 제시어 배열하기

UNIT 18	기본 어순 배열하기	100
UNIT 19	관형어, 부사어 배열하기	104
UNIT 20	是자문, 有자문, 比자문 배열하기	110
UNIT 21	把자문, 피동문, 겸어문 배열하기	115
UNIT 22	연동문, 존현문 배열하기	121
UNIT 23	보어 배열하기	126

PART 2 작문하기

UNIT 24	제시어로 작문하기	132
UNIT 25	사진 보고 작문하기	137

HSK 5급 필수 단어 1300   146
HSK 5급 합격 기술 88   194

기적의 필기노트
중단기 HSK 5급

HSK를 대하는 자세를 바꾸다

듣기
PART 1-2

PART 1·2 대화문

UNIT 01 보기가 사람·시간·장소 명사(구)인 문제

UNIT 02 보기가 사물 명사(구)인 문제

UNIT 03 이유, 감정을 묻는 문제

UNIT 04 제안, 요청을 묻는 문제

UNIT 05 종합적인 판단이 필요한 문제

PART 2 단문

UNIT 06 이야기형 단문

UNIT 07 설명형 단문

UNIT 08 논설형 단문

Unit 01 보기가 사람·시간·장소 명사(구)인 문제

보기가 사람, 시간, 장소에 관련된 유형으로, 대부분 쉽게 정답을 찾을 수 있다.

빈출맵

기술1. 보기 중 대화에 나온 단어와 똑같거나 관련된 명사(구)가 정답이다.	60회
기술2. 보기 중 대화에 나온 표현과 바꿔 쓸 수 있는 명사(구)가 정답이다.	13회
기술3. 보기와 일치하는 단어가 여러 개 들리면 하나 이상은 함정이다.	6회
기술4. 보기가 장소 명사라면 장소를 유추할 수 있는 힌트 단어를 찾아라.	30회

기술 1 보기 중 대화에 나온 단어와 똑같거나 관련된 명사(구)가 정답이다.

예)
A 工程师 엔지니어 _{보기 4회 정답 1회}
B 司机 기사 _{보기 3회}
Ⓒ 设计师 디자이너 _{보기 3회 정답 1회} =(服装)设计
D 摄影师 사진사 _{보기 2회}

단어
- 工程师 gōngchéngshī 엔지니어
- 摄影师 shèyǐngshī 사진사
- 服装 fúzhuāng 의상
- 设计 shèjì 디자인(하다)
- 本科 běnkē 학부, 본과
- 专业 zhuānyè 전공
- 从事 cóngshì 종사하다

tip!
대화 중 질문이 나오면 그에 대한 대답이 바로 힌트입니다. 질문 뒤에 나오는 대답을 집중해서 들으세요.

스크립트 및 해석

女：你现在做服装设计？ — C와 같은 명사 문제 12회
男：是的，我本科的专业就是服装设计。
问：男的最可能从事什么职业？ 문제 1회

여: 당신은 지금 의상 디자인을 하시나요?
남: 네, 제 학부 전공이 바로 의상 디자인이에요.
질문: 남자는 무슨 직업에 종사할 가능성이 가장 큰가?

사람을 나타내는 빈출 표현 반드시 암기!★

外公 wàigōng 외할아버지 보기 2회 정답 2회	姥姥 lǎolao 외할머니 보기 3회 정답 1회	舅舅 jiùjiu 외삼촌 보기 3회
隔壁 gébì 이웃 보기 3회 정답 1회	房东 fángdōng 집주인 보기 6회 정답 3회	华裔 huáyì 화교의 자녀
领导 lǐngdǎo 리더, 지도자 보기 3회	教练 jiàoliàn 코치 보기 13회 정답 2회	总裁 zǒngcái 대표 보기 3회
秘书 mìshū 비서 보기 10회 정답 2회	律师 lǜshī 변호사 보기 8회	会计 kuàijì 회계사 보기 5회
导演 dǎoyǎn 감독 보기 6회 정답 2회	明星 míngxīng 연예인, 스타 보기 3회	编辑 biānjí 편집자, 에디터 보기 7회 정답 1회
主持人 zhǔchírén 사회자 보기 5회 정답 1회	嘉宾 jiābīn 게스트 보기 4회 정답 1회	专家 zhuānjiā 전문가 보기 6회 정답 1회
志愿者 zhìyuànzhě 자원봉사자	竞争对手 jìngzhēng duìshǒu 경쟁 상대 보기 1회 정답 1회	球迷 qiúmí (야구·축구 등의) 팬 보기 1회

HSK를 대하는 자세를 바꾸다
중단기 HSK 5급 기적의 필기노트

기술 적용 문제 PART 1 짧은 대화문 🎧 PART 1-2_01.mp3

A 导演 보기 6회 정답 2회
B 记者 보기 8회 정답 3회
C 作家 보기 2회
D 演员 보기 7회 정답 1회

보기 해석
A 감독
B 기자
C 작가
D 배우

단어
导演 dǎoyǎn 감독
角色 juésè 배역
形象 xíngxiàng 이미지
尝试 chángshì 시도해 보다

스크립트 및 해석

女: 看过电影的观众说，律师这个角色好像跟你以往的形象都有很 <u>정답 관련 단어</u> 문제 6회 大区别。你觉得怎么样?
男: 是的，这可以说是一次全新的尝试吧。

여: 영화를 본 관중들은 변호사라는 이 배역이 당신의 예전 이미지와 큰 차이가 있어 보인다고 말해요. 당신 생각은 어때요?
남: 맞아요, 이건 완전히 새로운 시도라고 말할 수 있어요.

问: 男的最可能是做什么的? 문제 4회

질문: 남자는 무엇을 하는 사람일 가능성이 가장 큰가?

정답 D

꿀 2 보기 중 대화에 나온 표현과 바꿔 쓸 수 있는 명사(구)가 정답이다.

(예) A 上个月初 지난달 초 보기 4회
B 下个月下旬 다음 달 하순
  ≒末 보기 1회
Ⓒ 这个月上旬 이번 달 상순
  ≒初 보기 1회
D 这个月中旬 이번 달 중순 보기 6회 정답 3회

단어
初 chū 초
下旬 xiàxún 하순
上旬 shàngxún 상순
中旬 zhōngxún 중순
总 zǒng (성씨 뒤에 붙여)
~ 사장, 총괄
装修 zhuāngxiū
인테리어하다
开业 kāiyè 개업하다
营业 yíngyè 영업하다

스크립트 및 해석

女: 李总的餐厅装修好了吗?
男: 快了，这个月初就要开业了。
   <u>C와 바꿔 쓸 수 있는 표현</u>

여: 이 사장의 식당은 인테리어가 다 끝났나요?
남: 곧 끝나요. 이번 달 초에 개업할 거예요.

问: 李总的餐厅什么时候开始营业? 문제 1회

질문: 이 사장의 식당은 언제 영업을 시작하는가?

UNIT 01 보기가 사람·시간·장소 명사(구)인 문제 11

UNIT 01 보기가 사람·시간·장소 명사(구)인 문제

보기 해석
A 신정 이후
B 다음 달 중순
C 국경절 이후
D 월말

단어
元旦 Yuándàn 신정
国庆节 Guóqìngjié 건국 기념일
秘书 mìshū 비서
深圳 Shēnzhèn 선전(지명)
(预)订 (yù)dìng 예약하다
往返 wǎngfǎn 왕복하다

기술 적용 문제 PART 2 긴 대화문 🎧 PART 1-2_02.mp3

A 元旦后
  보기 3회
B 下个月中旬 보기 6회 정답 3회
C 国庆节后
  보기 3회
D 月底 보기 6회

스크립트 및 해석

男：王秘书，我月末得去深圳出差，
     정답 힌트
     你帮我订一下飞机票吧。
女：没问题，李总。
男：对了，下个月就是国庆节了，
              함정 단어 문제 9회
     还是预订往返的票吧。
女：好的，您打算什么时候回来？

问：男的什么时候出差？
    문제 28회

남: 왕 비서님, 제가 월말에 선전으로 출장 가는데, 비행기표를 좀 예약해 주세요.
여: 알겠습니다. 이 대표님.
남: 참, 다음 달이면 바로 국경절이네요. 왕복표로 예약하는 게 좋을 것 같아요.
여: 네, 언제 돌아오실 예정이세요?

질문: 남자는 언제 출장을 가는가?

정답 D

단어
健身房 jiànshēnfáng 헬스장
外卖 wàimài 배달 음식
趟 tàng 번, 회(왕복 횟수를 나타내는 양사)
包裹 bāoguǒ 소포

tip!
대화에서 여러 개의 장소 명사가 들리면, 문제에서 묻는 장소가 어디인지를 잘 들어야 해요!

꿀 3 보기와 일치하는 단어가 여러 개 들리면 하나 이상은 함정이다.

예) A 邮局 우체국   B 餐厅 레스토랑
     여자가 가려는 곳 보기 4회   남자에게 가라고 한 곳 보기 7회
    C 办公室 사무실   D 健身房 헬스장
     보기 4회 정답 2회   보기 5회 정답 2회

스크립트 및 해석

男：快十二了，去餐厅吃饭还是叫外卖？
              함정 단어 문제 2회
女：去餐厅吃吧，你先去排队，我要先去趟邮局寄个包裹。
     정답 단어   관련 단어 문제 4회

问：女的中午要去哪儿？

남: 12시가 다 됐는데, 식당 가서 밥 먹을까요, 배달 음식을 부를까요?
여: 식당에 가서 먹죠. 먼저 가서 줄 서 계세요. 저는 먼저 소포를 보내러 우체국에 갔다 와야 해요.

질문: 여자는 정오에 어디를 가야 하는가?

장소 관련 빈출 표현 반드시 암기!★

장소	힌트 단어	
银行 yínháng 은행 보기 14회 정답 7회	窗口 chuāngkǒu 창구 보기 1회	存款 cúnkuǎn 입금(하다) 보기 1회
	取款 qǔkuǎn 출금(하다) 보기 2회	贷款 dàikuǎn 대출(하다) 보기 6회
机场 jīchǎng 공항 보기 7회 정답 1회	航班 hángbān 운항편 보기 2회 정답 1회	登机牌 dēngjīpái 탑승권 보기 1회 정답 1회
	安检 ānjiǎn 보안 검사 보기 1회	行李托运 xíngli tuōyùn 수하물을 위탁하다 보기 2회
酒店 jiǔdiàn 호텔 보기 4회 정답 2회	单人房 dānrénfáng 싱글 룸	
	双人床 shuāngrénfáng (2인용) 더블 침대 보기 1회	
	标准间 biāozhǔnjiān 일반실, 스탠다드 룸	
	登记 dēngjì 체크인(하다) 보기 4회 정답 1회	

길 4 보기가 장소 명사라면 장소를 유추할 수 있는 힌트 단어를 찾아라.

예) A 游乐场 유원지   B 玩具店 장난감 가게
                        보기 2회

C 俱乐部 동호회 클럽   Ⓓ 家具店 가구점
  보기 5회   书架를 파는 곳 보기 3회 정답 1회

스크립트 및 해석

女 : 先生，您想选哪种书架呢？实木
　　的还是金属的？ <u>힌트 단어</u> 문제 1회 보기 2회
男 : 哪种更结实呢？能带我去看看吗？

问 : 他们现在最可能在哪儿？

여 : 선생님, 어떤 책장을 고르고 싶으세요? 원목
　　 인가요 아니면 메탈로 된 것인가요?
남 : 어떤 종류가 더 튼튼한가요? 저에게 좀 보여
　　 주실 수 있나요?

질문 : 그들은 지금 어디에 있을 가능성이 가장
　　　 큰가?

단어

游乐场 yóulèchǎng 유원지
俱乐部 jùlèbù 클럽
书架 shūjià 책장
实木 shímù 원목의
金属 jīnshǔ 금속
结实 jiēshi 튼튼하다

UNIT 01　보기가 사람·시간·장소 명사(구)인 문제

보기 해석

1. A 은행
   B 회사
   C 마트
   D 대사관
2. A 카운터
   B 병원 접수처
   C 공항
   D 호텔 프론트

단어

收银台 shōuyíntái 카운터, 계산대
挂号 guàhào 접수하다
办理 bànlǐ 처리하다
业务 yèwù 업무
咨询 zīxún 자문하다
贷款 dàikuǎn 대출하다
预订 yùdìng 예약하다
标准房 biāozhǔnfáng 스탠다드 룸
出示 chūshì 제시하다
登记 dēngjì 등록하다, 체크인하다

기술 적용 문제　PART 1 짧은 대화문 / PART 2 긴 대화문　PART 1-2_03.mp3

1. A 银行　보기 14회 정답 7회
   B 公司　보기 26회 정답 8회
   C 超市　보기 1회
   D 大使馆　보기 3회

2. A 收银台
   B 医院挂号处
   C 机场　보기 7회 정답 1회
   D 酒店前台　보기 3회 정답 1회 / 보기 4회 정답 2회

스크립트 및 해석

1. 女：先生，您需要办理什么业务？　문제 11회
   男：我想咨询一下办理商业贷款的事情。　힌트 단어 문제 3회
   问：对话最可能发生在哪儿？　문제 1회

   1. 여: 선생님, 어떤 업무 처리가 필요하세요?
      남: 저는 상업 대출하는 것을 좀 알아보고 싶어요.
      질문: 대화는 어디에서 일어날 가능성이 가장 큰가?

2. 男：你好，我预订了一个标准房。我姓陈。　힌트 단어
   女：陈先生，您好？您有会员卡吗？会员价是四百一晚。
   男：有，稍等一下。
   女：请把您的护照也出示一下，　함정 단어
   我帮您登记。　힌트 단어 문제 3회
   问：对话最可能发生在哪儿？　문제 1회

   2. 남: 안녕하세요? 저는 스탠다드 룸을 하나 예약했어요. 성은 천입니다.
      여: 천 선생님, 안녕하세요? 회원 카드가 있으신가요? 회원 가격은 1박에 4백 위안입니다.
      남: 있어요. 잠시만요.
      여: 여권도 제시해 주세요. 체크인을 도와드리겠습니다.
      질문: 대화는 어디에서 일어날 가능성이 가장 큰가?

정답　1. A　2. D

Unit 02 보기가 사물 명사(구)인 문제

보기가 사물 명사나 관형어가 있는 명사(구)로 구성된 유형이다.

회독

빈출맵

기술 5. 대화에 나온 단어들로 조합된 보기가 정답이다.	64회
기술 6. 보기가 대화에 나온 단어와 똑같지 않더라도 핵심 키워드가 같으면 정답이다.	92회
기술 7. 대화의 화제를 묻는다면 핵심 키워드를 찾아라.	31회

기술 5 대화에 나온 단어들로 조합된 보기가 정답이다.

예)
A 窗帘的颜色 커튼의 색상
보기 4회 / 보기 7회 정답 4회
언급 ○

B 玻璃的颜色 유리의 색상
보기 2회
언급 X

C 地毯的价格 카펫의 가격
보기 5회 / 보기 8회 정답 2회
언급 X

D 装修的风格 인테리어 스타일
보기 12회 정답 6회 / 보기 5회
언급 X

스크립트 및 해석

女：看过这个设计图了？我觉得该换换别的颜色。
   A에 나온 단어 문제 2회
男：阳台、卧室的整体感觉都不错。但是客厅的窗帘确实有点儿暗。
   A에 나온 단어 문제 3회
问：他们在谈论什么问题？

여: 이 설계도 봤어요? 제 생각엔 다른 색으로 좀 바꿔야 할 것 같아요.
남: 베란다, 침실의 전체적인 느낌은 모두 괜찮아요. 그런데 응접실의 커튼이 확실히 좀 어둡네요.
질문: 그들은 무슨 문제를 의논하고 있는가?

기술 적용 문제 PART 1 짧은 대화문

A 学历证书
   보기 2회
B 博士论文 보기 10회 정답 3회
   보기 4회
C 调研报告 보기 5회 정답 2회
   보기 1회 정답 1회
D 年终总结 보기 5회
   보기 3회

단어

窗帘 chuānglián 커튼
玻璃 bōli 유리
地毯 dìtǎn 카펫
装修 zhuāngxiū 인테리어
风格 fēnggé 스타일
设计图 shèjìtú 설계도
阳台 yángtái 베란다
卧室 wòshì 침실
整体 zhěngtǐ 전체
暗 àn 어둡다

보기 해석

A 학력 증명서
B 박사 논문
C 조사 보고서
D 연말 총결산표

UNIT 02　보기가 사물 명사(구)인 문제

단어
学历 xuélì 학력
证书 zhèngshū 증명서
论文 lùnwén 논문
简历 jiǎnlì 이력서
文件夹 wénjiànjiā 서류철
装 zhuāng 들다, 담다

스크립트 및 해석

女：你在简历里提到的读博士期间写
　　정답 힌트
的那份论文，带来了吗？
　정답 힌트 문제 13회

男：带了，都在这个文件夹里，您看
一下。

问：文件夹里装的是什么？
　　　　　　문제 4회

정 답 B

여: 당신이 이력서에서 언급한 박사 과정 기간에 쓴 그 논문을 가져왔나요?

남: 가져왔어요, 모두 이 서류철 안에 있습니다. 한 번 보시죠.

질문: 서류철 안에는 무엇이 들어 있는가?

팁 6 보기가 대화에 나온 단어와 똑같지 않더라도 핵심 키워드가 같으면 정답이다.

단어
绘画 huìhuà 그림을 그리다
养 yǎng 기르다
文学 wénxué 문학
棒球 bàngqiú 야구
年纪 niánjì 나이

tip!
대화 속의 질문에 나온 단어는 함정 단어일 수 있으므로 대답을 잘 들어야 해요!

예) A 绘画 그림 그리기　　　B 养花 꽃 키우기
　　　　　　　　　　　　　　　보기 1회
　ⓒ 体育运动 스포츠 운동　　D 文学艺术 문학 예술
　　핵심 키워드 보기 1회 정답 1회
　　보기 3회 정답 1회

스크립트 및 해석

男：奶奶，爷爷年轻时就喜欢养花吗?
　　　　　　　　　함정 단어

女：他年轻时喜欢运动，爱打乒乓球、
　　　　　정답 힌트 문제 7회
棒球，现在年纪大了，才开始喜
欢上养花。

问：爷爷年轻时喜欢什么?
　　　　문제 1회

남: 할머니, 할아버지는 젊은 시절부터 꽃 키우기를 좋아하셨어요?

여: 할아버지가 젊을 때는 운동을 좋아했단다. 탁구나 야구 하는 걸 좋아했지. 지금은 나이가 많아지니까 꽃 키우는 걸 좋아하기 시작했단다.

질문: 할아버지는 젊을 때 무엇을 좋아했는가?

보기 해석
A 주유소
B 주차 자리
C 카센터
D 보험 회사

기술 적용 문제　PART 1 짧은 대화문　　PART 1-2_05.mp3

A 加油站 보기 3회
B 停车位 보기 1회 정답 1회
C 汽车修理店 보기 1회
D 保险公司 보기 2회 정답 1회

HSK를 대하는 자세를 바꾸다
중단기 HSK 5급 기적의 필기노트

> **스크립트 및 해석**
>
> 女: 师傅, 请问前面能停车吗?
>   문제 1회
>
> 男: 对不起, 地上没有车位了, 地下
>   정답 힌트 문제 3회
> 车库还有, 下去后向右拐。
>
> 问: 女的在找什么?
>   문제 3회
>
> 정답 B
>
> 여: 아저씨, 앞에 주차할 수 있을까요?
> 남: 죄송해요, 지상층은 주차 자리가 없고, 지하 차고는 아직 있어요. 내려가서 우회전하세요.
>
> 질문: 여자는 무엇을 찾고 있는가?

📎 **단어**
车位 chēwèi 주차 자리
保险 bǎoxiǎn 보험
车库 chēkù 차고
拐 guǎi 방향을 바꾸다

기술 7 대화의 화제를 묻는다면 핵심 키워드를 찾아라.

예) A 锻炼身体 신체 단련   B 放不放糖 설탕을 넣을지 말지
    보기 3회 정답 1회

Ⓒ 鸡的做法 닭 조리법   D 谁来做菜 누가 요리를 할지
  ↳ 油炸, 清蒸 보기 1회 정답 1회
  └ 핵심 키워드

> **스크립트 및 해석**
>
> 男: 妈, 今天有什么好吃的?
> 女: 刚才我在市场买了一只鸡, 你想
>   핵심 키워드
> 吃油炸的还是清蒸的?
>   문제 4회   문제 2회
>   정답 힌트
>
> 男: 还是清蒸的吧。我想吃清淡点儿的。
> 女: 好, 吃清淡点儿对身体好。
>
> 问: 他们在谈论什么?
>   문제 7회
>
> 남: 엄마, 오늘은 어떤 맛있는 게 있어요?
> 여: 방금 내가 시장에서 닭 한 마리를 샀어, 너는 기름에 튀긴 걸 먹고 싶니, 아니면 찐 걸 먹고 싶니?
> 남: 찐 걸로 할래요, 저는 좀 담백한 걸 먹고 싶어요.
> 여: 좋아, 좀 담백한 걸 먹는 게 몸에 좋지.
>
> 질문: 그들은 무엇을 의논하고 있는가?

📎 **단어**
油炸 yóuzhá 기름에 튀기다
清蒸 qīngzhēng 조미료를 넣지 않고 찌다
清淡 qīngdàn 담백하다

UNIT 02 보기가 사물 명사(구)인 문제 17

UNIT 02　보기가 사물 명사(구)인 문제

보기 해석

A 컴퓨터 수리
B 할인 프로모션
C 새집 인테리어
D 가전제품 설치

단어

维修 wéixiū 수리(하다)
新房 xīnfáng 새집
装修 zhuāngxiū 인테리어
安装 ānzhuāng 설치하다
电器 diànqì 가전제품
基础 jīchǔ 기초
选购 xuǎngòu 골라서 사다
卧室 wòshì 침실
家具 jiājù 가구

기술 적용 문제 PART 2 긴 대화문 PART 1-2_06.mp3

A 电脑维修 보기 2회 정답 2회
　　보기 6회 정답 1회
B 打折活动 보기 4회 정답 2회
　　보기 2회
C 新房装修 보기 12회 정답 6회
D 安装电器 보기 8회 정답 3회

스크립트 및 해석

男：听说你们买房子了？
　　　　　정답 힌트
女：是的，基础装修已经差不多了，
　　　　핵심 키워드 문제 14회
　　就差选购卧室的家具。
男：你想好买什么样的家具了吗？
女：还没呢，我先去家具城逛逛。

问：他们在谈论什么？

남: 듣자 하니 집을 샀다면서요?
여: 네, 기본 인테리어는 이미 거의 다 했고, 침실의 가구만 사면 돼요.
남: 당신은 어떤 가구를 살지 생각해 뒀나요?
여: 아직이요, 먼저 가구 종합몰에 가서 좀 둘러보려고요.

질문: 그들은 무엇을 의논하고 있는가?

정답 C

이유, 감정을 묻는 문제

회독

빈출맵	
기술8. 대화에서 이유를 묻거나 설명하는 말을 찾아라.	53회
기술9. 대화에서 제안을 거절할 경우, 뒤에 나오는 거절의 이유가 핵심이다.	20회
기술10. 보기가 감정, 기분, 태도를 나타내는 단어라면 대화에서 감정 시그널을 시그널을 찾아라.	5회
기술11. 감정 시그널이 들리지 않는다면 어감을 나타내는 단어로 감정을 유추하라.	12회

기술 8 대화에서 이유를 묻거나 설명하는 말을 찾아라.

(예) A 手机停机 휴대폰이 정지되어서
  보기 1회
  보기 11회 정답 2회

B 不方便接 전화를 받기 불편해서
  보기 1회
  보기 2회 정답 1회

C 手机没电 휴대폰 배터리가 없어서
  보기 6회 정답 4회

(D) 没注意到 알아채지 못해서
  녹음과 일치 보기 1회 정답 1회

스크립트 및 해석

男: 我给你打了好几次电话，怎么一直没人接? — 이유 질문

女: 真不好意思，我刚才把手机调成了震动模式，没注意到。 — 이유 설명 문제 1회

问: 女的为什么没接电话? 문제 70회

남: 제가 당신에게 몇 번이나 전화를 했는데, 어째서 계속 받지 않아요?

여: 정말 미안해요. 제가 방금 휴대폰을 진동 모드로 조정해 놓아서 알아채지 못했어요.

질문: 여자는 왜 전화를 받지 않았는가?

단어
调成 tiáochéng 조정하다
震动模式 zhèndòng móshì 진동 모드

기술 적용 문제 PART 1 짧은 대화문 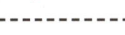 PART 1-2_07.mp3

A 同意担任主角 보기 1회
  보기 4회 정답 3회

B 请到了著名导演 보기 6회 정답 2회
  보기 1회

C 答应为影片做宣传 보기 3회 정답 1회
  보기 1회

D 提供了资金支持 보기 1회 정답 1회
  보기 2회 정답 1회

보기 해석
A 주연을 맡는 데 동의해서
B 유명한 감독을 모셔서
C 영화 홍보를 해 주기로 해서
D 자금 지원을 제공해서

UNIT 03　이유, 감정을 묻는 문제

단어
担任 dānrèn 맡다
主角 zhǔjué 주인공
导演 dǎoyǎn 감독
答应 dāying 승낙하다
宣传 xuānchuán 홍보(하다)
提供 tígōng 제공하다
资金 zījīn 자금
支持 zhīchí 후원하다
拍 pāi 찍다
合作 hézuò 합작하다
荣幸 róngxìng 영광스럽다

스크립트 및 해석

男: 很高兴这次能一起拍《三国志》电视剧，对你们担任宣传再次表示感谢。 〔정답 힌트〕
女: 导演，您别客气，能与您合作我们感到很荣幸。

问: 男的为什么要感谢女的? 〔문제 70회〕

남: 이번 드라마 〈삼국지〉를 같이 찍을 수 있어서 매우 기뻐요. 여러분이 홍보를 맡아 주셔서 다시 한 번 감사를 표합니다.
여: 감독님, 별말씀을요. 당신과 합작할 수 있어 저희가 매우 영광스럽게 느껴요.

질문: 남자는 왜 여자에게 고마워하는가?

정답 C

기술 9 대화에서 제안을 거절할 경우, 뒤에 나오는 거절의 이유가 핵심이다.

예) Ⓐ 设备出毛病了 설비가 고장 나서
　　보기 5회 정답 2회 ─ 보기 1회
　　≒设备出了问题

Ⓑ 嘉宾没到齐 게스트가 다 오지 않아서
　　보기 4회 정답 1회

단어
设备 shèbèi 설비(하다)
毛病 máobìng 고장
嘉宾 jiābīn 귀빈, 게스트
齐 qí 갖추어지다
专家 zhuānjiā 전문가
播放 bōfàng 방송하다
临时 línshí 잠시
调试 tiáoshì 테스트하다

Ⓒ 会议室停电了 회의실이 정전되어서
　　보기 2회

Ⓓ 电脑出问题 컴퓨터에 문제가 생겨서
　　보기 15회 정답 6회
　　└ 보기 6회 정답 1회

스크립트 및 해석

女: 参会的专家都到了，我们开始吧。 〔제안〕
男: 不好意思，播放设备临时出了点 〔거절〕 〔정답 힌트〕
　　儿问题，还在调试，稍等几分钟。

问: 会议为什么还不能开始? 〔문제 70회〕

여: 회의에 참석할 전문가들이 모두 도착했어요, 우리 시작합시다.
남: 죄송해요, 방송 설비에 잠시 문제가 생겨서 아직 테스트 중이에요. 몇 분만 좀 기다려 주세요.

질문: 회의를 왜 아직 시작할 수 없는가?

보기 해석
A 목이 아프다
B 술에 취했다
C 알레르기가 있다
D 식욕이 없다

기술 적용 문제　PART 1 짧은 대화문　🎧 PART 1-2_08.mp3

A 嗓子疼　보기 2회 정답 1회
B 喝醉了　보기 4회
C 过敏了　보기 5회 정답 3회
D 没胃口　보기 1회

HSK를 대하는 자세를 바꾸다
중단기 HSK 5급 기적의 필기노트

스크립트 및 해석

女 : 单位附近新开了一家川菜馆儿，我们去尝尝，好不好?
　　　　　　　　　　　　　　　　제안

男 : 过段时间吧，我最近嗓子疼，
　　　　거절　　　　　정답 힌트
　　不能吃辣的。

问 : 男的怎么了?
　　　문제 35회

여: 회사 근처에 쓰촨 요리점이 새로 열었는데 우리 가서 먹어 봐요, 어때요?

남: 시간 좀 지나고 나서요. 제가 요즘 목이 아파서 매운 걸 못 먹어요.

질문: 남자는 어떠한가?

정답 A

단어
嗓子 sǎngzi 목(구멍)
醉 zuì 취하다
过敏 guòmǐn 알레르기가 있다
胃口 wèikǒu 식욕
单位 dānwèi 회사
川菜 Chuāncài 쓰촨 요리

길출 10 보기가 감정, 기분, 태도를 나타내는 단어라면 대화에서 감정 시그널을 찾아라.

예) A 自豪 자랑스럽다　　　B 遗憾 유감이다
　　　보기 2회　　　　　　　　보기 4회
　　C 怀疑 의심한다　　　　Ⓓ 兴奋 흥분된다
　　　보기 3회　　　　　　　　보기 2회 정답 1회

스크립트 및 해석

男 : 看你乐的，中大奖了吗?
女 : 真不敢相信，我终于拿到驾照了，
　　　　　　　　감정 시그널 문제 1회
　　以后就不用挤公交了!

问 : 女的是什么态度?

남: 신이 난 걸 보니, 복권에 당첨됐나요?
여: 정말 믿을 수 없어요. 제가 드디어 운전면허증을 땄어요. 다음부터 버스에 끼어 타지 않아도 된다고요!

질문: 여자는 어떤 태도인가?

단어
自豪 zìháo 자랑으로 여기다
遗憾 yíhàn 유감스럽다
乐 lè 즐겁다
中奖 zhòngjiǎng 당첨되다
驾照 jiàzhào 운전면허증
挤 jǐ 비좁다
公交 gōngjiāo 대중교통

tip!
보기 중 긍정적인 단어에 '+', 부정적인 단어에 '-' 표시를 해 두면 정답을 더 빨리 찾을 수 있어요!

보기 해석
A 비평한다
B 원망한다
C 놀랐다
D 칭찬한다

기술 적용 문제 PART 1 짧은 대화문　　　PART 1-2_09.mp3

A 批评 보기 2회
B 抱怨 보기 1회
C 吃惊 보기 3회 정답 1회
D 称赞 보기 4회 정답 1회

UNIT 03 이유, 감정을 묻는 문제

UNIT 03 이유, 감정을 묻는 문제

단어
抱怨 bàoyuàn 원망하다
称赞 chēngzàn 칭찬하다
工艺品 gōngyìpǐn 공예품
居然 jūrán 뜻밖에

스크립트 및 해석

男：这是我在上海带回来的工艺品，送给你。

女：不会吧？你居然送给我这些，
　　　　　문제 2회　　문제 4회
　　　　　　정답 힌트
太让人感动了。

남: 이건 내가 상하이에서 가져온 공예품인데요, 선물로 드릴게요.

여: 설마요? 당신이 의외로 이런 걸 제게 주다니 너무 감동이네요!

问：女的是什么态度?

질문: 여자는 어떤 태도인가?

정 답 C

기술 11 감정 시그널이 들리지 않는다면 어감을 나타내는 단어로 감정을 유추하라.

(예) A 安慰 위로하다　　　　　　　Ⓑ 责备 책망하다
　　　보기 3회 정답 1회　　　　　　　보기 3회 정답 1회
　　　　　　　　　　　　　　　怎么又~, 坏习惯, 真得改의 어기

　　C 委屈 억울하다　　　　　　　D 称赞 칭찬하다
　　　보기 1회　　　　　　　　　　　보기 4회 정답 1회

단어
安慰 ānwèi 위로하다
责备 zébèi 책망하다
委屈 wěiqu 억울하다
称赞 chēngzàn 칭찬하다
充电器 chōngdiànqì 충전기

스크립트 및 해석

男：手机没电了，你带充电器了吧？借我用用。

女：你怎么又借用我的了？总是乱丢东西，你这个坏习惯真得改改了。
　　　　　　　　　책망하는 어기

남: 휴대폰 배터리가 없어요, 당신 충전기 가져 왔죠? 저 좀 빌려주세요.

여: 당신은 어째서 또 제 것을 빌려 쓰나요? 늘 물건을 함부로 두고, 당신은 이런 나쁜 습관을 정말 고쳐야 해요.

问：女的是什么语气?
　　　문제 3회

질문: 여자는 어떤 말투인가?

보기 해석

1. A 찬성한다
　 B 반대한다
　 C 망설인다
　 D 상관없다

2. A 흥분했다
　 B 영광으로 여긴다
　 C 조금 유감이다
　 D 좀 걱정된다

기술 적용 문제 PART 2 긴 대화문 / PART 1 짧은 대화문　　PART 1-2_10.mp3

1. A 赞成 보기 2회　　　　　　　2. A 很兴奋 보기 2회 정답 1회
　 B 反对 보기 5회 정답 1회　　　　　B 感到荣幸 보기 1회
　 C 犹豫 보기 3회　　　　　　　　C 有些遗憾 보기 4회
　 D 无所谓 보기 1회　　　　　　　D 有点儿担心 보기 4회 정답 1회

HSK를 대하는 자세를 바꾸다
중단기 HSK 5급 기적의 필기노트

스크립트 및 해석

1. 女 : 你知道最近哪支股票好吗?
   男 : 你不是说投股风险很大吗?
   <u>정답 힌트</u> 문제 4회
   女 : 我只是关注一下市场的趋势。
   男 : 原来是这样啊，我以为你改变主意了。

   问 : 关于投资股市，女的是什么态度?

2. 男 : 经理安排你负责这个项目?
   女 : 是啊，我也是刚知道的。<u>可是我以前很少接触这方面的业务。</u>
   문제 1회   <u>정답 힌트</u>

   问 : 女的现在心情怎么样?
   문제 70회

정답 1. B   2. D

1. 여 : 당신은 요즘 어느 주식이 좋은지 알아요?
   남 : 당신은 <u>주식 투자가 위험하다고 하지 않았나요?</u>
   여 : 저는 그저 시장의 추세에 좀 관심을 두는 거예요.
   남 : 그런 거였군요, 저는 당신이 생각을 바꾼 줄 알았어요.

   질문 : 주식 투자에 대해 여자는 어떤 태도인가?

2. 남 : 팀장이 당신에게 이 프로젝트를 맡으라고 했나요?
   여 : 그래요. 저도 방금 알았어요. 하지만 저는 이전에 이쪽 업무는 거의 접해 본 적이 없어요.

   질문 : 여자의 지금 기분은 어떠한가?

단어

赞成 zànchéng 찬성하다
犹豫 yóuyù 망설이다
无所谓 wúsuǒwèi 상관없다
荣幸 róngxìng 영광스럽다
遗憾 yíhàn 유감이다
股票 gǔpiào 주식
投股 tóugǔ 주식에 투자하다
风险 fēngxiǎn 위험
关注 guānzhù 관심을 가지다
市场 shìchǎng 시장
趋势 qūshì 추세
投资 tóuzī 투자하다
项目 xiàngmù 프로젝트
接触 jiēchù 접촉하다
业务 yèwù 업무

UNIT 03 이유, 감정을 묻는 문제

Unit 04 제안, 요청을 묻는 문제

회독

빈출맵	기술12. '注意(주의하다)', '建议(제안하다)', '推荐(추천하다)', '要(~해야 한다)' 뒤에 정답이 나온다.	13회
	기술13. '请(~해 주세요)', '让(~하게 하다)', '把(~을)' 뒤에 정답이 나온다.	20회
	기술14. '得(~해야 한다)', '多/少+동사(많이/덜 ~해라)' 뒤나 '更(더욱)' 앞에 정답이 나온다.	19회

단어
检查 jiǎnchá 검사하다
胃部 wèibù 위
立即 lìjí 즉시
手术 shǒushù 수술
清淡 qīngdàn 담백하다
状况 zhuàngkuàng 상태
恢复 huīfù 회복하다
饮食 yīnshí 음식을 먹고 마시다
好 hào 잘 ~하다
消化 xiāohuà 소화하다
食物 shíwù 음식

tip!
대화를 들으며 하지 말아야 하는 일에 X, 해야 하는 일에 O 표시를 하면 정답을 더 빨리 찾을 수 있어요!

보기 해석
A 스카프를 사라
B 조립식 장난감을 구매해라
C 장남감 비행기를 사라
D 설명서를 많이 봐라

기술 12 '注意(주의하다)', '建议(제안하다)', '推荐(추천하다)', '要(~해야 한다)' 뒤에 정답이 나온다.

예) A 多喝水 물을 많이 마셔라   B 检查胃部 위를 검사해라 보기 1회

C 立即手术 즉시 수술해라 보기 2회   Ⓓ 吃清淡些 담백하게 먹어라

注意할 행동 보기 2회 정답 2회

스크립트 및 해석

女: 赵大夫，我奶奶身体状况怎么样了？
男: 手术后恢复得很好，以后注意饮食，不要吃辣的，吃得清淡一些，
　　　　　　　　　　정답 힌트
多吃好消化的食物就可以。

问: 赵大夫建议奶奶怎么做？

여: 조 의사님, 저희 할머니 몸 상태가 어떤가요?
남: 수술 후 회복이 좋습니다. 이후 먹는 것에 주의하고, 매운 것을 드시지 말고 좀 싱겁게 드셔야 해요. 소화가 잘되는 음식을 많이 드시면 됩니다.

질문: 조 의사는 할머니께 어떻게 하라고 건의하는가?

기술 적용 문제 PART 2 긴 대화문 🎧 PART 1-2_11.mp3

A 买围巾 보기 2회
B 购买组装玩具 보기 5회 보기 2회
C 买玩具飞机 보기 2회 정답 1회
D 多看说明书 보기 2회 정답 1회

HSK를 대하는 자세를 바꾸다
중단기 HSK 5급 기적의 필기노트

> **스크립트 및 해석**
>
> 女 : 老板，有没有给七八岁孩子玩儿的玩具啊？能推荐一下吗？
> 男 : 我建议您买这款组装玩具，怎么样？ <u>정답 힌트</u> 문제 2회
> 女 : 这款适合孩子玩儿吗？看起来有点儿难。
> 男 : 不用担心，只要按上面的步骤装就好了。
>
> 问 : 男的建议女的怎么做？
>
> 여 : 사장님, 7~8세 아이에게 놀게 할 만한 장난감이 있을까요? 추천 좀 해 주실 수 있나요?
> 남 : 이 <u>조립식 장난감을 권해 드려요</u>. 어떠세요?
> 여 : 이게 아이가 놀기에 적합할까요? 좀 어려워 보이는데요.
> 남 : 걱정할 필요 없어요, 위에 있는 절차대로 조립하면 돼요.
>
> 질문 : 남자는 여자에게 어떻게 하라고 제안하는가?
>
> **정답** B

단어
围巾 wéijīn 스카프
购买 gòumǎi 구매하다
组装 zǔzhuāng 조립하다
玩具 wánjù 장난감
老板 lǎobǎn 사장
推荐 tuījiàn 추천(하다)
建议 jiànyì 건의하다
款 kuǎn 종류, 타입
按 àn ~에 따라
步骤 bùzhòu 절차, 순서
装 zhuāng 설치하다

기술 13 '请(~해 주세요)', '让(~하게 하다)', '把(~을)' 뒤에 정답이 나온다.

(예) A 修改个人信息 개인 정보를 수정한다   ⓑ 设置密码 비밀번호를 설정한다
      └ 보기 1회   └ 보기 4회 정답 2회
        └ 보기 6회 정답 3회   请하는 행동

    C 确认数量 수량을 확인한다   D 输入电话号码 전화번호를 입력한다
                                              └ 보기 2회
                                                └ 보기 1회

> **스크립트 및 해석**
>
> 女 : 现在请您设置一下六位数字的密码，输入后请按确认键。 <u>정답 힌트</u>
> 男 : 好的，谢谢你。
>
> 问 : 女的让男的做什么？
>   문제 36회
>
> 여 : 이제 여섯 자리의 비밀번호를 설정해 주세요, 입력 후에는 엔터 키를 눌러 주세요.
> 남 : 네, 감사합니다.
>
> 질문 : 여자는 남자에게 무엇을 하라고 하는가?

단어
修改 xiūgǎi 바로잡아 고치다
信息 xìnxī 정보
设置 shèzhì 설정하다
密码 mìmǎ 비밀번호
确认 quèrèn 확인(하다)
输入 shūrù 입력하다
位 wèi 자리
按 àn 누르다
确认键 quèrènjiàn 엔터 키

UNIT 04 제안, 요청을 묻는 문제   25

UNIT 04 제안, 요청을 묻는 문제

보기 해석
A 개요를 작성한다
B 제목을 바꿔야 한다
C 글을 좀 줄인다
D 구성을 조정해야 한다

단어
提纲 tígāng 개요
题目 tímù 제목
文章 wénzhāng 글
缩短 suōduǎn 줄이다
调整 tiáozhěng 조정(하다)
结构 jiégòu 구성
总结 zǒngjié 총결산
数据 shùjù 데이터
细节 xìjié 사소한 부분, 디테일

기술 적용 문제 PART 1 짧은 대화문   PART 1-2_12.mp3

A 写提纲 <u>보기 1회</u>

B 需要改题目 <u>보기 1회</u>

C 把文章缩短一些
보기 1회 정답 1회

D 需要调整结构 <u>보기 1회 정답 1회</u>

스크립트 및 해석

男：你的总结写得怎么样了？
女：我？别提了，领导说数据不足，很多细节不清楚，还让我改题目。看来得重新写一份了。 정답 힌트

问：领导让女的怎么做？

남: 당신의 결산 보고서는 잘 써져요?
여: 저요? 말도 마세요, 팀장님이 데이터가 부족하고 많은 디테일이 명확하지 않다며, 심지어 저보고 제목도 바꾸라고 하셨어요. 보아하니 다시 새로 한 부를 써야할 것 같아요.

질문: 팀장은 여자에게 어떻게 하라고 했는가?

정답 B

꿀팁 **14** '得(~해야 한다)', '多/少+동사(많이/덜 ~해라)' 뒤나 '更(더욱)' 앞에 정답이 나온다.

예) A 去健身房 헬스장에 가라
보기 5회 정답 2회

B 少吃甜食 단 음식을 덜 먹어라
보기 2회 정답 1회
少해야 할 행동

C 多吃蔬菜 채소를 많이 먹어라
보기 2회

D 不吃晚餐 저녁 식사를 먹지 마라
보기 1회

스크립트 및 해석

男：我最近在减肥，可是一到晚上就忍不住想吃零食。
女：你可以在两餐之间吃点儿水果，少吃甜食。
정답 힌트
问：女的让男的怎么做？

남: 저 요즘 다이어트하고 있어요. 그런데 밤만 되면 간식 먹고 싶은 걸 참을 수가 없어요.
여: 두 끼니 사이에 과일을 좀 먹고, 단 것을 덜 먹으면 돼요.

질문: 여자는 남자에게 어떻게 하라고 하는가?

단어
健身房 jiànshēnfáng 헬스장
甜食 tiánshí 단 음식
蔬菜 shūcài 채소
忍不住 rěnbuzhù 참을 수 없다
零食 língshí 간식
餐 cān 식사

HSK를 대하는 자세를 바꾸다
중단기 HSK 5급 기적의 필기노트

기술 적용 문제 PART 2 긴 대화문

 PART 1-2_13.mp3

A 戴项链 보기1회 정답1회
B 戴耳环 보기1회
C 围条围巾 보기1회
D 穿深色裙子 보기1회

스크립트 및 해석

男：你今天穿的衬衫颜色真鲜艳，要是戴条项链会更好看。
　　　정답 힌트
女：好，戴哪一条好呢？
男：上个月你生日时我送你的这条怎么样？
女：不错，我听你的。

问：男的建议女的做什么？

정답 A

남: 당신 오늘 입은 블라우스는 색상이 정말 산뜻하네요. 만약 목걸이를 하나 한다면 더 예쁠 것 같아요.
여: 좋아요, 어떤 것을 하면 좋을까요?
남: 지난달 당신 생일에 내가 선물한 이건 어때요?
여: 좋아요, 당신 말대로 할게요.

질문: 남자는 여자에게 무엇을 하라고 제안하는가?

보기 해석

A 목걸이를 착용해라
B 귀고리를 착용해라
C 스카프를 하나 둘러라
D 짙은 색 치마를 입어라

단어

项链 xiàngliàn 목걸이
耳环 ěrhuán 귀걸이
围 wéi 두르다
围巾 wéijīn 스카프, 목도리
深色 shēnsè 짙은 색
鲜艳 xiānyàn 산뜻하다

UNIT 04 제안, 요청을 묻는 문제

Unit 05 종합적인 판단이 필요한 문제

빈출맵

기술15. 보기가 동작, 상태를 나타내면 시점과 사람에 주의해서 들어라.　53회
기술16. 보기에 사람 주어가 있으면 각각의 행동을 구분해서 들어라.　32회
기술17. 보기에 정도를 나타내는 표현이 있으면 형용사가 핵심이다.　12회

단어
修改 xiūgǎi (문서를) 수정하다
论文 lùnwén 논문

기술 15 보기가 동작, 상태를 나타내면 시점과 사람에 주의해서 들어라.

예) A 刚完成一半儿 방금 반을 완성했다
　　　보기 4회

B 还在修改 아직 수정하는 중이다
　보기 5회 정답 3회
　남자의 상태 (≒还没修改完)

C 已经交了 이미 제출했다
　보기 13회
　여자의 상태

D 已经发表了 이미 발표했다
　보기 2회

스크립트 및 해석

女: 我刚才把毕业论文交上去了，你呢?
男: 我还没修改完。最晚什么时候交?
　　문제 18회　정답 힌트

问: 男的的论文怎么样了?
　　문제 17회

여: 저는 방금 졸업 논문을 제출했어요, 당신은요?
남: 저는 아직 수정을 다 하지 못했어요. 늦어도 언제까지 제출해야 해요?

질문: 남자의 논문은 어떠한가?

동작 시점을 알 수 있는 표현 반드시 암기!

동작 진행 시점	동작 완료 시점
还没~(完) hái méi ~ wán 아직 (다) ~하지 못하다 문제 18회	已经~完/了 yǐjīng ~ wán/le 이미 다 ~했다 문제 32회
正在~ zhèngzài ~ 한창 ~하는 중이다 문제 15회	~完了 ~ wán le 다 ~했다 문제 7회
在~ zài ~ ~하고 있다	~结束了 ~ jiéshù le ~하기를 끝마쳤다 문제 2회
还在~ hái zài ~ 아직 ~하고 있다 문제 6회	刚才/刚刚~ gāngcái/gānggāng ~ 방금/겨우 ~했다 문제 18회 문제 3회

HSK를 대하는 자세를 바꾸다
중단기 HSK 5급 기적의 필기노트

기술 적용 문제 PART 2 긴 대화문 PART 1-2_14.mp3

A 毕业了
　보기 4회 정답 1회
B 已经退休了
　보기 5회 정답 2회
C 刚做完手术 보기 9회 정답 3회
D 教数学
　보기 3회

📝 보기 해석
A 졸업했다
B 이미 퇴직했다
C 방금 수술을 끝냈다
D 수학을 가르친다

✏️ 단어
退休 tuìxiū 퇴직하다
手术 shǒushù 수술하다
碰见 pèngjiàn 우연히 만나다
改天 gǎitiān 나중,다른 날

스크립트 및 해석

男: 我今天碰见王老师了, 就是咱们 高中的数学老师。
　　　　　　　정답 힌트
女: 是吗？好多年没见她了, 她现在 怎么样？
男: 她快退休了, 看上去身体不错,
　　　문제 5회
　　　함정 표현
还是那么幽默。
女: 改天我们一起去看看她吧。

问: 关于王老师, 可以知道什么？
　　　　　　　문제 65회

남: 나 오늘 우연히 왕 선생님을 마주쳤어, 우리 고등학교 수학 선생님 말이야.
여: 그래？ 몇 해 동안 그녀를 보지 못했는데, 그녀는 지금 어떠셔？
남: 그녀는 곧 퇴직하셔. 건강은 괜찮아 보이셨고, 여전히 재미있으셔.
여: 나중에 우리 그녀를 보러 같이 가자.

질문: 왕 선생님에 대하여 무엇을 알 수 있는가？

정 답 D

기술 16 보기에 사람 주어가 있으면 각각의 행동을 구분해서 들어라.

예) A 女的还没毕业 여자는 아직 졸업하지 않았다
　　　　　보기 10회 정답 4회

B 男的想学游泳 남자는 수영을 배우고 싶다
　　　보기 3회 정답 1회

C 男的比赛赢了 남자는 경기에서 이겼다
　　　보기 11회 정답 4회

(D) 女的当过志愿者 여자는 자원봉사자를 했다
　　　보기 1회

UNIT 05 종합적인 판단이 필요한 문제

UNIT 05　종합적인 판단이 필요한 문제

단어
志愿者 zhìyuànzhě 자원봉사자
居然 jūrán 뜻밖에
奥运会 Àoyùnhuì 올림픽
冠军 guànjūn 챔피언
合影 héyīng 단체 사진(을 찍다)

보기 해석
A 그들은 소설에 대해 이야기하고 있다
B 여자는 영화 보는 것을 기대한다
C 남자는 잡지를 보고 있다
D 남자는 물리 선생님이다

단어
期待 qīdài 기대하다
物理 wùlǐ 물리
专心 zhuānxīn 몰두하다
实用 shíyòng 실용적이다
常识 chángshí 상식

스크립트 및 해석

男：你居然跟奥运会游泳冠军合过影？
女：对，当时我在北京读硕士，暑假做了奥运会志愿者。

问：根据对话，下列哪项正确？ 문제 39회

남: 당신은 놀랍게도 올림픽 수영 챔피언과 사진을 찍은 적이 있네요?
여: 맞아요, 당시에 저는 베이징에서 석사 과정을 공부했는데, 여름 방학 때 올림픽 자원봉사자를 했어요.

질문: 대화에 의하면 다음 중 어느 것이 정확한가?

기술 적용 문제　PART 2 긴 대화문　 PART 1-2_15.mp3

A 他们在谈谈小说 보기 4회 정답 1회
B 女的期待看电影 보기 7회 정답 1회
C 男的在看杂志 보기 2회 정답 1회
D 男的是物理老师 보기 2회 정답 1회

스크립트 및 해석

女：看什么呢？这么专心？我看看。
男：一本杂志，介绍了很多物理知识， 정답 힌트
　　还有非常实用的常识。
女：物理？我可不想看了，对我而言太难了。
男：一点儿都不难，你可以试试看。

问：根据对话，可以知道什么？ 문제 65회

여: 무엇을 봐요? 이렇게 몰두해서? 나도 좀 봐요.
남: 잡지예요. 많은 물리 지식과 상당히 실용적인 상식을 소개했어요.
여: 물리요? 정말 보고싶지 않네요, 저에게는 너무 어려워요.
남: 조금도 어렵지 않아요, 한번 봐 보세요.

질문: 대화에 의하면 무엇을 알 수 있는가?

정답 C

HSK를 대하는 자세를 바꾸다
중단기 HSK 5급 기적의 필기노트

기술 17 보기에 정도를 나타내는 표현이 있으면 형용사가 핵심이다.

예) A 很休闲 캐주얼하다
　　 보기 3회 정답 1회

B 不怎么样 보통이다
　 보기 1회

Ⓒ 比较时尚 비교적 세련되다
　 보기 3회 정답 1회
　 ≒ 挺时尚的

D 样式有点儿过时了 디자인이 다소 유행이 지났다
　 보기 3회 정답 1회

📌 단어
休闲 xiūxián 캐주얼하다
时尚 shíshàng 세련되다
样式 yàngshì 모양
过时 guòshí 유행이 지나다
毛衣 máoyī 스웨터

[스크립트 및 해석]

男 : 我刚买了一件毛衣，你觉得怎么样？
女 : 还可以，感觉挺时尚的。
　　　　　　　　정답 힌트

问 : 女的觉得那件毛衣怎么样？

남 : 제가 방금 스웨터 한 벌을 샀어요. 어때 보여요?
여 : 괜찮네요, 꽤 세련된 것 같아요.

질문 : 여자는 그 스웨터가 어떻다고 생각하는가?

[기술 적용 문제] PART 1 짧은 대화문　🎧 PART 1-2_16.mp3

A 价格有点儿贵　보기 6회 정답 1회
B 颜色太鲜艳了　보기 2회
C 不适合女的　보기 4회 정답 2회
D 颜色有点儿单调　보기 2회

📌 보기 해석
A 가격이 좀 비싸다
B 색이 너무 화려하다
C 여자에게 어울리지 않는다
D 색이 좀 단조롭다

📌 단어
鲜艳 xiānyàn (색이) 화려하다
单调 dāndiào 단조롭다
模特儿 mótèr 모델
项链 xiàngliàn 목걸이
合理 hélǐ 합리적이다

[스크립트 및 해석]

女 : 模特儿身上的这条项链，你觉得怎么样？
男 : 挺时尚的，颜色也很适合你，就是价格不太合理。
　　　　　정답 힌트 문제 2회

问 : 男的是什么意思？
　　　　　　문제 31회

여 : 모델이 착용한 이 목걸이, 당신은 어떻게 생각해요?
남 : 꽤 트렌디하고, 색깔도 당신과 어울려요. 다만 가격이 좀 합리적이지 않네요.

질문 : 남자의 말은 무슨 의미인가?

정답 A

Unit 06 이야기형 단문

빈출맵

기술18. 보기가 행동, 상황 묘사라면 녹음과 비슷한 표현이 정답이다. 48회
기술19. 전후 관계를 나타내는 단어가 들리면 그 앞뒤에 힌트가 있다. 15회
기술20. 주제나 교훈은 마지막에 나오므로 끝까지 들어라. 22회

기술 18. 보기가 행동, 상황 묘사라면 녹음과 비슷한 표현이 정답이다.

예) A 摔断了 부러졌다 B 扭伤了 접질렀다
C 被猎狗咬伤了 사냥개에게 물려 다쳤다 D 被枪打中了 총에 맞았다
늑 一枪击中了

📌 단어
断 duàn 부러뜨리다
扭伤 niǔshāng 접질리다
猎狗 liègǒu 사냥개
咬伤 yǎoshāng 물어서 상처 내다
枪 qiāng 총
打猎 dǎliè 사냥하다
击中 jīzhòng 명중하다
兔子 tùzi 토끼
拼命 pīnmìng 목숨을 걸다
追 zhuī 쫓다
猎人 lièrén 사냥꾼

스크립트 및 해석

某一个冬天，一个人带着猎狗去打猎。那个人一枪击中了一只兔子的腿，受伤的兔子拼命地跑，猎狗在它后面一直追。可是追了一会儿，兔子跑得越来越远。猎狗知道实在是追不上了，只好回到猎人身边。

어느 겨울날, 한 사람이 사냥개를 데리고 사냥을 갔다. 그 사람은 토끼 한 마리의 다리를 총으로 쏘아 맞췄다. 다친 토끼는 필사적으로 도망가고, 사냥개는 그 뒤를 계속 쫓았다. 그러나 한동안 쫓아가자 토끼는 갈수록 멀리 뛰어갔다. 사냥개는 따라잡을 수 없다는 것을 알고 사냥꾼 곁으로 돌아갈 수 밖에 없었다.

问：关于兔子的腿，可以知道什么？
질문: 토끼의 다리에 대해 무엇을 알 수 있는가?

보기 해석

1. A 포인트로 선물을 교환한다
   B '1+1' 혜택
   C 매월 무료 드라이클리닝 1회
   D 매월 무료 드라이클리닝 3회
2. A 무선 인터넷을 한다
   B 점원과 이야기한다
   C 가게의 옷을 구경한다
   D 패션 잡지를 본다

기술 적용 문제 1~2번 PART 2_01.mp3

1. A 积分兑换礼品
   B 买一赠一
   C 每月免费干洗一次
   D 每月免费干洗三次

2. A 上无线网
   B 与店员闲聊
   C 看店内服装
   D 看时尚杂志

HSK를 대하는 자세를 바꾸다
중단기 HSK 5급 기적의 필기노트

스크립트 및 해석

一家专卖高档女装的服装店推出了一项会员服务，赠送会员每月免费的干洗服务：普通会员一次、银卡2次、金卡3次。于是，很多顾客把衣服拿到店里干洗。在等待取衣服的过程中，她们会看看这家店的其他服装。看久了，难免会有想买的衣服。就这样，店里的生意越来越好。这家店通过免费的干洗服务，让顾客心甘情愿地来店里消费。这家服装店以一个小小细节就实现了梦寐以求的商业路线！

(1번 정답 힌트 - 赠送会员每月免费的干洗服务)
(2번 정답 힌트 - 她们会看看这家店的其他服)

고급 여성복을 전문으로 하는 한 옷 가게에서 회원 서비스를 하나 출시했다. 회원에게 매월 무료 드라이클리닝 서비스를 보통 회원은 1회, 실버 회원은 2회, 골드 회원은 3회 제공하는 것이었다. 그래서 많은 고객이 드라이클리닝을 하러 옷을 가게로 가져왔다. 옷을 받으려고 기다리는 과정에 그들은 이 가게의 다른 옷을 구경했고, 오래 구경하자 사고 싶은 옷이 생길 수밖에 없었다. 이렇게 해서 가게는 장사가 갈수록 잘 되었다. 이 상점은 무료 드라이클리닝 서비스를 통해 고객이 기꺼이 가게로 와 소비하게 만들었다. 이 옷 가게는 작은 디테일로 꿈에 그리던 비즈니스 노선을 실현시킨 것이다.

1. 金卡会员可享受什么服务？
2. 在等待取衣服时，顾客一般会做什么？ 기술18

1. 골드 회원은 어떤 서비스를 받을 수 있는가?
2. 옷을 받으려고 기다릴 때 고객은 보통 무엇을 하는가?

문제 4회

정답 1. D   2. C

단어
兑换 duìhuàn 바꾸다
赠(送) zèng(sòng) 증정하다
免费 miǎnfèi 무료(로 하다)
干洗 gānxǐ 드라이클리닝(하다)
闲聊 xiánliáo 잡담하다
高档 gāodàng 고급의
推出 tuīchū (신상품을) 내놓다
项 xiàng 조항, 항목
顾客 gùkè 고객
过程 guòchéng 과정
难免 nánmiǎn 불가피하다
心甘情愿 xīngān qíngyuàn 기꺼이 원하다
消费 xiāofèi 소비(하다)
细节 xìjié 사소한 부분
梦寐以求 mèngmèi yǐqiú 꿈속에서도 바라다
商业路线 shāngyè lùxiàn 상업 노선
享受 xiǎngshòu 누리다, 즐기다

기술 19 전후 관계를 나타내는 단어가 들리면 그 앞뒤에 힌트가 있다.

예) A 扔掉 버린다
B 回收利用 회수해 이용한다 (보기 3회 정답 2회)
Ⓒ 翻新后，重新卖 새롭게 고쳐 다시 판다 (보기 3회)
D 拆解后，卖零件 분해한 후 부품을 판다

原来 뒤에 나온 내용

스크립트 및 해석

调查发现，多数人平均一到两年就会更换一部手机。那么，被换掉的旧手机都去哪里了呢？原来，大部分旧手机经过分类处理、翻新后，会流入二手市场，重新出售。

(전후 관계를 암시하는 단어)
(정답 힌트)

조사에 의하면 대다수 사람들은 평균 1~2년마다 휴대폰을 바꾼다고 한다. 그렇다면 교체된 낡은 휴대폰은 모두 어디로 갈까? 알고 보니, 대부분의 낡은 휴대폰은 분류 처리를 거쳐 새로 고친 뒤에 중고 시장에 흘러가 다시 판매된다.

단어
翻新 fānxīn 새롭게 하다
拆 chāi 분해하다
零件 língjiàn 부품
平均 píngjūn 평균적이다
更换 gēnghuàn 교체하다
分类 fēnlèi 분류(하다)
处理 chǔlǐ 처리(하다)
二手市场 èrshǒu shìchǎng 중고 시장
出售 chūshòu 판매(하다)

UNIT 06 이야기형 단문   33

UNIT 06 이야기형 단문

问 : 大部分旧手机都怎么处理?   질문: 대부분의 낡은 휴대폰은 어떻게 처리하는가?

전후 관계를 나타내는 단어 반드시 암기!★

사실 관계	其实 qíshí 사실은 문제 10회	原来(如此) yuánlái (rúcǐ) 원래/알고 보니 (그렇다) 문제 10회	
시간 관계	从此 cóngcǐ 이때부터 문제 3회	后来 hòulái 나중에는 문제 4회	于是 yúshì 그래서 문제 18회
결과 암시	毕竟 bìjìng 결국은	最后 zuìhòu 마지막으로, 최후에 문제 6회	

기술 적용 문제   PART 2_02.mp3

A 举棋不定
B 懒得找食物
C 草料被抢走了
D 别的驴子吃光了

보기 해석
A 망설이고 결정하지 못해서
B 먹이 찾기를 귀찮아해서
C 여물을 빼앗겨서
D 다른 당나귀가 다 먹어서

단어
举棋不定 jǔqí búdìng 주저하며 결정짓지 못하다
懒得 lǎnde ~하는 것이 귀찮다
草料 cǎoliào 여물
抢 qiǎng 빼앗다
驴子 lǘzi 당나귀
寻找 xúnzhǎo 찾다
堆 duī 더미
嫩 nèn 연하다
毕竟 bìjìng 어쨌든
万一 wànyī 만일

스크립트 및 해석

　　一头驴子外出寻找食物，发现有两堆草料。东边是一大堆干草料，西边是一小堆新鲜的嫩草。驴子很高兴，跑到那堆干草料前刚要吃，突然想到西边的草料那么新鲜，肯定更好吃，不赶快去吃的话，可能会被别的驴子吃掉。于是它就跑到嫩草堆前，正要吃，又想：这堆草虽然很嫩，可毕竟少，万一别的驴子把那一大堆干草料吃光的话，自己就要饿肚子了。还是回去吃干草料吧。于是这只驴子便一直这样，来来回回，举棋不定，最后饿死在了草堆旁。 **← 정답 힌트**

　　당나귀 한 마리가 먹이를 찾아 나갔다가, 여물 두 더미를 발견했다. 동쪽은 커다란 건초 더미였고, 서쪽은 작지만 신선하고 연한 풀이었다. 당나귀는 기뻐서 건초 더미 앞으로 뛰어가서 막 먹으려고 하다가 갑자기 서쪽의 신선한 풀이 분명히 더 맛있을 것이라는 생각이 들었다. 빨리 가서 먹지 않으면 다른 당나귀가 먹어 치울지도 모른다. 그래서 당나귀는 연한 풀 더미 앞으로 뛰어가 먹으려던 참에 또 생각했다. 이 풀 더미는 비록 연하지만 어차피 적으니, 만일 다른 당나귀가 저 큰 건초 더미를 다 먹어 버린다면 자신은 배가 고플 것이다. 그래도 돌아가서 건초를 먹자. 그리하여 이 당나귀는 계속 이렇게 왔다 갔다 하면서 망설이고 결정하지 못해, 결국 풀 더미 옆에서 굶어 죽었다.

问 : 驴子最后为什么饿死了?
문제 49회

질문: 당나귀는 마지막에 왜 굶어 죽었는가?

정답 A

HSK를 대하는 자세를 바꾸다
중단기 HSK 5급 기적의 필기노트

길잡이 20 주제나 교훈은 마지막에 나오므로 끝까지 들어라.

예) A 要讲信用 신용을 중시해야 한다

B 安全第一 안전이 제일이다
_{보기 2회 정답 1회}

C 要敢于冒险 용감하게 모험해야 한다
_{보기 3회}

Ⓓ 行动更有说服力 행동이 더욱 설득력이 있다
_{보기 1회}

≒ 行动比任何说辞都有效

스크립트 및 해석

小万是名安全玻璃的推销员，他的业绩一直保持全公司第一。朋友问他：“你有什么独特的方法吗？”小万说：“见客户时，我的包里总放着几块儿玻璃样品和一个小铁锤。我首先会问客户是否相信安全玻璃。大部分人都会说不信，然后我就让他们拿铁锤去敲玻璃。当他们发现玻璃真的敲不碎时，他们往往都会大吃一惊，忍不住说‘天哪，真不敢相信！’这时我再和他们谈生意，一般都能很快地签下订单，整个过程通常不会超过二十分钟。”很多时候，<u>行动比任何说辞都有效</u>。
_{주제}

샤오완은 안전 유리 판매원으로, 그의 실적은 줄곧 회사에서 일등을 유지했다. 친구가 그에게 물었다. "당신은 어떤 독특한 방법이 있나요?" 샤오완이 말했다. "고객을 만날 때, 저의 가방 안에는 언제나 유리 샘플 몇 개와 쇠망치가 하나 있어요. 저는 먼저 고객에게 안전 유리를 믿는지 물어봐요. 대부분의 사람은 믿지 않는다고 하죠. 그런 후에 저는 그들에게 망치로 유리를 두드려 보라고 해요. 그들이 유리가 정말 깨지지 않는 것을 발견하면 모두 크게 놀라며 '맙소사, 정말 믿을 수 없어!'라고 말합니다. 이때 저는 다시 그들과 비즈니스를 하는데 보통은 모두 금방 주문서에 서명합니다. 모든 과정이 통상 20분을 넘기지 않아요." <u>행동이 어떤 말보다도 효과적일 때가 많다</u>.

问：这段话主要想告诉我们什么？
_{문제 6회}

질문: 이 이야기가 우리에게 알려주고 싶어 하는 것은?

✏ 단어

敢于 gǎnyú 용감하게 ~하다
冒险 màoxiǎn 위험을 무릅쓰다
说服力 shuōfúlì 설득력
玻璃 bōli 유리
推销员 tuīxiāoyuán 세일즈맨, 판매원
业绩 yèjì 업적
保持 bǎochí 유지하다
独特 dútè 독특하다
客户 kèhù 고객, 거래처
铁锤 tiěchuí 쇠망치
敲 qiāo 두드리다
碎 suì 부수다
大吃一惊 dàchī yìjīng 몹시 놀라다
订单 dìngdān 주문서
通常 tōngcháng 통상적으로
说辞 shuōcí 구실, 변명
有效 yǒuxiào 효력이 있다

UNIT 06 이야기형 단문

UNIT 06 이야기형 단문

보기 해석

A 실패는 성공의 어머니이다
B 성공은 목표에서 시작한다
C 어떻게 자신의 존재를 증명하는가
D 어떻게 다른 사람의 장점을 발견하는가

단어

目标 mùbiāo 목표
存在 cúnzài 존재
如何 rúhé 어떻게
呆 dāi 머무르다
信号 xìnhào 신호
脚印 jiǎoyìn 발자국
直 zhí 곧다
胜利者 shènglìzhě 승리자
奖品 jiǎngpǐn 상품
迈 mài 내밀다
盯 dīng 주시하다
确保 quèbǎo 확실하게 보장하다
左顾右盼 zuǒgù yòupàn 두리번거리다
同伴 tóngbàn 동반자
赢得 yíngdé 이기다
确切 quèqiè 정확하고 적절하다
坚定不移 jiāndìng bùyí 확고하고 흔들림 없다
聚焦 jùjiāo 집중하다
走弯路 zǒu wānlù 길을 돌아가다
缩短 suōduǎn 단축하다

기술 적용 문제

 PART 2_03.mp3

A 失败是成功之母 보기 7회 정답 4회
B 成功始于目标 보기 9회 정답 5회
C 怎样证明自己存在 보기 1회
D 如何发现别人的优点 보기 3회 정답 2회
  보기 3회 정답 1회

스크립트 및 해석

　　一个男人邀请三个小男孩儿在雪地上玩儿一个游戏："呆会儿我站在雪地的那一边，等我发出信号后，你们就开始跑。谁留在雪地上的脚印最直，谁就是这场比赛的胜利者，可以拿到奖品。"比赛开始了。第一个小男孩儿从迈出的第一步开始，眼睛就紧紧地盯着自己的双脚，以确保自己的脚印更直。第二个小男孩儿一直左顾右盼，观察另外两个同伴是如何做的。第三个小男孩儿最终赢得了这场比赛，他的眼睛一直看着站在对面的那个男人，更确切地说，是一直看着他手中拿着的奖品。只有将眼光坚定不移地聚焦在人生目标上的人，才会少走弯路，与成功的距离也会大大缩短。

　　한 남자가 세 소년을 불러 눈밭 위에서 게임을 하게 했다. "조금 있다 내가 눈밭 저편에 서서 신호를 보낼 테니, 너희는 기다렸다가 바로 달리는 거야. 눈 위에 발자국이 가장 곧게 찍힌 사람이 이 게임의 승자이고, 상품을 탈 수 있어." 경기가 시작됐다. 첫 번째 남자아이는 첫 걸음을 내딛을 때부터 두 발을 똑똑히 응시해서 자신의 발자국을 더 곧게 하려고 했다. 두 번째 남자아이는 계속 두리번거리며 다른 두 친구가 어떻게 하는지 관찰했다. 세 번째 남자아이가 결국 이 경기에서 승리했는데, 그의 눈은 줄곧 맞은편에 서 있는 그 남자를, 더 정확히 말하면 그가 손에 들고 있는 상품을 보고 있었다. 오로지 확고부동하게 인생의 목표에 초점을 맞춘 사람만이 길을 적게 돌아가고 성공과의 거리도 크게 단축할 수 있다.

问: 这个故事想告诉我们什么? 문제 6회

질문: 이 이야기는 우리에게 무엇을 알려주려고 하는가?

정답 B

Unit 07 설명형 단문

회독

빈출맵	기술21. 보기 중 녹음에 나온 것과 일치하는 표현이 정답이다.	31회
	기술22. 녹음에서 정보를 열거한다면 보기와 대조하며 들어라.	6회
	기술23. 예시나 가설로 부연 설명하는 표현이 들리면 보기와 대조하며 들어라.	6회

기술 21 보기 중 녹음에 나온 것과 일치하는 표현이 정답이다.

(예) A 绿色的食品 녹색인 식품 (보기 1회)   B 绿色的水果 녹색의 과일

C 所有的蔬菜 모든 채소   ⓓ 接近没有污染的食品 무공해에 가까운 식품
   녹음과 일치 (보기 1회)

스크립트 및 해석

所谓"绿色食品"并不是说食品本身就是绿色的，而是指一种接近没有污染的"安全食品"。那么，什么样的食品才能称得上是"绿色食品"呢？首先，粮食、瓜果、蔬菜等在生长期内不能受到污染。
(D와 동일)

问："绿色食品"是什么？
(문제 25회)

이른바 '녹색 식품'이란 식품 자체가 녹색인 것을 말하는 게 아니라 무공해에 가까운 '안전 식품'을 가리킨다. 그렇다면, 어떤 식품을 '녹색 식품'이라고 할 수 있을까? 먼저 곡물, 박과류, 채소 등이 생장기에 오염이 되지 않아야 한다.

질문: '녹색 식품'이란 무엇인가?

단어

蔬菜 shūcài 채소
接近 jiējìn 가깝다
所谓 suǒwèi 이른바
本身 běnshēn 그 자체
称得上 chēngdeshàng 부를 만하다
粮食 liángshi 양식
瓜果 guāguǒ 박과류, 박과 과일
生长 shēngzhǎng 생장하다

기술 적용 문제 1~2번   🎧 PART 2_04.mp3

1. A 28.2%
   B 22.8%
   C 55.2%
   D 70.3%

2. A 少用手机
   B 经常出去做保健操
   C 坐姿正确
   D 要按时吃饭

보기 해석

1. A 28.2%
   B 22.8%
   C 55.2%
   D 70.3%

2. A 휴대폰을 적게 쓴다
   B 자주 체조를 하러 나간다
   C 앉은 자세를 바르게 한다
   D 제때에 밥을 먹어야 한다

UNIT 07 설명형 단문

단어

保健操 bǎojiàncāo 체조
坐姿 zuòzī 앉은 자세
数据 shùjù 데이터
近视眼 jìnshìyǎn 근시
发病率 fābìnglǜ 발병률
形成 xíngchéng 형성하다
屏幕 píngmù 화면, 스크린
弱 ruò 약하다
刷 shuā (닦는 듯한 동작을) 하다
姿势 zīshì 자세
合理 hélǐ 합리적이다
饮食 yǐnshí 음식(을 먹고 마시다)
视力 shìlì 시력
眼保健操 yǎn bǎojiàncāo 눈 체조

스크립트 및 해석

最新数据表明，我国小学生近视眼发病率为22.8%，初中生为55.2%，高中生为70.3%。调查研究表明形成 **〈1번 정답 힌트〉**
近视的原因主要有以下几点：看屏幕距离太近或者时间太长，在光线太强或者太弱的阳光下刷手机，写作业时姿势不正确，长时间坐在电脑、电视前，不合理的饮食习惯等。因此，要保护好视力我们必须要合理饮食，坐姿正确，看电视或看电脑时要经常起 **〈2번 정답 힌트〉**
来活动一下，每天坚持做一遍眼保健操。

최근 데이터에 따르면, 우리나라 초등학생의 근시 발병률은 22.8%, 중학생은 55.2%, 고등학생은 70.3%이다. 조사 연구가 밝혀 낸 바로는 근시 형성의 원인은 주로 아래의 몇 가지이다. 모니터를 보는 거리가 너무 가깝거나 시간이 너무 길고, 빛이 너무 강하거나 약한 상태에서 휴대폰을 한다. 숙제를 할 때 자세가 바르지 않고, 장시간 컴퓨터와 TV 앞에 앉아 있다. 불합리한 식습관 등이다. 그러므로 시력을 잘 보호하려면 우리는 반드시 합리적으로 음식을 먹고, 앉은 자세를 바르게 하고, TV나 컴퓨터를 볼 때 자주 일어나 활동하며, 매일 한 번씩 눈 건강 체조를 꾸준히 해야 한다.

1. 高中生近视眼的发病率是多少？ 기출21
2. 根据这段话，为了保护好视力应该怎么做？ 기출21
   문제 6회

1. 고등학생의 근시 발병률은 얼마인가?
2. 이 이야기에 따르면, 시력을 잘 보호하기 위해 어떻게 해야 하는가?

정답 1. D 2. C

기출22 녹음에서 정보를 열거한다면 보기와 대조하며 들어라.

(예) A 光线变暗 빛이 어두워져서
    오후 5~7시

B 灰尘增多 먼지가 많아져서

C 人容易犯困 사람이 쉽게 졸려서
오전 11시~오후 1시

Ⓓ 大脑反应比较慢 뇌의 반응이 비교적 느려서
새벽 1~3시

단어

暗 àn 어둡다
灰尘 huīchén 먼지
大脑 dànǎo 대뇌
反应 fǎnyìng 반응
驾(驶) jià(shǐ) 운전하다
尽量 jǐnliàng 최대한
避开 bìkāi 피하다
时段 shíduàn 시간대
凌晨 língchén 새벽
血压 xuèyā 혈압
短暂 duǎnzàn 짧다
困倦感 kùnjuàngǎn 졸음
分散 fēnsàn 분산하다
从而 cóng'ér 따라서
导致 dǎozhì 초래하다

스크립트 및 해석

驾车要尽量避开三个危险时段：一是凌晨一点至三点，这段时间人的血压降低，大脑反应比较慢，易发生 **〈정답 힌트〉**
交通事故；二是上午十一点至下午一点，这时候人通常会出现短暂的困倦感，注意力也容易分散，从而导致疲劳驾驶；三是下午五点至傍晚七点，黄昏时分光线由明转暗，容易导致司

차를 운전하는 데 있어서 최대한 3가지의 위험한 시간대를 피해야 한다. 첫째는 새벽 1시부터 3시이다. 이 시간에는 사람의 혈압이 낮아지고 뇌의 반응이 비교적 느려서 교통사고가 발생하기 쉽다. 둘째는 오전 11시부터 오후 1시이다. 이때는 보통 일시적인 졸음이 나타나고 주의력도 쉽게 분산되어서 피로 운전을 초래한다. 셋째는 오후 5시부터 저녁 7시이다. 황혼 녘에는 빛이 밝았다가 어두워지면서 쉽게 운전기사의 판단 실수를 초래하기 쉬워 안전상의 위험이 생긴다.

HSK를 대하는 자세를 바꾸다
중단기 HSK 5급 기적의 필기노트

机判断失误，形成安全隐患。

问：为什么要避免在凌晨一点至三点开车？
문제 49회

질문: 왜 새벽 1시부터 3시 사이에 운전하는 것을 피해야 하는가?

傍晚 bàngwǎn 저녁 무렵
黄昏 huánghūn 황혼
时分 shífēn 무렵
隐患 yǐnhuàn 위험
避免 bìmiǎn 피하다

정보를 열거하는 표현 반드시 암기!★

首先 shǒuxiān 우선 문제 4회	其次 qícì 다음으로 문제 4회	最后 zuìhòu 마지막으로 문제 6회
	然后 ránhòu 그런 후에 문제 8회	
一是 yī shì 첫째는	二是 èr shì 둘째로는	三是 sān shì 셋째로는
一来 yī lái 첫째는	二来 èr lái 둘째로는	三来 sān lái 셋째로는
一方面 yī fāngmiàn 문제 1회 한편으로는	另一方面 lìng yī fāngmiàn 문제 1회 다른 한편으로는	此外 cǐwài 그 밖에 문제 1회

기출 23 예시나 가설로 부연 설명하는 표현이 들리면 보기와 대조하며 들어라.

예) A 扩大交友圈 교우 관계 범위를 넓혀 준다
보기 1회 언급 X

B 解决失眠问题 불면증을 해결한다
보기 2회 정답 1회 언급 X

Ⓒ 克服寂寞感 고독감을 극복해 준다
≒ 摆脱寂寞

D 可减轻经济负担 경제적인 부담을 줄일 수 있다

스크립트 및 해석

我们养宠物的好处很多。目前，邻居之间的交往少，朋友们都比较忙，很难有时间聚集在一起。如果你养一只小宠物的话，那么你可以摆脱
부연 설명(가설)　　　정답 힌트
寂寞，有时候可以和小宠物游戏一会儿，乐趣无穷。除此之外，还有一个好处很重要，那就是宠物可以帮你调整情绪，和猫狗在一起，或观赏游动的鱼儿十五到三十分钟，就可减轻压力。

우리가 반려동물을 기르면 좋은 점이 매우 많다. 오늘날 이웃 간의 교제가 적고 친구들은 바빠서 함께 모일 시간이 많지 않다. 만약 당신이 작은 반려동물을 한 마리 키운다면 고독감에서 벗어날 수 있고, 가끔 반려동물과 함께 놀이 할 수 있어 즐거움도 아주 많다. 이것 외에 또 하나 중요한 장점은 반려동물이 당신의 정서를 조절하는 데 도움을 준다는 것이다. 고양이나 개와 함께 있거나 15분에서 30분 정도 움직이는 물고기를 감상하면 스트레스를 줄일 수 있다.

단어

扩大 kuòdà 넓히다
圈 quān 권, 범위
失眠 shīmián 불면증
克服 kèfú 극복하다
寂寞 jìmò 적막하다
养 yǎng 기르다
宠物 chǒngwù 반려동물
聚集 jùjí 모으다
摆脱 bǎituō 벗어나다
乐趣 lèqù 즐거움
无穷 wúqióng 끝이 없다
调整 tiáozhěng 조절하다
情绪 qíngxù 정서
观赏 guānshǎng 감상하다
游动 yóudòng 헤엄쳐 움직이다

UNIT 07 설명형 단문

UNIT 07 설명형 단문

> 问: 根据这段话，如果养一只宠物会有什么好处？
> 문제 1회
>
> 질문: 이 이야기에 따르면, 반려동물을 기른다면 어떤 좋은 점이 있는가?

부연 설명하는 표현 반드시 암기!

예시	如 rú 예로	比如 bǐrú 예를 들어 문제 9회
	举例(说) jǔlì (shuō) 예를 들어 (말하면)	
가설	如果 rúguǒ 만약 문제 30회	要是 yàoshi 만약에 문제 4회
	万一 wànyī 만일	
추가	另外 lìngwài 이 밖에 문제 5회	此外 cǐwài 그 외에 문제 1회
	除此之外 chúcǐ zhī wài 그것 이외에도 문제 1회	
	不仅如此 bùjǐn rúcǐ 그럴 뿐만 아니라	

기술 적용 문제 1~3번   PART 2_05.mp3

1. A 高学历

   B 满意的收入 보기 1회

   C 老板的肯定 보기 1회 정답 1회

   D 舒适的办公室 보기 1회

2. A 常常出差

   B 生活压力大 보기 3회 정답 3회

   C 时间比较自由 보기 1회

   D 人际矛盾较多 보기 2회

3. A 自由职业者幸福感高

   B 自由职业失业风险大 보기 1회 · 보기 1회 정답 1회

   C 全国工资水平下降了 보기 1회 · 보기 1회

   D 要掌握更多职业技能 보기 1회

보기 해석

1. A 고학력
   B 만족스러운 수입
   C 대표의 인정
   D 편안한 사무실
2. A 자주 출장을 간다
   B 생활의 스트레스가 크다
   C 시간이 비교적 자유롭다
   D 인간관계의 갈등이 많다
3. A 프리랜서는 행복감이 높다
   B 프리랜서는 실업 위험이 크다
   C 전국의 급여 수준이 내려갔다
   D 더 많은 직업적 기능을 알아야 한다

스크립트 및 해석

根据影响职业幸福感的十大因素排行榜显示，可观的收入和一定的闲暇时间都是获得职业幸福感的保证。那么，什么样的工作既有满意的收入，又有许多空闲时间呢？最 <u>1번 정답 힌트</u>
近登上职业幸福感榜首的自由职业者，就同时满足了上述两个要求。在收入方面，68%的自由职业者税前月收入都高于全国平均工资水平。此外，在时间方面，自由职业者不仅免去了日常上班的奔波，还少了许多人 <u>2번 정답 힌트</u>
际交往上的矛盾。因此，不少有一定职业技能的人，都放弃固定工作，做起了自由职业者。 <u>3번 정답 힌트</u>

직업 행복감에 영향을 주는 10대 요소 랭킹에 따르면, 많은 소득과 일정한 여가 시간은 모두 직업적 행복감을 얻도록 보장한다. 그렇다면 어떤 직업이 만족스러운 수입이 있으면서도 많은 자유 시간을 가질까? 최근에 직업 행복감 1위에 오른 프리랜서들은 위의 두 가지 요구를 모두 만족시켰다. 수입 면에서 68%의 프리랜서의 세전 월수입은 모두 전국 평균 급여 수준보다 높았고, 이 밖에 시간적으로도 프리랜서는 일상적인 출근으로 뛰어다니지 않아도 되고 많은 인간관계의 갈등까지 줄일 수 있었다. 그리하여 어느 정도의 직업 기능을 가진 적지 않은 사람들이 고정적인 직업을 버리고 프리랜서가 되었다.

1. 根据这段话，下列哪项可以使人获得职业幸福感？ 기출21
2. 关于自由职业者可以知道什么？ 기출23 문제 28회
3. 这段话主要想告诉我们什么？ 문제 6회

1. 이 이야기에 따르면, 다음 중 어느 항목이 직업적 행복감을 얻게 하는가?
2. 프리랜서에 대해 알 수 있는 것은?
3. 이 이야기가 우리에게 알려주고 싶어 하는 것은?

정답 1. B 2. C 3. A

단어

人际 rénjì 인간관계
矛盾 máodùn 갈등
失业 shīyè 실업하다
风险 fēngxiǎn 위험
掌握 zhǎngwò 숙달하다
因素 yīnsù 요소
排行榜 páihángbǎng 랭킹
可观 kěguān 대단하다
闲暇 xiánxiá 여가
空闲 kòngxián 한가하다
榜首 bǎngshǒu 1위
上述 shàngshù 상술하다
税 shuì 세금
免去 miǎnqù 없애다
奔波 bēnbō 바쁘게 뛰어다니다
固定 gùdìng 고정하다

논설형 단문

회독

빈출맵

기술24. 견해를 주장하거나 일반화하는 표현이 들리면 보기와 대조하며 들어라. 8회
기술25. 해야 하는 것과 하지 말아야 하는 것에 대한 주장이 들리면 보기와 대조하며 들어라. 7회
기술26. 귀납형 논설문에서는 마무리 멘트가 결정적인 힌트다. 13회

기술 24 견해를 주장하거나 일반화하는 표현이 들리면 보기와 대조하며 들어라.

예) A 补充营养 영양을 보충한다
　　　보기 2회 정답 1회
　　　언급 X

B 充满信心 자신감이 넘친다
　보기 2회 정답 2회
　언급 X

Ⓒ 使人放松 릴렉싱하게 한다
　보기 1회 정답 1회
　≒ 放松自己

D 增强记忆力 기억력이 증가한다
　보기 3회 정답 1회 · 보기 4회
　언급 X

단어
补充 bǔchōng 보충하다
营养 yíngyǎng 영양
充满 chōngmǎn 가득 차다
调研 diàoyán 조사 연구하다
据说 jùshuō (듣자니) ~라고 한다
现象 xiànxiàng 현상
节律 jiélǜ 규율, 루틴
精力 jīnglì 에너지
摆脱 bǎituō 벗어나다
借助 jièzhù 힘을 빌리다

스크립트 및 해석

想要减肥，千万不要在周末进行。根据调研，很多成年人的体重往往周末最重，周五最轻。据说，这种现象的产生与工作有关。周一到周五，工作节律大不相同，人们大部分精力都放在工作上面，不太重视吃饭的问题，体重会略有下降；到了周末，人们为了摆脱工作压力，往往会借助美食来放松自己，因此体重会有所增加。

일반화 표현 / 일반화 내용

다이어트를 하고 싶다면 절대 주말에 하지 마라. 연구에 따르면 많은 성인의 체중이 흔히 주말에 가장 무겁고 금요일에 가장 가볍다. 이런 현상의 발생은 일과 관련이 있다고 한다. 월요일에서 금요일까지는 업무 리듬이 크게 달라, 사람들은 대부분의 에너지를 업무에 두고 식사 문제를 중시하지 않아 체중이 약간 내려간다. 주말이 되면 사람들은 업무 스트레스를 벗어나기 위해 자주 맛있는 음식의 도움을 빌려 스스로를 릴렉싱하고, 이로 인해 체중은 조금 증가한다.

问: 根据这段话，享受美食会给人带来什么影响？

질문: 이 이야기에 따르면, 맛있는 음식을 즐기는 것은 사람에게 어떤 영향을 주는가?

HSK를 대하는 자세를 바꾸다
중단기 HSK 5급 기적의 필기노트

견해 주장, 일반화 관련 표현 반드시 암기!★

往往/通常A wǎngwǎng/tōngcháng A	종종/통상적으로 A하다	A라고 일반화
认为/觉得A rènwéi/juéde A 보기 5회 정답 3회 보기 3회 정답 1회	A라고 여기다/생각하다	A를 주장
不是A而是B búshì A ér shì B 문제 3회	A가 아니라 B이다	B를 긍정
与其A不如B yǔqí A bùrú B 문제 1회	A하느니 B하는 것이 낫다	B를 선호
宁可A也不/决不B nìngkě A yě bù/jué bù B	A할지언정 B하지 않는다/ 절대 B하지 않는다	A를 선택

기술 적용 문제 1~2번

 PART 2_06.mp3

1. A 太累了
   B 停下脚步
      보기 1회 정답 1회
   C 天气变坏
   D 只有一条路

2. A 很难爬上去
   B 山脚下气候温和
      보기 2회
   C 山的最低点是山的起点
   D 有家咖啡厅可以休息

스크립트 및 해석

有一天，一位母亲来找我，说自己的儿子班里每次考试倒数第一，她为此很烦恼。我跟她说："学习就像爬山一样，你儿子现在是在山脚下，唯一的路就是往上走。只要你停止烦恼，鼓励他，陪他一起走，他一定会爬上来的。"不久，那位母亲打电话向我道谢，她儿子的成绩果然不断往上升。我认为最容易被人忽视的是，
1번 정답 힌트
山的最低点正是山的起点，许多在山
 2번 정답 힌트   1번 정답 힌트
脚下的人之所以爬不上来，是因为他们停住了双脚，只知道蹲在山脚烦恼、哭泣。

어느 날, 한 어머니가 나를 찾아와 그녀의 아들이 시험 때마다 반에서 꼴찌를 한다며 이 때문에 몹시 괴로워했다. 나는 그녀에게 '공부는 마치 등산 같아요. 아드님은 지금 산기슭에 있고, 유일한 길은 위로 올라가는 것뿐이에요. 당신이 고민을 멈추고, 그를 격려하고 함께 걸어주면, 아들은 분명히 올라올 거예요.'라고 말했다. 얼마 후 그 어머니가 나에게 감사하는 전화를 했는데, 역시 아들의 성적이 끊임없이 올랐다는 것이었다. 나는 사람들이 가장 소홀히 여기기 쉬운 것은 산의 최저점이 바로 산의 시작점이라는 점이고, 산 아래에 있는 많은 사람이 올라올 수 없는 것은 그들이 두 발을 멈추고 산기슭에 쪼그려 앉아 고민하고 울기만 하기 때문이라고 생각한다.

보기 해석

1. A 너무 힘들어서
   B 발걸음을 멈추어서
   C 날씨가 나빠져서
   D 길이 하나뿐이어서
2. A 올라가기 어렵다
   B 산기슭의 기후가 따뜻하다
   C 산의 최저점은 산의 시작점이다
   D 쉴 수 있는 커피숍이 있다

단어

山脚 shānjiǎo 산기슭
倒数 dàoshǔ 거꾸로 세다
唯一 wéiyī 유일하다
停止 tíngzhǐ 멈추다
不久 bùjiǔ 머지않아
果然 guǒrán 역시
忽视 hūshì 소홀히 하다
起点 qǐdiǎn 시작점
蹲 dūn 쪼그려 앉다
哭泣 kūqì 훌쩍거리다

UNIT 08 논설형 단문

UNIT 08 논설형 단문

1. 许多在山脚下的人为什么爬不上来? 기술24
2. 根据这段话，下列哪项正确? 문제 25회

정답 1. B   2. C

기출25 해야 하는 것과 하지 말아야 하는 것에 대한 주장이 들리면 보기와 대조하며 들어라.

(예) A 多坐地铁 지하철을 많이 탄다
언급 X

B 不要乱扔垃圾 함부로 쓰레기를 버리지 않아야 한다
언급 X   보기 1회

Ⓒ 少用塑料袋 비닐봉지를 적게 쓴다
보기 1회
녹음과 일치

D 提高垃圾分类认识 쓰레기 분류 인식을 높인다
보기 6회 정답 2회   보기 2회
언급 X

단어
- 分类 fēnlèi 분류(하다)
- 爱护 àihù 아끼고 보호하다
- 整个 zhěnggè 전체(의)
- 寿命 shòumìng 수명
- 灾害 zāihài 재해
- 惊天动地 jīngtiān dòngdì 천지를 진동하다

스크립트 및 해석

爱护环境不仅可以让这个地球、整个世界变得更美、更干净，而且还可以增长地球的寿命，减少自然灾害。爱护环境不是说让你一定要做出什么惊天动地的大事，而是应该从我做起，从身边的小事做起，比如，少用塑料袋、多坐公交车等。这样，只
해야 하는 것
要你能做到一小部分，就是爱护环境的。

问：根据这段话，要爱护环境我们应该做哪些事情？

환경을 아끼고 보호하는 것은 지구와 전 세계를 더 아름답고 깨끗하게 할 수 있을 뿐만 아니라 지구의 수명을 늘리고 자연 재해도 줄일 수 있다. 환경 보호는 당신이 반드시 무슨 천지를 뒤흔드는 큰일을 해야 한다는 것이 아니라, 나부터 시작해서 주변의 작은 일부터 하는 것이다. 예를 들면 비닐봉지를 적게 쓰고, 버스를 많이 타는 것 등이다. 이렇게 당신이 아주 작은 부분이라도 할 수 있다면 바로 환경을 보호하는 것이다.

질문: 이 이야기에 따르면, 환경을 보호하려면 우리는 어떤 일을 해야 하는가?

주장을 나타내는 표현 반드시 암기!

해야 하는 것	하지 말아야 하는 것
应该 yīnggāi ~해야 한다	别 bié ~하지 마라 보기 8회
要 yào ~해야 한다	不要 búyào ~하지 않아야 한다 보기 12회
多 duō 많이/더 ~하다	少 shǎo 적게/덜 ~하다

기술 적용 문제 1~2번

PART 2_07.mp3

1. A 更环保
   보기 2회 정답 1회
   B 容易停车
   보기 2회
   C 价格划算
   보기 2회
   D 消费能源
   보기 2회 정답 1회

2. A 降低造价 보기 2회
   B 研发新能源汽车
   보기 1회 정답 1회
   C 积极扩大市场 보기 1회
   D 提高生产汽车数量
   보기 6회 정답 2회

스크립트 및 해석

汽车是现代人最常用的交通工具，很多人出行时都会选择开车或者坐车。但是，<u>传统的汽车不仅消费了大量的能源</u>，而且，对环境也造成了
1번 정답 힌트
严重的破坏。因此，为了节约能源、保护环境，目前，世界上许多国家应该积极研发新能源汽车，而采取适当
2번 정답 힌트
的措施。不仅如此，还要推广新能源汽车，以它来取代传统的汽车。

자동차는 현대인이 가장 많이 사용하는 교통수단으로, 많은 사람이 외출할 때 운전을 하거나 차를 타는 방법을 선택한다. 그러나 전통적인 자동차는 대량의 에너지를 소비할 뿐만 아니라, 게다가 환경도 심각하게 파괴하였다. 그래서 에너지를 절약하고 환경을 보호하기 위해서는, 현재 세계의 많은 나라가 신에너지 차량을 적극적으로 연구 개발해야 하고 적절한 조치를 취해야 한다. 이뿐만 아니라 신에너지 자동차를 보급하여 그것으로 전통적인 자동차를 대체해야 한다.

1. 关于传统的汽车，我们可以知道什么？
   문제 28회
2. 为了节约能源、保护环境，世界各个国家应该怎么做？ 기술25
   문제 6회

1. 전통적인 자동차에 대해 우리는 무엇을 알 수 있는가?
2. 에너지를 절약하고 환경을 보호하기 위해, 세계 각국은 어떻게 해야 하는가?

정답 1. D 2. B

보기 해석

1. A 환경을 더 보호한다
   B 주차하기 쉽다
   C 가격이 수지에 맞는다
   D 에너지를 소비한다
2. A 제조 원가를 낮춘다
   B 신에너지 차량을 연구 개발한다
   C 적극적으로 시장을 확대한다
   D 자동차 생산량을 높인다

단어

环保 huánbǎo 환경 보호
划算 huásuàn 수지가 맞다
消费 xiāofèi 소비하다, 낭비하다
能源 néngyuán 에너지
造价 zàojià 제조 원가
研发 yánfā 연구 개발하다
出行 chūxíng 외출하다
传统 chuántǒng 전통적이다
破坏 pòhuài 파괴하다
采取 cǎiqǔ 취하다
适当 shìdàng 적당하다
措施 cuòshī 조치
推广 tuīguǎng 보급하다
取代 qǔdài 대체하다

UNIT 08 논설형 단문

길 **26** 귀납형 논설문에서는 마무리 멘트가 결정적인 힌트다.

예) A 做事要谨慎 일을 할 때 신중해야 한다
　　　└ 보기 5회 정답 1회
　　　　보기 4회

B 要保护动物 동물을 보호해야 한다
　　보기 1회 보기 2회

C 应该虚心对待别人 겸손하게 타인을 대해야 한다
　　보기 2회 보기 1회 정답 1회

Ⓓ 不要过于关注优点 장점에 지나치게 집중하지 마라
　　보기 1회 보기 2회 보기 3회 정답 1회
　≒ 由此可见 뒤에 나온 내용

📝 단어

孔雀 kǒngquè 공작새
尾巴 wěiba 꼬리
扇子 shànzi 부채
爱惜 àixī 아끼다
位置 wèizhi 위치
警惕 jǐngtì 경계하다
趴 pā 엎드리다
依然 yīrán 여전히
损坏 sǔnhuài 손상시키다
引以为豪 yǐnyǐwéiháo 자랑스럽게 여기다
敌人 dírén 적

스크립트 및 해석

你知道孔雀的尾巴张开时像什么一样吗？就像一把大扇子，特别漂亮。所以它们都非常爱惜自己的尾巴。当它们想要休息时，总是先选好位置放好尾巴，然后才安心休息。孔雀警惕性高，人不易接近。但每逢暴雨天，孔雀担心被雨水淋湿后，走动会把尾巴弄脏，就一动不动地趴在原地。即使人们走到它们面前，它们也依然不动，怕损坏了自己漂亮的尾巴。这时，它们很容易被人抓到。<u>由此可见，有时候，我们引以为豪的优点反而容易被敌人利用。</u> 　마무리 멘트

问：这段话主要想告诉我们什么？
　　　　　　　　　　　　문제 6회

당신은 공작새의 꼬리를 펼쳤을 때 무엇과 같은 모양인지 알고 있는가? 하나의 큰 부채처럼 매우 아름답다. 그래서 그들은 자신의 꼬리를 대단히 소중히 여긴다. 그들은 휴식할 때 언제나 먼저 꼬리를 잘 놓을 자리를 고르고 나서야 마음 놓고 휴식한다. 공작새는 경계심이 높아 사람이 접근하기 어렵다. 그러나 폭우가 내리는 날이면 공작새는 비에 젖어 움직이면 꼬리가 더러워질까 염려하여 꼼짝 않고 한 자리에 엎드려 있는다. 설령 사람들이 그들의 앞에 다가가도, 그들은 자기의 아름다운 꼬리를 손상시킬까 봐 여전히 움직이지 않는다. 이때 그들은 사람에게 붙잡히기 쉽다. <u>이로써 때로는 우리가 자랑스러워하는 장점이 오히려 적에게 이용되기도 쉽다는 것을 알 수 있다.</u>

질문: 이 이야기가 우리에게 알려주고 싶어 하는 것은?

자주 출제되는 마무리 멘트　반드시 암기!★

可见 kějiàn ~을 알 수 있다 문제 1회	由此可见 yóucǐ kějiàn 이로써 알 수 있듯이, 이로써 ~을 알 수 있다
因此 yīncǐ 이 때문에, 따라서 문제 12회	所以 suǒyǐ 그래서, 그러므로 문제 9회
从而 cóng'ér 그리하여, ~함으로써 문제 3회	这样 zhèyàng 이렇게 해서, 이리하여 문제 25회
总之 zǒngzhī 요컨대, 어쨌든	总而言之 zǒng'éryánzhī 결론적으로 말해서

중단기 HSK 5급 기적의 필기노트

기술 적용 문제 1~2번

 PART 2_08.mp3

1. A 容易切
   B 确保公平
   C 无需工具
   D 增进友谊

2. A 先选蛋糕
   B 买个大蛋糕
   C 找人帮忙切蛋糕
   D 把蛋糕平均分成两份

스크립트 및 해석

两个人如何公平地分蛋糕？这是一个经典的问题。为了确保公平性，"你来分，我来选"的方法是最有效的。首先，由其中一人把蛋糕切成两块，然后，另一个人优先选出他自己想要的那块。剩下的那块，就留给切蛋糕的人。这样，切蛋糕的人事先不知道第二个人会选哪一块，为了保证自己的利益，他必须尽量把蛋糕平均分成两份。总而言之，这样，不管对方怎么选择，他都能保证自己不会吃亏。

(1번 정답 힌트 / 2번 정답 힌트)

두 사람이 어떻게 공평하게 케이크를 나눌 것인가? 이것은 아주 전형적인 문제다. 공평성을 확보하기 위해서는 '당신이 나누고 내가 고르는' 방법이 가장 효과적이다. 먼저 그중 한 사람이 케이크를 둘로 자르고, 그 후에 다른 사람이 우선 자신이 원하는 조각을 선택한다. 남은 것은 바로 케이크를 자른 사람에게 주는 것이다. 이렇게 하면 케이크를 자르는 사람은 사전에 두 번째 사람이 어떤 조각을 선택할지 모르기 때문에, 자기의 이익을 확보하기 위해 되도록 케이크를 균등하게 둘로 나눠야 한다. 결론적으로 말하면, 이렇게 해서 상대방이 어떻게 선택하든 자신이 손해를 보지 않도록 보장할 수 있는 것이다.

1. "你来分，我来选"的方法有什么好处？ 문제 1회
2. 要想保证自己的利益，切蛋糕的人需要怎么做？ 기술26

1. '당신이 나누고 내가 고르는' 방법에는 어떤 장점이 있는가？
2. 자신의 이익을 확보하기 위해, 케이크를 자르는 사람은 어떻게 해야 하는가？

정답 1. B 2. D

보기 해석

1. A 자르기가 쉽다
   B 공평성을 확보한다
   C 도구가 필요 없다
   D 우정을 증진시킨다

2. A 케이크를 먼저 고른다
   B 큰 케이크를 산다
   C 케이크 자르는 것을 도울 사람을 찾는다
   D 케이크를 균등하게 둘로 나눈다

단어

切 qiē (칼로) 자르다
确保 quèbǎo 확보하다
公平 gōngpíng 공평하다
平均 píngjūn 균등하다
经典 jīngdiǎn 전형적이다
公平性 gōngpíngxing 공평성
有效 yǒuxiào 효과적이다
优先 yōuxiān 우선하다
利益 lìyì 이익
尽量 jǐnliàng 최대한
吃亏 chīkuī 손해를 보다

UNIT 08 논설형 단문

기적의 필기노트
중단기 HSK 5급

독해
PART 1-3

PART 1 빈칸 채우기

UNIT 09 문장 성분 파악 유형

UNIT 10 어휘 호응 파악 유형

UNIT 11 앞뒤 문맥 파악 유형

PART 2 지문과 일치하는 문장 고르기

UNIT 12 독해 2부분 문제 풀이 전략

UNIT 13 오답 소거하기

UNIT 14 정답 찾기

PART 3 지문 읽고 질문에 알맞은 답 고르기

UNIT 15 질문 유형별 문제 풀이 전략 1

UNIT 16 질문 유형별 문제 풀이 전략 2

UNIT 17 질문 유형별 문제 풀이 전략 3

Unit 09 문장 성분 파악 유형

빈칸 자리에 알맞은 문장 성분을 파악하여 정답을 찾는다.

회독

빈출맵

기술27. 빈칸 앞뒤의 구조조사 的, 地는 문장 성분을 알려주는 신호다. 10회
기술28. 빈칸이 관형어 자리이면 뒤에 나오는 명사가 힌트다. 22회
기술29. 빈칸이 부사어 자리이면 뒤에 나오는 술어가 힌트다. 45회

단어

报道 bàodào 보도
面对 miànduì 마주하다
能源 néngyuán 에너지
短缺 duǎnquē 부족하다
逐渐 zhújiàn 점차
科技 kējì 과학 기술
危害 wēihài 훼손
思考 sīkǎo 숙고하다
人类 rénlèi 인류
阻止 zǔzhǐ 저지
伤害 shānghài 손상
威胁 wēixié 위협
妨碍 fáng'ài 방해

不禁 bùjīn 참지 못하다
敬佩 jìngpèi 존경하여 탄복하다
争 zhēng 싸우다
勤奋 qínfèn 근면 성실하다
争取 zhēngqǔ 쟁취하다
报酬 bàochou 대가, 보수

기술 27 빈칸 앞뒤의 구조조사 的, 地는 문장 성분을 알려주는 신호다.

据报道，进入20世纪后，面对环境污染、能源短缺的_____，人
　　　　　　　　　　　　　　　　　　　　　　　　관형어　　목적어(명사)
们逐渐认识到科技的发展带来的严重危害，并开始思考人类的发展方向。

A 阻止　　　　B 伤害　　　　Ⓒ 威胁　　　　D 妨碍
　보기 4회　　　보기 2회　　　보기 4회 정답 1회　보기 2회 정답 1회

> 보도에 따르면 20세기로 들어선 후, 환경 오염, 에너지 고갈의 위협에 직면하여 사람들은 점차 과학 기술의 발전이 가져온 심각한 위험과 훼손을 인식했으며 인류의 발전 방향에 대해 생각하기 시작했다.
>
> A 저지　　　　B 손상　　　　C 위협　　　　D 방해

1 구조조사 的 앞은 관형어, 的 뒤는 주어/목적어 자리이다.

张大千不禁对齐白石充满了敬佩，但还是不明白其中的道理。
　　　　　　　　　　　　　　　　　　　　　　　　문제 1회
　　　　　　　　　　　　　　　　　　　　관형어　목적어(명사)

장따치엔은 치바이스에 대해 놀라움과 존경심이 가득함을 참을 수 없었지만, 그 속의 도리는 여전히 알 수 없었다.

2 구조조사 地 앞은 부사어, 地 뒤는 술어 자리이다.

"挣"字左边是手，右边是争，意思是你要用自己的双手勤奋地劳动，才能争
　　　　　　　　　　　　　　　　　　　　　　　　부사어　술어(동사)
取到报酬。

'쟁'자의 왼쪽은 손, 오른쪽은 싸움으로, 자신의 두 팔을 써서 근면 성실하게 일해야만 대가를 얻어낼 수 있다는 뜻이다.

HSK를 대하는 자세를 바꾸다
중단기 HSK 5급 기적의 필기노트

기술 적용 문제

当一个人在彼此陌生的环境里，如果你能轻松而_____地叫出对方的名字，他一定会吃惊和感动，因为这毫无疑问地告诉了他："你的名字对我有很重要的意义。"

A 亲切 B 冷淡 C 老实 D 密切
　보기 1회 정답 1회　　보기 1회　　　보기 2회　　　보기 2회

한 사람이 서로 낯선 환경에 있을 때 만약 가볍고 친절하게 상대방의 이름을 불러 준다면 그는 틀림없이 놀라고 감동할 것이다. 왜냐하면 이것은 조금도 의심할 바 없이 그에게 '당신의 이름이 나에게 아주 중요한 의미가 있다'고 말해 주기 때문이다.
　　　　　　　　　부사어+地　　　　술어

A 친절하게 B 냉정하게 C 성실하게 D 밀접하게

정답 A

단어
彼此 bǐcǐ 서로
陌生 mòshēng 낯설다
毫无 háowú 조금도 ~ 없다
疑问 yíwèn 의문
意义 yìyì 의미
亲切 qīnqiè 친절하다
冷淡 lěngdàn 냉정하다
老实 lǎoshi 성실하다
密切 mìqiè 밀접하다

꿀 28 빈칸이 관형어 자리이면 뒤에 나오는 명사가 힌트다.

假如电梯运行中突然停止，那么，你应该立即按红色的警铃，然后，用对讲机或电话和管理人员联系，耐心等待，就会有_____的救援人员来救你。
　　　　　　　　　　　　　　　　　　　관형어　　　명사
　　　　　　　　　　　　　　　　　　　　　　문제 1회

A 完美 B 时髦 Ⓒ 专业 D 成熟
　보기 1회　　보기 2회　　보기 2회 정답 1회　　보기 1회

만약 엘리베이터가 운행 중에 갑자기 정지한다면, 당신은 즉시 빨간색의 비상벨을 누르고 무전이나 전화로 관리자와 연락해야 합니다. 인내심을 가지고 기다리면 바로 전문적인 구조 대원이 와서 당신을 구해 줄 것입니다.

A 훌륭한 B 유행하는 C 전문적인 D 성숙한

단어
假如 jiǎrú 만약
运行 yùnxíng 운행(하다)
停止 tíngzhǐ 정지(하다)
立即 lìjí 즉시
按 àn 누르다
警铃 jǐnglíng 비상벨
对讲机 duìjiǎngjī 소형 무전기
救援人员 jiùyuán rényuán 구조 요원
完美 wánměi 매우 훌륭하다
时髦 shímáo 유행(이다)
成熟 chéngshú 성숙하다

1 '수사/지시대사+양사' 관형어
① 草原上还生活着一群狼。 초원에 아직 늑대 한 무리가 살고 있다.
　　　　　　　문제 1회
　　　　　수사+양사

② 后来这个传统就被保留了下来。 나중에 이 전통은 남아 있게 되었다.
　　지시대사+양사

UNIT 09 문장 성분 파악 유형　51

UNIT 09 문장 성분 파악 유형

2 동사/형용사 관형어(+的)

等你养成了这个好习惯，你一定会有意外的收获。 이 좋은 습관을 기르게 되면 당신은 분명 의외
　　　　　　　　　　　　　　　　형용사　　　　　의 수확이 있을 것이다.

3 빈출 '관형어+명사' 반드시 암기!

必要条件 bìyào tiáojiàn 보기 2회 필요 조건	悲观情绪 bēiguān qíngxù 보기 2회 정답 1회 비관적인 기분	唯一理由 wéiyī lǐyóu 보기 1회 유일한 이유
专门设计 zhuānmén shèjì 보기 1회 정답 1회 전문적인 디자인	生活领域 shēnghuó lǐngyù 보기 3회 정답 1회 생활 분야	制作成本 zhìzuò chéngběn 보기 2회 정답 1회 제작 자본금
心理状态 xīnlǐ zhuàngtài 보기 2회 심리 상태	休闲娱乐 xiūxián yúlè 보기 1회 정답 1회 레저 오락	业余爱好 yèyú àihào 보기 3회 여가 취미

단어
拥有 yōngyǒu 보유하다
感恩 gǎn'ēn 은혜에 감사하다
保持 bǎochí 지키다
积极 jījí 적극적이다
面对 miànduì 마주 보다
从容不迫 cóngróng búpò 태연자약하다
充满 chōngmǎn 가득 차다
朵 duǒ 송이(꽃을 세는 양사)
滴 dī 물방울을 세는 양사
顶 dǐng 꼭대기가 있는 물건을 세는 양사
颗 kē 알, 조각(동글고 작은 것을 세는 양사)

기술 적용 문제

拥有一_____感恩的心，会让人保持积极乐观的人生态度，特别是在面对压力与困难时也能做到从容不迫，对未来充满希望。

A 朵　　　　　B 滴　　　　　C 顶　　　　　D 颗
　보기 1회　　　　　　　　　　　　　　　　　　　보기 1회 정답 1회

한 조각 감사한 마음을 갖는 것은, 사람이 적극적이고 낙관적인 삶의 태도를 유지하게 하고, 특히 스트
수사+양사　　명사
레스와 어려움에 직면했을 때도 그들이 태연할 수 있고 미래에 대한 희망이 가득 차게 해 준다.

A 송이　　　B 방울　　　C 개　　　D 조각

정답 D

단어
女士 nǚshì 숙녀
妇女 fùnǚ 성인 여성
连忙 liánmáng 재빨리
偶然 ǒurán 뜻밖에
陆续 lùxù 잇따라
彻底 chèdǐ 철저히

꿀팁 29 빈칸이 부사어 자리이면 뒤에 나오는 술어가 힌트다.

有一位先生在餐厅里不小心拿错伞，原来，那把雨伞是一位女士的，所以那位先生_____向那位妇女道歉。
　　　　　　　　　　　　　　　　　　　　　　　부사어　　　　술어(동사)
　　　　　　　　　　　　　　　　　　　　　　　　　　　　　문제 1회

Ⓐ 连忙　　　　B 偶然　　　　C 陆续　　　　D 彻底
　보기 1회 정답 1회　　보기 1회　　　　　보기 4회　　　　보기 4회 정답 1회

HSK를 대하는 자세를 바꾸다
중단기 HSK 5급 기적의 필기노트

어떤 신사가 식당에서 부주의하여 우산을 잘못 가져갔다. 알고 보니 그 우산은 한 숙녀의 물건이었고, 그래서 그 신사는 그 여성에게 <u>황급히</u> 사과하였다.

A 황급히   B 우연히   C 잇따라   D 철저하게

1 부사/형용사 부사어(+地)

① 中国象棋汉代已在民间<u>广泛</u>流行。 중국 장기는 한대에 이미 민간에서 널리 유행했다.
　　　　　　　　　형용사

② 使人一看就能<u>强烈</u>地感到一股狂风正在吹过。 사람들이 보자마자 거센 바람이 불었
　　　　보기 4회 정답 2회　　　　　　　　　　　음을 강렬히 느끼게 만든다.
　　　　형용사

2 전치사구 부사어

① 他<u>从修理店</u>取回了自己的工具。 그는 수리점에서 자신의 도구를 찾아 돌아왔다.
② 我<u>在别人眼中</u>是否只是一块石头? 내가 다른 사람 눈에는 그저 하나의 돌멩이가 아닐까?

3 빈출 부사 반드시 암기!★

曾经 céngjīng 일찍이 보기 3회 정답 1회	逐渐 zhújiàn 보기 4회 정답 2회 점차(자연스러운 변화)	逐步 zhúbù 보기 4회 차츰(의식적·단계적 변화)
分别 fēnbié 각각 보기 4회 정답 2회	一律 yílǜ 일률적으로 보기 3회	根本 gēnběn 근본적으로 보기 4회 정답 1회
毕竟 bìjìng 결국 보기 2회	始终 shǐzhōng 시종일관 보기 5회	相对 xiāngduì 상대적으로 보기 2회

기술 적용 문제

1-3.
　　当你有5个橘子的时候，千万不要都吃光。因为把它们吃掉，你也只能吃到一种味道。如果你把其中4个给别人吃，尽管从＿＿1＿＿上看你少了4个橘子，但实际上你却得到了4个人的友情和好感。之后，你可能会从他们的手里得到一个苹果或者一个杧果。最后你可能得到5种＿＿2＿＿的水果和4个人的友谊。人一定要学会用你拥有的东西去换取＿＿3＿＿重要的东西。所以说，放弃有时候是一种智慧。

1. A 抽象　　　B 角度　　　C 表面　　　D 表现
　　보기 3회　　　보기 4회　　　보기 2회 정답 2회　　보기 4회

2. A 相似　　　B 不同　　　C 共同　　　D 不足
　　보기 3회 정답 1회　보기 1회　　　보기 1회 정답 1회

3. A 更大　　　B 简直　　　C 片面　　　D 更加
　　　　　　　보기 1회　　　보기 2회　　　보기 2회 정답 1회

단어

橘子 júzi 귤
杧果 mángguǒ 망고
拥有 yōngyǒu 소유하다
换取 huànqǔ 바꾸어 얻다
放弃 fàngqì 포기하다
智慧 zhìhuì 지혜
抽象 chōuxiàng 추상적이다
角度 jiǎodù 각도
表面 biǎomiàn 표면
相似 xiāngsì 서로 비슷하다
简直 jiǎnzhí 그야말로
片面 piànmiàn 편파적이다

UNIT 09 문장 성분 파악 유형

UNIT 09 문장 성분 파악 유형

귤 5개가 있을 때, 절대 전부 다 먹지 마라. 그것들을 다 먹어 버리면, 당신은 단 한 가지 맛밖에 볼 수 없기 때문이다. 만약 당신이 그중 4개를 다른 사람이 먹도록 준다면, **1** 표면상으로 4개의 귤이 줄어든 것처럼 보이지만, 실제로는 네 사람의 우정과 호감을 얻게 된다. 그 후, 당신은 그들에게서 사과 혹은 망고 <u>1번 힌트</u>
를 얻을 수도 있고, 결국 당신은 다섯 가지 **2** 다른 과일과 4명의 우정을 얻을 수 있을 것이다. 사람은 반드 <u>2번 힌트</u>
시 당신이 가진 것으로 **3** 더욱 중요한 것과 바꾸는 법을 배워야 한다. 그래서 포기하는 것이 때로는 일종의 지혜라고 하는 것이다. <u>3번 힌트</u>

1. A 추상   B 각도   C 표면   D 표현   기술29
2. A 비슷한   B 다른   C 공통의   D 부족한   기술27, 28
3. A 더 큰   B 그야말로   C 단편적으로 D 더욱   기술29

정답 1. C   2. B   3. D

Unit 10 어휘 호응 파악 유형

빈칸 앞뒤에서 호응하는 어휘를 파악하여 정답을 찾는다.

회독

빈출맵		
기술30. 보기 단어가 모두 동사라면 빈칸 앞뒤의 주어나 목적어와 호응하는 동사가 정답이다.	83회
기술31. 보기 단어가 모두 명사라면 빈칸 앞뒤의 주어나 술어와 호응하는 명사가 정답이다.	57회
기술32. 빈칸 뒤에 동태조사 了, 着, 过가 있으면 동사 자리로, 주어나 목적어가 힌트다.	9회
기술33. 빈칸 앞에 정도부사 很, 非常 등이 있으면 형용사 자리로, 앞 절의 내용이나 주어가 힌트다.	17회

기술 30 보기 단어가 모두 동사라면 빈칸 앞뒤의 주어나 목적어와 호응하는 동사가 정답이다.

对广大球迷而言，看球赛本来是充满乐趣的一件事，可是世界杯比赛时间通常在深夜里，所以很多中国球迷却熬夜看直播比赛，因此，这会_____睡眠不足、眼睛疲劳和饮食不规律。

동사 + 부정적 목적어

A 反映　　B 创造　　C 促进　　Ⓓ 导致
　　　　　보기 1회　　　보기 1회　　보기 4회 정답 1회
　　　　　　　　　　　　　　　　부정적 결과와 호응

수많은 축구 팬에게 있어서 축구 경기를 보는 것은 본래는 즐거움이 가득한 일이다. 그러나 월드컵 경기 시간이 보통 늦은 밤이기 때문에 많은 중국 축구 팬들은 밤을 새고 라이브 경기를 본다. 따라서 이것은 수면 부족, 눈 피로와 음식 섭취 불균형을 초래할 것이다.

A 반영하다　B 창조하다　C 촉진하다　D 초래하다

기술 적용 문제

快乐是自己找到的，烦恼是自己寻找来的，这就是所谓的"自寻烦恼"。据统计，一般人92%的担忧从未发生过，剩下的8%则是你能够轻易_____的。因此很多时候都是自己吓自己，过于忧虑反而使自己走入困境。

A 利用　　B 应付　　C 批准　　D 达到
보기 2회　보기 5회 정답 1회　　　　보기 6회 정답 2회

즐거움은 자기가 찾아내는 것이고, 고민은 스스로 찾아오는 것이다. 이것이 바로 이른바 '스스로 고민을 찾는다'는 것이다. 통계에 따르면 일반 사람들의 92%의 걱정은 한 번도 발생하지 않았고, 나머지 8%

목적어 힌트

는 당신이 충분히 쉽게 대처할 수 있는 것이었다. 따라서 자기가 스스로에게 겁을 주는 것이 대부분이고,

주어 힌트　동사

지나친 우려는 오히려 자신을 곤경에 빠지게 한다.

A 이용하다　B 대처하다　C 허가하다　D 도달하다

정답 B

단어

球迷 qiúmí (야구·축구) 팬
球赛 qiúsài 구기 시합
充满 chōngmǎn 충만하다
世界杯 Shìjièbēi 월드컵
通常 tōngcháng 통상, 보통
深夜 shēnyè 깊은 밤
熬夜 áoyè 밤을 새다
直播 zhíbō 생방송(하다)
睡眠 shuìmián 수면(하다)
不足 bùzú 부족하다
疲劳 píláo 피로(하다)
饮食 yǐnshí 음식(을 먹고 마시다)
规律 guīlǜ 규칙적이다
反映 fǎnyìng 반영(하다)
创造 chuàngzào 창조하다
促进 cùjìn 촉진하다
导致 dǎozhì 초래하다

寻找 xúnzhǎo 찾다
所谓 suǒwèi 이른바
统计 tǒngjì 통계
担忧 dānyōu 걱정(하다)
轻易 qīngyì 가볍게
吓 xià 놀라게 하다
过于 guòyú 지나치게
忧虑 yōulǜ 우려(하다)
反而 fǎn'ér 오히려
困境 kùnjìng 곤경
利用 lìyòng 이용하다
应付 yìngfù 대처하다
批准 pīzhǔn 허가하다
达到 dádào 도달하다

UNIT 10 어휘 호응 파악 유형

단어
- 礼貌 lǐmào 예의 (바르다)
- 交往 jiāowǎng 교제(하다)
- 意想 yìxiǎng 생각하다
- 效果 xiàoguǒ 효과
- 资源 zīyuán 자원
- 投资 tóuzī 투자(하다)
- 优惠 yōuhuì 특혜
- 赔偿 péicháng 변상

꿀 31 보기 단어가 모두 명사라면 빈칸 앞뒤의 주어나 술어와 호응하는 명사가 정답이다.

记住别人的姓名，这不仅是一种礼貌，也是一种感情_____，在
　　　　　　　　　주어　　　　　　　　　술어　　　　　명사
人与人交往的过程中往往能起到意想不到的效果。

A 资源　　　　B 投资 (○)　　　　C 优惠　　　　D 赔偿
　　　　　　　보기 1회 정답 1회

> 다른 사람의 이름을 기억하는 것, 이것은 일종의 예의일 뿐만 아니라, 또한 일종의 감정 투자여서, 사람과 사람이 교제하는 과정에서 때때로 생각하지 못한 효과를 일으킬 수 있다.
>
> A 자원　　B 투자　　C 혜택　　D 변상

'술어+명사 목적어' 호응 예시

① 知识和技能成为一个人生存的必要条件。
　지식과 기술은 한 사람이 생존하는 필수 조건이 되었다.

② 首先想到的就是失败，从而产生一种莫名的悲观情绪。
　　　　　　　　　　　　　　　　　　　　　　　　보기 5회 정답 3회
　먼저 실패부터 생각하기 때문에 알 수 없는 비관적인 기분이 생긴다.

③ 大脑的两个半球可以处于不同的状态。 대뇌의 두 반구는 서로 다른 상태에 처할 수 있다.
　　　　　　　　　　　　　　　　　　보기 3회 정답 2회

단어
- 人类 rénlèi 인류
- 进食 jìnshí 식사를 하다
- 刀叉 dāochā 나이프와 포크
- 抓 zhuā (물건 등을) 잡다
- 食 shí 음식
- 非洲 Fēizhōu 아프리카 주
- 中东 Zhōngdōng 중동(지역)
- 印度尼西亚 Yìndùníxīyà 인도네시아
- 发明 fāmíng 발명하다
- 冶铁 yětiě 제철하다
- 分布 fēnbù 분포하다
- 欧美 Ōu Měi 유럽과 아메리카
- 东亚 Dōngyà 동아시아(지역)
- 大陆 dàlù 대륙
- 软件 ruǎnjiàn 소프트웨어
- 零件 língjiàn 부속품

기술 적용 문제

人类社会进食方式主要分为这三种：用手指、用刀叉、用筷子。第一，用手。这是一种最自然的进食方式，用手指抓食的人生活在非洲、中东、印度尼西亚等地区。第二，用刀叉。刀叉是在人类发明火和冶铁之后才有的_____。用刀叉的人主要分布在欧美。第三，用筷子。用筷子的人主要分布在东亚大陆。

A 玩具　　　　B 软件　　　　C 零件　　　　D 工具
보기 1회　　　보기 1회　　　보기 1회　　　보기 3회 정답 1회

> 인류 사회의 식사 방식은 주로 손가락 사용, 나이프와 포크 사용, 젓가락 사용, 이 세 가지로 분류된다. 첫 번째 손을 사용하는 것, 이것은 음식을 먹는 가장 자연스러운 방식으로, 손가락으로 음식을 먹는 사람은 아프리카, 중동, 인도네시아 등 지역에서 생활한다. 둘째는 나이프와 포크를 사용하는 방법이다. 나이프와 포크는 인류가 불과 제철을 발명한 후에야 생긴 도구이다. 나이프와 포크를 사용하는 사람은 주
> 　　　　　　주어 힌트　　　　　　　　　　　　술어 힌트
> 로 유럽과 아메리카에 분포되어 있다. 세 번째로 젓가락을 사용하는 것이다. 젓가락을 사용하는 사람은 주로 동아시아 대륙에 분포해 있다.
>
> A 장난감　　B 소프트웨어　　C 부품　　D 도구
>
> 정답 D

HSK를 대하는 자세를 바꾸다
중단기 HSK 5급 기적의 필기노트

길32 빈칸 뒤에 동태조사 了, 着, 过가 있으면 동사 자리로, 주어나 목적어가 힌트다.

中国人在计数时，常常会使用"正"字，五笔一字，一个"正"字代表5，视觉效果简洁明了。作为一种计数法，一直流行于民间。到现在，很多中国人还 _____ 着用"正"字计数的习惯。

　　주어　　　동사　　　　　　　목적어

A 发挥　　　B 具备　　　(C) 保留　　　D 保证
　보기 1회　　　보기 2회　　　보기 2회 정답 2회　　보기 1회 정답 1회

중국인은 수를 셀 때 자주 '정'자를 사용한다. 한 글자에 다섯 획으로, '정'자 하나는 5를 나타내어 시각적인 효과가 간결 명료하다. 수를 세는 방법의 하나로서 줄곧 민간에서 유행했으며, 지금까지도 많은 중국인이 여전히 '정'자로 수를 세는 습관을 보존하고 있다.

A 발휘하다　B 갖추다　C 보존하다　D 보장하다

📕 단어

计数 jìshù 수를 세다
笔 bǐ 획수
视觉 shìjué 시각
效果 xiàoguǒ 효과
简洁 jiǎnjié 간결하다
明了 míngliǎo 명료하다
作为 zuòwéi ~으로 하다
民间 mínjiān 민간
发挥 fāhuī 발휘하다
具备 jùbèi 갖추다
保留 bǎoliú 보존하다

빈출 '동사+목적어' 반드시 암기!⭐

保持态度 bǎochí tàidù 보기 4회 태도를 유지하다	包含意义 bāohán yìyì 보기 2회 정답 2회 의미를 내포하다	采取措施 cǎiqǔ cuòshī 보기 4회 조치를 취하다
面临挑战 miànlín tiǎozhàn 보기 4회 정답 2회 도전에 직면하다	充满活力 chōngmǎn huólì 보기 2회 정답 2회 활력이 충만하다	承担责任 chéngdān zérèn 보기 4회 정답 1회 책임을 맡다
具备能力 jùbèi nénglì 보기 2회 능력을 구비하다	达到目的 dádào mùdì 보기 6회 정답 2회 목적에 도달하다	积累经验 jīlěi jīngyàn 보기 1회 경험을 쌓다
把握机遇 bǎwò jīyù 보기 1회 정답 1회 기회를 잡다	征求意见 zhēngqiú yìjiàn 보기 2회 정답 1회 의견을 구하다	掌握技术 zhǎngwò jìshù 보기 6회 정답 3회 기술을 숙달하다

기술 적용 문제

1-2.

人为什么会做梦，梦有什么意义，梦对人有什么影响？为此，人类 __1__ 了很久，可尚未找到答案。但是人们依然相信一些经常做的梦 __2__ 着特别的意义。

1. A 想像　　B 观察　　C 思考　　D 幻想
　　보기 3회　　보기 3회　　보기 4회 정답 2회　보기 5회

2. A 表现　　B 包含　　C 保持　　D 采取
　　보기 4회　　보기 2회 정답 2회　보기 4회　　보기 4회

📕 단어

尚未 shàngwèi 아직 ~않다
依然 yīrán 여전히
思考 sīkǎo 사유하다
幻想 huànxiǎng 공상하다
包含 bāohán 포함하다
保持 bǎochí 유지하다
采取 cǎiqǔ 취하다

UNIT 10 어휘 호응 파악 유형

> 사람은 왜 꿈을 꾸고, 꿈은 어떤 의미가 있으며, 꿈은 사람에게 어떤 영향을 주는가? 이 때문에 인류는
> 오랫동안 1 고심했지만 아직도 답을 찾지 못했다. 하지만 사람들은 여전히 일부 자주 꾸는 꿈은 특별한
> 의미를 2 내포하고 있다고 믿는다.
>
> 1번 힌트 / 동사
> 2번 힌트 / 동사
>
> 1. A 상상하다   B 관찰하다   C 고심하다   D 꿈꾸다   기술32
> 2. A 표현하다   B 포함하다   C 유지하다   D 취하다   기술32
>
> 정답 1. C 2. B

기술 33 빈칸 앞에 정도부사 很, 非常 등이 있으면 형용사 자리로, 앞 절의 내용이나 주어가 힌트다.

단어
- 潜水 qiánshuǐ 잠수(하다)
- 含义 hányì 내포된 뜻
- 知情 zhīqíng 사정을 알다
- 隐秘 yǐnmì 비밀스럽다
- 浏览 liúlǎn 훑어보다
- 表露 biǎolù 나타내다
- 身份 shēnfen 신분
- 行为 xíngwéi 행위
- 露头 lòutóu 머리를 내밀다
- 密切 mìqiè 밀접하다
- 整齐 zhěngqí 가지런하다

进入互联网时代后，"潜水"有了新的含义，指在别人不知情的情况下，隐秘地浏览共享信息或留言、而不主动表露自己身份的行为，这与潜在水面下时不露头的行为非常_____。

앞 절 힌트 / 주어 힌트 / 형용사

A 密切 — 보기 2회
B 相关 — 보기 1회
C 相似 ✓ — 보기 3회 정답 1회
D 整齐 — 보기 4회

인터넷 시대에 접어든 후 '잠수'는 새로운 의미를 갖게 되었다. 남이 잘 알지 못하는 상황에서 남몰래 공유 정보나 댓글을 보고, 자신의 정체를 직접 드러내지 않는 행위를 가리키는 것이다. 이것은 수면 아래로 잠수했을 때 머리를 내밀지 않는 행위와 매우 비슷하다.

A 밀접하다   B 상관이 있다   C 비슷하다   D 가지런하다

1 형용사의 역할

① 술어

领导者在用人之前，必须十分谨慎。 리더는 사람을 고용하기 전에 반드시 매우 신중해야 한다.
보기 4회 정답 2회
부사어 / 술어

② 부사어

他很好奇地向老师问。 그는 아주 신기한 듯이 선생님께 질문했다.
보기 3회 정답 1회
부사어(정도부사+형용사)

③ 관형어

那位应聘者留下了很深刻的印象。 그 응시자는 매우 깊은 인상을 남겼다.
보기 4회
관형어(정도부사+형용사)

[2] 빈출 형용사 반드시 암기!★

亲切 qīnqiè 친절하다 보기 1회 정답 1회	谨慎 jǐnshèn 신중하다 보기 4회 정답 2회	相似 xiāngsì 서로 비슷하다 보기 3회 정답 1회
幸运 xìngyùn 운이 좋다 보기 2회 정답 1회	合理 hélǐ 합리적이다 보기 4회	密切 mìqiè 밀접하다 보기 2회
慌张 huāngzhāng 당황하다 보기 1회 정답 1회	光滑 guānghuá 매끄럽다 보기 2회	模糊 móhu 모호하다 보기 2회 정답 1회

기술 적용 문제

1-3.
　　色彩会影响到人们对温度的____1____。一家公司的行政经理经常接到同事的投诉，____2____办公室太冷。所以，经理将办公室的蓝色墙面漆成了浅黄色，并增加了一些暖色的油画等摆设后，便没有人抱怨温度低了，但空调温度并没有被调低。这是由于人类接触最多的色彩来自于自然，因此一种色彩很容易使人联想到与之相似的场景，蓝色容易使人联想到冰冷的海水，因此产生稍微____3____的感觉。

1. A 感激 B 幻想 C 感觉 D 想象
   보기 1회   보기 5회   보기 1회   보기 1회

2. A 抱怨 B 愿望 C 抱歉 D 预报
           보기 3회 정답 2회   보기 1회

3. A 光滑 B 自然 C 寒冷 D 温暖
   보기 2회   보기 1회 정답 1회

색채는 사람들의 온도에 대한 1<u>감각</u>에 영향을 줄 수 있다. 한 회사의 경영지원 팀장은 <u>사무실이 너무</u>
　　　　　　　　　　　　　　　1번 힌트　　　　　　　　　　　　　　　　　　　　　2번 힌트
<u>춥다</u>고 2<u>원망</u>하는 동료의 하소연을 자주 들었다. 그래서 팀장이 사무실의 푸른색 벽면을 아이보리색으로 칠하고 따뜻한 색 유화 등의 인테리어 소품을 추가하자, 온도가 낮다고 불평하는 사람이 없었다. 하지만 에어컨의 온도는 높아지지 않았는데 말이다. 이는 인간이 가장 많이 접하는 색은 자연에서 왔기 때문에 색깔은 그와 비슷한 장면을 쉽게 연상시키고, <u>푸른색은 차가운 바닷물을 연상시키기</u> 쉽기 때문에 다
소 3<u>추운</u> 느낌을 주는 것이다.　　　　　　　3번 힌트

1. A 감격   B 환상   C 감각   D 상상   기출31
2. A 원망하다 B 원하다   C 사과하다 D 예보하다 기출30
3. A 매끄러운 B 자연스러운 C 추운   D 따뜻한   기출33

정답 1. C 2. A 3. C

단어

行政 xíngzhèng 관리, 운영
投诉 tóusù 하소연하다
漆 qī 칠하다
摆设 bǎishe 장식품
抱怨 bàoyuàn 원망하다
调 tiáo 조절하다
接触 jiēchù 접촉하다
联想 liánxiǎng 연상하다
相似 xiāngsì 비슷하다
场景 chǎngjǐng 장면
感激 gǎnjī 감격(하다)
幻想 huànxiǎng 환상
光滑 guānghuá 매끄럽다
寒冷 hánlěng 몹시 춥다

Unit 11 앞뒤 문맥 파악 유형

보기가 단어가 아니라 구나 문장일 경우, 앞뒤 문맥을 파악하여 정답을 찾는다.

회독

빈출맵

기술34. 보기가 구나 문장이라면 빈칸 앞뒤 절의 접속사나 부사와 호응하는 단어부터 찾아라. 23회
기술35. 보기가 주어가 없는 문장이라면 빈칸 앞 절의 주어와 연결되는 내용이 정답이다. 22회
기술36. 보기 문장에 这, 那, 它 등이 있다면 빈칸 앞 절에 지시대사가 가리키는 내용이 있는지 찾아라. 9회

기술 34 보기가 구나 문장이라면 빈칸 앞뒤 절의 접속사나 부사와 호응하는 단어부터 찾아라.

단어
广告商 guǎnggàoshāng 광고주
营销者 yíngxiāozhě 마케터
一旦 yídàn 일단
决心 juéxīn 결심(하다)
购买 gòumǎi 구매하다
吸引力 xīyǐnlì 흡입력
哪怕 nǎpà 설령
无所谓 wúsuǒwèi 상관없다
达到 dádào 도달하다

大家怎么看待"免费"这个词？越来越多的广告商和市场营销者利用"免费"一词，因为只要带有"免费"这个词，＿＿＿＿＿＿。
문제 2회
호응 접속사

A 一旦我们下定决心购买   B 商品的吸引力就会大大提高
                      정답 힌트
C 哪怕出错了也无所谓   D 才会达到更大的效果
                      함정 단어

여러분은 '무료'라는 단어를 어떻게 생각하나요? 갈수록 많은 광고주와 마케터들이 '무료'라는 단어를 사용하는 것은, '무료'라는 말을 달기만 하면 상품의 흡인력이 바로 대폭 증가하기 때문입니다.

A 일단 우리가 사기로 결심한다   B 상품의 흡인력이 바로 대폭 증가한다
C 설령 틀렸다 해도 괜찮다   D 비로소 더 큰 효과에 도달할 수 있다

빈출 접속사 호응 구문 반드시 암기!★

단어
仍然 réngrán 여전히
液态 yètài 액체 상태, 액상
违例 wéilì 규칙을 위반하다
裁判员 cáipànyuán 심판
伸 shēn 펴다, 내밀다

구문	예시
因为/由于A，所以/因此/于是/从而B 문제 26회 문제 4회 yīnwèi/yóuyú A, suǒyǐ/yīncǐ/yúshì/cóng'ér B A하기 때문에, 그래서 B하다	因为你并没有改变水的状态，于是水仍然是液态的水。 당신이 물의 상태를 바꾸지 않았기 때문에, 물은 여전히 액체 상태의 물이다.
如果/要是/假如A，就/那么B 문제 25회 문제 4회 문제 1회 rúguǒ/yàoshi/jiǎrú A, jiù/nàme B 만약 A하면, 그러면 B하다	如果有队员三秒违例，裁判员就伸出三根手指。 만약 어떤 팀원이 3초 오버타임을 하면, 심판은 3개의 손가락을 편다.

60 PART 1 빈칸 채우기

HSK를 대하는 자세를 바꾸다
중단기 HSK 5급 기적의 필기노트

虽然A, 但是/可是/然而/却B 문제 3회 suīrán A, dànshì/kěshì/rán'ér/què B 비록 A하지만, 그러나 B하다	他虽然唱功绝顶，但想要一下子出名也很难。 그는 비록 절정의 노래 실력을 가졌지만, 한번에 유명해지기는 어렵다.
即使A, 也/又/还B jíshǐ A, yě/yòu/hái B 문제 4회 설령 A할지라도, 그래도 B하다	即使全车的人都坐下了，他还站着。 차 안의 모든 사람이 앉아도, 그는 서 있는다.
哪怕A, 还/也B nǎpà A yě/hái B 설령 A할지라도 여전히 B하다	哪怕有再多的苦，我们还要坚持下去。 아무리 더 많은 고통이 있다 해도, 우리는 끝까지 지속해야 한다.
宁可A, 也不B nìngkě A, yě bù B 차라리 A하더라도, B하지 않는다	宁可自己辛苦点儿，也不想那样做。 내가 고생을 좀 하더라도, 그렇게 하고 싶지는 않다.
与其A, 不如B yǔqí A, bùrú B 문제 1회 A하느니, B하는 게 낫다	与其坐着等他来，还不如自己去找他。 앉아서 그가 오길 기다리느니, 직접 그를 찾아 가는 게 낫겠다.
只要A, 就B zhǐyào A, jiù B 문제 8회 A하기만 하면, 바로 B하다	只要教会他们互相尊重，他们就会相处得很好。 그들이 서로 존중하도록 가르치기만 하면, 그들은 아주 잘 지낼 것이다.
只有A, 才B zhǐyǒu A, cái B 문제 12회 A해야만, 비로소 B하다	只有反复练习，才能在大脑中形成记忆。 반복 연습해야만, 대뇌에 기억을 형성할 수 있다.

唱功绝顶 chànggōng juédǐng 가창력이 절정에 있다
记忆 jìyì 기억

기술 적용 문제

宠物是孩子成长过程中的好伙伴，给孩子养宠物的好处很多。它们可以与孩子一起玩耍，同时也能与孩子交流情感。孩子可以对它们说自己的心事，它们虽不会说话，_____，这能给孩子带来安慰。

A 可经常不听话

B 而且能模仿人的动作
보기 3회

C 竟然喜欢接近陌生人
보기 2회

D 却是最好的听众
보기 1회 정답 1회

애완동물은 아이가 성장하는 과정에서 좋은 동료로, 아이에게 애완동물을 키우게 하면 좋은 점이 많다. 그들은 아이와 함께 놀기도 하고 교감을 나누기도 한다. 아이들은 자기의 걱정거리를 말할 수 있는데 그들은 비록 말은 못 하지만 오히려 가장 훌륭한 청중이어서, 이것은 아이한테 많은 위로를 줄 수 있다.

A 자주 말을 안 들을 수 있다
B 게다가 사람의 동작을 모방할 수 있다
C 뜻밖에 낯선 사람에게 접근하는 것을 좋아한다
D 오히려 가장 훌륭한 청중이다

정답 D

단어
宠物 chǒngwù 애완동물
伙伴 huǒbàn 동료
玩耍 wánshuǎ 놀다
情感 qínggǎn 감정
心事 xīnshì 걱정거리
安慰 ānwèi 위로하다
模仿 mófǎng 모방하다
竟然 jìngrán 뜻밖에
陌生人 mòshēngrén 낯선 사람

UNIT 11　앞뒤 문맥 파악 유형

단어
缺乏 quēfá 결핍되다
姿势 zīshì 자세
丑 chǒu 추하다
邯郸 Hándān 한단(지명)
街头 jiētóu 길거리
模仿 mófǎng 모방하다
思考 sīkǎo 숙고하다
前途 qiántú 전망, 앞길

깔끔35 보기가 주어가 없는 문장이라면 빈칸 앞 절의 주어와 연결되는 내용이 정답이다.

　　有一位少年，缺乏自信心，竟然怀疑自己走路的姿势太丑了。有一天，他在路上听说邯郸人走路姿势很美，便去那里学习。一到邯郸，他就整天站在街头，_____，再模仿他们，可总觉得不像。
　　　　　　　　　　　행동1　　연결되는 행동　　　　　　　　　　주어

A 思考自己的前途　　　　　　B 向路人介绍自己
C 忘记自己怎么走路　　　　　(D) 研究每个人走路的姿态
　　　　　　　　　　　　　　　　　　他의 행동

> 한 소년이 있었는데, 자신감이 부족해서 자신의 걸음걸이가 몹시 추할 것이라고 의심했다. 어느 날, 그는 길에서 한단 사람이 걷는 자세가 아주 아름답다는 것을 듣고, 그곳으로 배우러 갔다. 한단에 도착하자 그는 온종일 거리에 서서 사람들이 걷는 자세를 연구했고, 그들을 따라 했지만 전혀 비슷하다고 생각되지 않았다.
>
> A 자신의 앞길을 고민했다　　　　B 행인에게 자신을 소개했다
> C 자신이 어떻게 걷는지 잊었다　　D 사람들이 걷는 자세를 연구했다

단어
征求 zhēngqiú 구하다
属于 shǔyú 속하다
众多 zhòngduō 매우 많다
保持 bǎochí 유지하다
头脑 tóunǎo 두뇌
清醒 qīngxǐng 맑고 깨끗하다
激励 jīlì 격려하다
金玉良言 jīnyù liángyán 고귀한 의견
明确 míngquè 명확하다

기술 적용 문제

　　在征求意见之前，我们必须要有一个属于自己的清楚的想法，_____，这样才能在众多的声音中保持头脑清醒，找出激励自己进步的金玉良言。

A 设定目标很关键　　　　　　B 给出意见的目的不同
C 随时都可以找出借口　　　　D 要明确你最终目的是什么

> 의견을 구하기 전에 우리는 반드시 자신만의 분명한 생각을 가지고 있어야 하고, 최종 목적이 무엇인지가 명확해야 한다. 그래야만 많은 목소리 속에서 머리를 맑게 유지하며 자신이 발전하도록 격려하는 좋은 의견을 찾아낼 수 있다.
>
> A 목표 설정은 매우 중요하다　　　　B 의견을 내는 목적이 다르다
> C 언제든지 핑계를 찾아낼 수 있다　　D 당신의 최종 목적이 무엇인지 명확해야 한다
>
> 정답 D

깔끔36 보기 문장에 这, 那, 它 등이 있다면 빈칸 앞 절에 지시대사가 가리키는 내용이 있는지 찾아라.

HSK를 대하는 자세를 바꾸다
중단기 HSK 5급 기적의 필기노트

拿"住"来说，由于中国南北方的气候环境差异极大，在饮食结构上出现不同，两地的房屋结构也大不相同。北方冬季寒冷，白天时间较短，阳光也较少，故房屋多为低矮的平房，更强调向阳，_____。

这样이 가리키는 내용

A 更能美化环境　　　　　　B 它可以减少污染
C 使得成本大幅降低　　　(D) 这样有利于室内保温保暖
　　　　　　　　　　　　≒ 多为低矮的平房，更强调向阳

📝 **단어**

差异 chāyì 차이
饮食 yǐnshí 음식(을 먹고 마시다)
房屋 fángwū 가옥, 주택
寒冷 hánlěng 몹시 춥다
故 gù 그러므로
低矮 dīǎi 낮다
平房 píngfáng 단층집
强调 qiángdiào 강조하다
向阳 xiàngyáng 해를 향하다(남향)
成本 chéngběn 원가
大幅 dàfú 대폭으로

'주거'에 대해 말하자면, 중국 남방과 북방의 기후 환경은 차이가 매우 크기 때문에, 식생활 구조에서 다른 점이 있고 두 지역의 주택 구조도 크게 다르다. 북쪽은 겨울철이 춥고 낮 시간이 비교적 짧으며 햇빛도 비교적 적어서, 가옥이 대부분 낮은 단층집이며 남향인가를 더 강조한다. 이렇게 하면 실내 보온에 도움이 된다.

A 환경을 더 아름답게 할 수 있다　　B 이것은 오염을 줄일 수 있다
C 원가를 대폭으로 낮출 수 있다　　D 이렇게 하면 실내 보온에 도움이 된다

기술 적용 문제

1-2.
　　清朝时，戏院是重要的娱乐场所，每天都有很多观众，___1___，只有服务员在门口招呼客人，___2___了5位后就领着他们入座，然后记账的人便在黑板上写一个"正"字，并标明该服务员的名字，稍后由其负责收费。

1. A 赚了很多钱　　　　　B 那是很普遍的
   C 这带来了很多方便　　D 那时候还没有门票

2. A 拦　　　B 占　　　C 满　　　D 涨
   보기 1회

📝 **단어**

清朝 Qīngcháo 청대, 청 왕조
戏院 xìyuàn 극장
娱乐 yúlè 오락
场所 chǎngsuǒ 장소
招呼 zhāohu 접대하다
入座 rùzuò 자리에 앉다
账 zhàng 장부
标明 biāomíng 명기하다
拦 lán 가로막다
占 zhàn 차지하다
涨 zhǎng 오르다

청나라 시기에 극장은 중요한 놀이 장소였다. 매일 많은 관중이 있었는데, <u>1 그때는 아직 입장권이 없</u>
1번 힌트
었다. 단지 종업원이 문 앞에서 손님을 응대할 뿐이었고, 5명을 <u>2 채운</u> 후에 그들을 데리고 자리에 앉게
2번 힌트
했다. 그런 다음에 장부에 기록하는 사람이 칠판에 '정'자를 쓰고 그 종업원의 이름을 표시하여, 나중에 그가 요금 받는 것을 책임지게 했다.

1. A 돈을 많이 벌었다　　　　　B 그것은 매우 보편적이었다
   C 이것은 많은 편리함을 준다　D 그때는 아직 입장권이 없었다　　기술36

2. A 막다　　　B 차지하다　　　C 채우다　　　D 오르다　　기술32

정답 1. D　2. C

UNIT 11 앞뒤 문맥 파악 유형

Unit 12 독해 2부분 문제 풀이 전략

지문과 일치하는 보기를 고르는 유형으로, 보기 분석 요령을 익히면 정답을 빠르게 찾아낼 수 있다.

회독 ☐☐☐☐☐ ☐☐☐☐☐

빈출맵

- 기술37. 보기에서 공통된 어휘를 제외하고, 변화된 부분을 지문과 대조하자. — 33회
- 기술38. 상식적으로 옳더라도 지문에 나오지 않은 내용은 오답이다. — 25회
- 기술39. 보기에 '要/应该(~해야 한다)'가 있으면 지문의 주제를 찾아라. — 11회

기술 37 보기에서 공통된 어휘를 제외하고, 변화된 부분을 지문과 대조하자.

烟袋斜街位于什刹海历史文化保护区的核心区内，东起地安门大街，西邻什刹海前海，全长近300米，是北京十大胡同之一，也是一条极具传统文化特色的商业步行街。街道两侧的建筑物保留了明清时代的传统风格，
≠C 美食街　　　　　　　　　　　　≠A 始建于清朝
古朴典雅。街上商店鳞次栉比，古董店、工艺品店以及各种各样的餐厅、
≒B 古典
酒吧应有尽有。

A 烟袋斜街始建于清朝

Ⓑ 烟袋斜街的建筑很古典
　　보기 3회 정답 1회

C 烟袋斜街是有名的美食街

D 烟袋斜街共连接10条胡同
　공통된 烟袋斜街 이외의 키워드

'옌다이시에 거리'는 스차하이 역사 문화 보호구의 핵심 구역 내에 위치해 있다. 동쪽은 디안먼 대로에서 시작해서 서쪽은 스차하이 앞에 인접하여, 전체 길이가 300미터에 달한다. 베이징 10대 골목 중 하나이자 전통 문화 특색을 갖춘 차 없는 상점가이기도 하다. 거리 양쪽의 건축물은 명·청 시대의 전통 양식을 보존하여 고풍스럽고 우아하다. 거리에는 골동품 가게, 공예품 가게, 다양한 식당, 바가 즐비하여 없는 게 없다.

A 옌다이시에 거리는 청 왕조 때 창건하였다
B 옌다이시에 거리의 건축은 매우 고풍스럽다
C 옌다이시에 거리는 유명한 맛집 거리이다
D 옌다이시에 거리는 총 10개 골목을 연결한다

단어

- 烟袋斜街 Yāndàixié Jiē 옌다이시에 거리(지명)
- 位于 wèiyú ~에 위치하다
- 什刹海 Shíchàhǎi 스차하이(호수명)
- 核心 héxīn 핵심
- 地安门 Dì'ānmén 디안먼(지명)
- 胡同 hútòng 골목
- 特色 tèsè 특색
- 商业 shāngyè 상업
- 步行街 bùxíngjiē 보행자 거리
- 侧 cè 옆, 측
- 建筑物 jiànzhùwù 건축물
- 风格 fēnggé 품격
- 古朴 gǔpǔ 예스럽고 소박하다
- 典雅 diǎnyǎ 우아하다
- 鳞次栉比 líncì zhìbǐ 즐비하게 늘어서 있다
- 古董店 gǔdǒngdiàn 골동품 상점
- 工艺品 gōngyìpǐn 공예품
- 酒吧 jiǔbā 바, 술집
- 应有尽有 yīngyǒu jìnyǒu 없는 것이 없다
- 建筑 jiànzhù 건축(하다)

설명문에 자주 출제되는 '동사+于'

起源于~ qǐyuányú ~ / 源于~ yuányú ~
문제 2회　　　　　　문제 1회
~에서 기원하다

马拉松起源于古希腊。
마라톤은 그리스에서 기원한다.

始于~ shǐyú ~에서 시작하다 문제 1회 보기 2회	千里之行，始于足下。 천리 길도 한 걸음부터 시작한다.
(首/多)见于~ (shǒu/duō)jiànyú ~ 문제 2회 보기 1회 ~에서 (처음/많이) 나타난다	这种疾病多见于中老年妇女。 이런 질병은 중년 여성에게서 많이 나타난다.
基于~ jīyú~ (이유·기반)에 근거하다 문제 1회	我们的骄傲多半是基于我们的无知。 우리의 교만은 대부분 우리의 무지에 근거한 것이다.
处于~ chǔyú ~ (지위·상태)에 처하다 문제 3회	你处于非常有利的地位。 너는 매우 유리한 지위에 처해 있다.
在于~ zàiyú~ / 取决于~ qǔjuéyú~ 문제 3회 보기 1회 (본질·내용)으로 결정되다, ~에 달려 있다	事业的成败取决于自己。 사업의 성공은 자신에게 달려 있다.
有利于~ yǒulìyú~ / 有益于~ yǒuyìyú~ 문제 1회 보기 4회 문제 1회 (대상·내용)에 이롭다, 유익하다	喝茶比喝咖啡更有益于健康。 차를 마시는 것은 커피를 마시는 것보다 건강에 더 이롭다.

기술 적용 문제

　　《朝花夕拾》原名为《旧事重提》，出版于1928年，是著名的现代文学家、思想家鲁迅写的一部回忆性散文集。作者以优美的语言、深沉而热烈的感情回忆了自己童年、少年和青年时期的生活片段，从侧面反映了中国当时的社会景象，体现了作者对人生和社会变革的思考。

A 《朝花夕拾》是短篇小说
B 《朝花夕拾》的语言很难理解
C 《朝花夕拾》是鲁迅的第一部作品
D 《朝花夕拾》反映了当时的社会状况

　　1928년에 출판된 〈조화석습〉의 원래 제목은 〈구사중제〉로, 저명한 현대 문학가이자 사상가인 루쉰이 쓴 회고적인 산문집이다. 저자는 자신의 어린 시절, 소년과 청년 시절 삶의 단편을 아름다운 언어와 깊고 열정적인 감정으로 회상하며 중국의 당시 사회상을 측면에서 반영해 인생과 사회 변혁에 대한 저자의 사고를 구현하였다.

정답 힌트

A 〈조화석습〉은 단편 소설이다
B 〈조화석습〉의 언어는 매우 이해하기 어렵다
C 〈조화석습〉은 루쉰의 첫 번째 작품이다
D 〈조화석습〉은 당시의 사회 상황을 반영했다

정 답 D

단어

朝花夕拾 Zhāohuā Xīshí 조화석습(도서명)
旧事重提 jiùshì chóngtí 지난 일을 꺼내다
出版 chūbǎn 출판하다
著名 zhùmíng 저명하다
鲁迅 Lǔ Xùn 루쉰(인명)
回忆 huíyì 회상(하다)
散文集 sǎnwénjí 산문집
优美 yōuměi 우아하고 아름답다
深沉 shēnchén 깊다
热烈 rèliè 열렬하다
童年 tóngnián 어린 시절
片段 piànduàn 단편
侧面 cèmiàn 측면
反映 fǎnyìng 반영하다
景象 jǐngxiàng 현상
体现 tǐxiàn 구현하다
变革 biàngé 변혁(하다)

UNIT 12 독해 2부분 문제 풀이 전략

단어
下棋 xiàqí 장기를 두다
抱怨 bàoyuàn 원망하다
赢 yíng 이기다
趾高气扬 zhǐgāo qìyáng 의기양양하다
输 shū 지다
骂人 màrén 남을 욕하다
噢 ō 오!(감탄하는 말)

길**38** 상식적으로 옳더라도 지문에 나오지 않은 내용은 오답이다.

某一天，妻子问："老公，怎么不见你和老刘下棋了呢？"丈夫抱怨起来："你愿意和一个赢了就趾高气扬，输了就要骂人的人下棋吗？""噢，当然不愿意，我明白了。"接着说，"他也不愿意同这样的人下。"

≒C 不喜欢

A 输赢不是最重要的
   상식 O, 언급 X

B 妻子认为过程比结果更重要
   상식 O, 언급 X

Ⓒ 老公不喜欢和老刘下棋

D 老刘是个追求完美的人
   언급 X

> 어느 날 아내가 물었다. "여보, 어째서 당신과 라오리우가 장기 두는 걸 못 보겠어요?" 남편이 원망하기 시작했다. "당신은 이기면 의기양양하고, 지면 남을 욕하는 사람과 장기 두고 싶겠소?" "아! 당연히 싫죠, 이해해요." 이어서 말했다. "그도 이런 사람과는 두기 싫을 거예요."
>
> A 이기고 지는 것이 가장 중요한 게 아니다
> B 아내는 과정이 결과보다 더 중요하다고 생각한다
> C 남편은 라오리우와 바둑을 두는 것을 싫어한다
> D 라오리우는 완벽을 추구하는 사람이다

기술 적용 문제

忙碌的职场人，时间总是不够用。可能是因为你缺乏计划和条理。每天下班前，可以把第二天需要做的事，按照轻重缓急的顺序写下来，并且定下每项需要的预算时间，作为第二天的工作计划。然后要督促自己每天按照计划做事，尽量不要脱离计划。

A 职场人要及时充电

B 完成计划应该奖励
   보기 1회

C 职场人应注意健康管理

D 职场人要制定工作计划

단어
忙碌 mánglù 분주하다
职场人 zhíchǎngrén 직장인
缺乏 quēfá 모자라다
条理 tiáolǐ 체계
轻重缓急 qīngzhòng huǎnjí 일의 중요함과 중요하지 않음, 시급함과 시급하지 않음
预算 yùsuàn 예산하다
督促 dūcù 감독하고 재촉하다
脱离 tuōlí 탈피하다
奖励 jiǎnglì 성과급을 주다, 칭찬하다
制定 zhìdìng 작성하다

중단기 HSK 5급 기적의 필기노트

HSK를 대하는 자세를 바꾸다

바쁜 직장인은 시간이 늘 부족하다. 어쩌면 계획과 체계가 부족하기 때문일 수도 있다. 매일 퇴근하기 전에 다음 날 해야 하는 일을 경중, 완급의 순서에 따라 적어 놓고, 매 항목에 필요한 예상 시간을 정해, 다음 날 업무 계획으로 하는 것이다. 그리고 자신이 매일 계획에 따라 일을 하고 되도록 계획에서 벗어나
　　　　언급된 내용
지 않도록 관리 감독해야 한다.

A 직장인은 제때에 충전해야 한다
B 계획을 완수하면 성과급을 줘야 한다
C 직장인은 건강 관리에 주의해야 한다
D 직장인은 업무 계획을 수립해야 한다

정답 D

꿀 39 보기에 '要 / 应该(~해야 한다)'가 있으면 지문의 주제를 찾아라.

怎样才能让一滴水永不干枯？一滴水，风可以将它吹干，太阳可以让它蒸发。要想生存，只有融入大海。一个人就如一滴水，要想取得成功，就要学会与人合作，就要融入集体。这就是我们常说的：再强大的个人都
≒要懂得与人合作(주제)
不如一个团结的集体。

Ⓐ 要懂得与人合作　　　　　B 不应该忽视个人力量
　보기 2회
C 要善于发挥自身优势　　　D 刻苦耐劳是成功的关键
　보기 1회

어떻게 해야 한 방울의 물이 영원히 마르지 않게 할 수 있을까? 물 한 방울은 바람이 불어서 말릴 수도 있고 태양이 증발시킬 수도 있다. 살아남으려면 바다로 들어가야만 한다. 한 사람은 한 방울의 물과 같아서, 성공하고 싶다면 다른 사람과 협력하는 것을 배워야 하고 단체에 융화되어야 한다. 이것이 바로 우리가 늘 말하는 '아무리 뛰어난 개인이라도 하나의 단결된 집단보다 못하다'는 것이다.

A 다른 사람과 협력할 줄 알아야 한다　　B 개인의 역량을 소홀히 해서는 안 된다
C 자신의 장점을 잘 발휘해야 한다　　　D 고생을 참고 견디는 것이 성공의 관건이다

단어

滴 dī 방울
干枯 gānkū 마르다
蒸发 zhēngfā 증발하다
融入 róngrù 유입되다
合作 hézuò 협력하다
集体 jítǐ 단체, 집단
强大 qiángdà 강대하다
团结 tuánjié 단결하다
忽视 hūshì 소홀히 하다
发挥 fāhuī 발휘하다
优势 yōushì 장점
善于 shànyú ~을 잘하다
刻苦 kèkǔ 고생을 참다
耐劳 nàiláo 노고를 견디다

UNIT 12 독해 2부분 문제 풀이 전략

단어

青少年 qīngshàonián 청소년
相处 xiāngchǔ 함께 지내다
此外 cǐwài 이 외에
陪伴 péibàn 동반하다
营造 yíngzào (기풍·분위기를) 조성하다
氛围 fēnwéi 분위기
交际 jiāojì 교제(하다)

기술 적용 문제

　　一项研究结果显示，无论是幼儿还是青少年，与父母相处的时间越长，语言理解能力就越强。此外，父母常陪伴孩子，有利于营造幸福的家庭氛围。在这种环境中长大的孩子会更自信，交际能力更强，学习成绩更好，心理也更健康。

A 要鼓励孩子多说话

B 要重视培养孩子的兴趣
　　　　　　　　　　　보기 1회

C 父母应尊重孩子的决定
　　　　　　　　　　　보기 4회 정답 1회

D 父母的陪伴有利于孩子成长
　　보기 4회 정답 1회　　　보기 1회

　　한 연구 결과에서 유아든 청소년이든 부모와 함께 지내는 시간이 길수록 언어 이해 능력이 강해진다고 나타났다. 또한 부모가 늘 아이와 함께 있으면 행복한 집안 분위기를 조성하는데 도움이 된다. 이런 환경에서 자란 아이는 더 자신감이 있고 교제 능력이 강하며 학습 성적이 좋고 심리적으로도 더욱 건강하다. 　　　　정답 힌트

A 아이가 말을 많이 하도록 격려해야 한다
B 아이의 흥미를 기르는 것을 중시해야 한다
C 부모는 아이의 결정을 존중해야 한다
D 부모가 함께 있는 것이 아이의 성장에 이롭다

정답 D

Unit 13 오답 소거하기

회독

기술40. 지문과 다르거나 지문에서 언급하지 않은 보기는 오답이다. 42회
기술41. 보기 중 변화, 비교를 나타내는 표현이 지문과 일치하지 않으면 오답이다. 20회
기술42. 보기 중 '只(오직)', '最(가장)', '都(모두)'처럼 절대적인 표현은 오답일 확률이 높다. 17회

길 40 지문과 다르거나 지문에서 언급하지 않은 보기는 오답이다.

有一天，父子二人<u>经过五星级饭店门口</u>，看到一辆十分豪华的汽车。
　　　　　　　　≠B 在酒店　　　　　　　　　≠A 买

儿子不屑地对父亲说：″坐这种车的人，肚子里一定没有学问！″父亲则轻描淡写地回答：″说这种话的人，口袋里一定没有钱。″

A 父亲买了新车　　　　　　B 父亲和儿子在酒店
　　다른 내용　　　　　　　　　다른 내용
C 父亲夸儿子聪明　　　　　(D) 儿子可能是不富裕的人
　보기 2회 언급 X

단어
豪华 háohuá 호화롭다
不屑 búxiè 하찮게 여기다
轻描淡写 qīngmiáo dànxiě 대충 묘사하다
口袋 kǒudai 주머니
夸 kuā 칭찬하다
富裕 fùyù 부유하다

> 어느 날 아버지와 아들 두 사람이 오성급 호텔 입구를 지나다 매우 호화로운 자동차 한 대를 보았다. 아들이 하찮게 여기며 아버지에게 말했다. "이런 차를 타는 사람은 분명히 뱃속에 아는 게 하나도 없을 거예요." 아버지는 대수롭지 않게 대답했다. "이런 말을 하는 사람은 분명히 주머니에 돈이 하나도 없지."
>
> A 아버지는 새차를 샀다　　　B 아들과 아버지는 호텔에 있다
> C 아버지는 아들이 똑똑하다고 칭찬한다　D 아들은 아마도 부유하지 않은 사람일 것이다

기술 적용 문제

青岛地铁最近推出了以海底世界为主题的车厢，车厢以大海蓝为主色调，车厢内随处可见各种海洋生物的彩绘，非常逼真。未来，青岛地铁还将推出更多体现青岛特色的主题车厢，乘客的乘车环境将变得不再单调。

A 青岛的地铁票价普遍高

B 主题车厢还未投入运营

C 主题车厢体现了青岛的特色
　보기 1회

D 青岛的地铁可直通海洋公园

단어
青岛 Qīngdǎo 칭다오(지명)
推出 tuīchū 내놓다
主题 zhǔtí 테마
车厢 chēxiāng (열차의) 차량, 객실
色调 sèdiào 색조
随处 suíchù 어디에서나
彩绘 cǎihuì 채색화를 그리다
逼真 bīzhēn 진짜와 같다
体现 tǐxiàn 구현하다
单调 dāndiào 단조롭다

UNIT 13 오답 소거하기

投入 tóurù 개시하다, 돌입하다
运营 yùnyíng 운영하다
直通 zhítōng 직통하다

> 칭다오 지하철은 최근 바닷속 세계를 테마로 한 객실을 내놓았다. 열차 객실은 바다의 푸른색을 주된 톤으로 하고 차량 내 어디서나 매우 생생한 각종 해양 생물 그림을 볼 수 있다. 앞으로 칭다오 지하철은 칭다오의 특색을 구현한 테마 객차를 더 많이 선보일 것으로, 승객들의 승차 환경이 더는 단조롭지 않게 변할 것이다. <정답 힌트>
>
> A 칭다오의 지하철 요금은 보편적으로 높다
>   <언급 X>
> B 테마 열차 객실은 아직 운행하지 않는다
>   <다른 내용>
> C 테마 객실은 칭다오의 특색을 구현하였다
>
> D 칭다오의 지하철은 해양공원으로 직통한다
>   <언급 X>
>
> 정답 C

✏️ **41** 보기 중 변화, 비교를 나타내는 표현이 지문과 일치하지 않으면 오답이다.

📖 **단어**

婚姻 hūnyīn 혼인, 결혼
显现 xiǎnxiàn 나타나다
统计 tǒngjì 통계
呈 chéng 띄다
逐年 zhúnián 해마다
上升 shàngshēng 상승하다
趋势 qūshì 추세
创新高 chuàng xīngāo 최대치를 기록하다
对待 duìdài 대처하다

婚姻是一件十分美好的事情，但是很多问题只有婚后才会显现出来，很多人婚后感情不和会选择离婚。据统计，中国的离婚率正呈逐年<u>上升趋</u>
　　　　　　　　　　　　　　　　　　　　　　　　　　　　　　　　≠A 下滑
<u>势</u>，而去年的离婚人数，便<u>再创历史新高</u>。虽然许多发达国家的离婚率高
　　　　　　　　≠B 有所减少　　　　　　　　≠C 中国离婚率比发达国家高
于中国，但是中国离婚率逐年上升，还是需要认真对待。

A 中国离婚率呈现下滑趋势
　　　　　　　<보기 1회 정답 1회>
　　　　　반대 내용
B 中国每年离婚人数有所减少
　　　　　　　　<보기 1회 정답 1회>
　　　　반대 내용
C 中国离婚率比发达国家高
　　　반대 내용
Ⓓ 去年中国离婚人数高于前年
　　≒创历史新高

> 결혼은 대단히 아름다운 일이다. 하지만 많은 문제가 결혼 후에야 비로소 드러나고, 결혼 후에 감정이 맞지 않는 많은 사람들은 이혼을 선택한다. 통계에 따르면 중국의 이혼율은 매년 증가 추세를 보이고 있고, 지난해 이혼 인구는 다시 역대 최대치를 기록했다. 비록 많은 선진국의 이혼율이 중국보다 높지만, 중국의 이혼율이 해마다 높아지는 것은 진지하게 다룰 필요가 있다.

A 중국의 이혼율은 하향 추세이다
B 중국에서 해마다 이혼하는 사람들의 수는 다소 줄어들었다
C 중국의 이혼율은 선진국보다 높다
D 작년 중국의 이혼 인구는 재작년보다 높다

변화, 비교를 나타내는 빈출 표현

越来越~ yuèláiyuè 점점/갈수록 ~하다 문제 4회 보기 5회	更(加) gèng(jiā) 더욱 보기 48회
上升 shàngshēng 상승하다, 오르다	下滑 xiàhuá 하향하다, 하락하다
增加 zēngjiā 증가하다, 늘(리)다 문제 1회 보기 1회	减少 jiǎnshǎo 감소하다, 줄(이)다 문제 6회 보기 1회
高于~ gāoyú ~ ~보다 높다 문제 2회 보기 1회 = 比~高 bǐ ~ gāo ~보다 높다	低于~ dīyú ~ ~보다 낮다 문제 1회 보기 2회 = 比~低 bǐ ~ dī ~보다 낮다

기술 적용 문제

世界气象组织将每年的3月23日确定为"世界气象日",也被称为"国际气象日",并且每年都会选定一个主题,进行宣传。2020年世界气象日的主题是"气候与水",本主题着重于以协调和综合方式管理气候和水,因为气候与水密不可分。两者都是可持续发展、气候变化和减少灾害风险等全球目标的核心。

A 世界气象组织更重视气候与水
　문제 2회　　　보기 5회 정답 1회
B 世界气象日每年都有一个主题
　　　　　　　보기 1회
C 气候变化对青年人的影响更大
　　　　　보기 12회 정답 8회
D 世界气象组织年轻工作人员多
　　　　보기 4회

단어

世界气象组织 Shìjiè Qìxiàng Zǔzhī 세계기상기구 (WMO)
确定 quèdìng 확정하다
气象 qìxiàng 기상
宣传 xuānchuán 홍보하다
着重 zhuózhòng 강조하다
协调 xiétiáo 협조하다
密不可分 mìbùkěfēn 뗄 수 없다
持续 chíxù 지속하다
灾害 zāihài 재해
风险 fēngxiǎn 위험
全球 quánqiú 전 세계
目标 mùbiāo 목표
核心 héxīn 핵심

UNIT 13　오답 소거하기

> 세계기상기구는 매년 3월 23일을 '세계 기상의 날'로 정했다. 이는 '국제 기상의 날'이라고도 불린다. 그리고 매년 한 가지 테마를 선정해 홍보하는데, 2020년 세계 기상의 날 테마는 '기후와 물'이다. 기후와
> <정답 힌트>
> 물은 떼려야 뗄 수 없기 때문에 이 테마는 기후와 물을 협력적이고 종합적인 방식으로 관리하는 것에 역점을 둔다. 두 가지 모두 지속 가능한 발전과 기후 변화, 재해 위험 감소 등과 같은 글로벌 목표의 핵심이다.
>
> A 세계기상기구는 기후와 물을 더 중시한다
> 　　　　　　　　　언급 X
>
> B 세계 기상의 날은 매년 하나의 주제가 있다
>
> C 기후 변화가 젊은이들에게 미치는 영향이 더 크다
> 　　　　　　　　　언급 X
>
> D 세계기상기구에 젊은 직원이 많다
> 　　　　　　　　언급 X
>
> 정답 B

✏️ **꿀팁42** 보기 중 '只(오직)', '最(가장)', '都(모두)'처럼 절대적인 표현은 오답일 확률이 높다.

世界记忆工程是在1992年，<u>由联合国教科文组织发起的</u>，它的目的是
　　　　　　　　　　　　　≒ A 由联合国发起
保护世界文化遗产。世界记忆工程主要关注的是文献遗产，具体包括手稿、图书馆和档案馆保存的任何形式的珍贵文件，以及口述的历史记录等。

Ⓐ 世界记忆工程由联合国发起

B 申报世界记忆工程目录很难

C 只有纸质文件可以申请保护
　오답

D 世界记忆工程最关注民歌
　오답　보기 3회 정답 3회

단어

世界记忆工程 Shìjiè Jìyì Gōngchéng 세계기록유산 사업(MOW)
联合国教科文组织 Liánhéguó Jiàokēwén Zǔzhī 유네스코(UNESCO)
发起 fāqǐ 발의하다
遗产 yíchǎn 유산
文献 wénxiàn 문헌
具体 jùtǐ 구체적이다
包括 bāokuò 포함하다
手稿 shǒugǎo 친필 원고
档案馆 dàng'ànguǎn 기록보관소
珍贵 zhēnguì 진귀하다
以及 yǐjí 아울러
口述 kǒushù 구술하다
目录 mùlù 목록, 디렉터리

HSK를 대하는 자세를 바꾸다
중단기 HSK 5급 기적의 필기노트

세계기록유산 사업은 1992년에 유네스코가 발의한 것으로, 세계문화유산의 보호를 목적으로 한다. 세계기록유산 사업은 주로 문헌 유산에 초점을 두며, 구체적으로는 수기로 쓴 서류, 도서관과 기록보관소에 보존된 모든 형태의 희귀 문서 및 구술된 역사 기록 등을 포함한다.

A 세계기록유산 사업은 유엔이 발의했다
B 세계기록유산 사업의 디렉터리에 신청하는 것은 어렵다
C 종이 서류만 보호 신청을 할 수 있다
D 세계기록유산 사업은 민가에 가장 관심을 둔다

기술 적용 문제

营养排行榜第一的肉竟然是兔肉，牛肉居第二位。牛肉的营养价值仅次于兔肉，兔肉与一般畜肉的成分有所不同，其特点是含蛋白质较多，含脂肪少。蛋白质需求量越大，饮食中要增加的维生素就越多。牛肉含有足够的维生素B，可帮你增加免疫力，促进蛋白质的体内吸收，从而有助于紧张训练后身体恢复。

A 牛肉只含有维生素B

B 牛肉能帮你增加免疫力
  보기 1회   보기 1회

C 兔肉的营养价值比不上牛肉
  보기 2회

D 牛肉是最具有营养价值的肉
  보기 3회 정답 1회

영양 랭킹 1위는 뜻밖에 토끼 고기였고 소고기는 2위였다. 소고기의 영양 가치는 토끼 고기 바로 다음이다. 토끼 고기는 일반 가축의 고기와 성분이 조금 다른데, 그 특징은 단백질 함유가 비교적 많고 지방 함유가 적다는 것이다. 단백질 수요량이 많을수록 음식에서 섭취해야 할 비타민이 많아지는데, 소고기에는 풍부한 비타민B가 함유되어 있어 면역력 강화를 돕고, 단백질의 체내 흡수를 촉진시켜 강도 높은 운동 뒤에 몸을 회복하는 데 도움을 준다.   정답 힌트

A 소고기는 비타민B만 함유하고 있다
  오답
B 소고기는 면역력을 키우도록 돕는다

C 토끼 고기의 영양 가치는 소고기만 못하다

D 소고기는 영양 가치가 가장 높은 육류이다
  오답

정 답 B

단어

营养 yíngyǎng 영양
排行榜 páihángbǎng 순위표
兔 tù 토끼
居 jū ~을 차지하다
次于 cìyú ~ 다음 가다
畜肉 chùròu 가축의 고기
成分 chéngfèn 성분
含 hán 함유하다
蛋白质 dànbáizhí 단백질
脂肪 zhīfáng 지방
饮食 yǐnshí 음식(을 먹고 마시다)
维生素 wéishēngsù 비타민
免疫力 miǎnyìlì 면역력
促进 cùjìn 촉진하다
吸收 xīshōu 흡수하다
从而 cóng'ér 따라서
训练 xùnliàn 훈련(하다)
恢复 huīfù 회복하다

PART 2

UNIT 13 오답 소거하기 73

Unit 14 정답 찾기

빈출맵		
	기술43. 보기 중 지문 내용을 요약한 표현이 정답이다.	36회
	기술44. 보기 중 지문에 나온 문장과 바꿔 쓸 수 있는 표현이 정답이다.	94회
	기술45. 논설문의 경우 마지막 부분에 결정적인 힌트가 나온다.	26회

기술 43 보기 중 지문 내용을 요약한 표현이 정답이다.

단어
- 叙述 xùshù 서술하다
- 胆小鬼 dǎnxiǎoguǐ 겁쟁이
- 道理 dàolǐ 도리, 이치
- 克服 kèfú 극복하다
- 胆子 dǎnzi 담력, 용기
- 毛病 máobìng 결함
- 乐趣 lèqù 재미
- 配有 pèiyǒu 구비하다
- 插图 chātú 삽화
- 拼音 pīnyīn (한어)병음
- 家长 jiāzhǎng 학부형, 가장
- 鬼 guǐ 귀신

这是一本十分有趣的书，值得一看。书中叙述了有关胆小鬼的12个故事，希望让孩子明白一个道理：要想干成事情，首先就得克服胆子小的毛病。为了给孩子们的阅读带来更大的乐趣和方便，书中还配有大量插图和汉语拼音。
＝B 书配有汉语拼音

A 作者小时候胆子很小 （보기 1회）

Ⓑ 这本书配有汉语拼音

C 这本书的读者是家长 （보기 2회 정답 2회）

D 这本书里有12个鬼

이것은 한 번 볼 만한 아주 재미있는 책이다. 책에서는 겁쟁이에 관한 12개의 이야기를 서술하며, 아이에게 어떤 일을 해내려고 한다면 우선 소심한 버릇을 극복해야 한다는 도리를 알려 주고자 한다. 아이들의 독서에 더 큰 재미와 편리를 가져다주기 위하여 책에는 많은 삽화와 한어병음이 수록되어 있다.

A 저자는 어릴 때 겁이 많았다
B 이 책에는 한어병음이 수록되어 있다
C 이 책의 독자는 학부모이다
D 이 책에는 12명의 귀신이 등장한다

자주 출제되는 성어

来之不易 láizhī búyì 얻기가 매우 힘들다	易如反掌 yìrú fǎnzhǎng 손바닥을 뒤집듯 매우 쉽다	寤寐求之 wùmèi qiúzhī 자나 깨나 갈망하다
自以为是 zìyǐwéishì (문제 1회) 스스로 옳다고 여기다	不知所措 bùzhī suǒcuò (문제 2회) 어찌할 바를 모르다	恍然大悟 huǎngrán dàwù 갑자기 모든 것을 깨치다
化整为零 huàzhěngwéilíng (문제 1회 보기 1회) 집중된 것을 분산시키다	迷惑不解 míhuò bùjiě (문제 2회) 의혹이 해결되지 않다	知足常乐 zhīzú chánglè 만족을 알면 항상 즐겁다

HSK를 대하는 자세를 바꾸다
중단기 HSK 5급 기적의 필기노트

기술 적용 문제

　　实现有效的沟通，建立良好的人际关系，不仅要有良好的口才，还要善于倾听。只有听懂对方的意思，才能更好地理解他人，从而进行更有效的沟通。同时具备这两种能力，我们便可以在公众场合自如地与人沟通交流。

A 要懂得宣传自己
　보기 5회

B 要重视书面表达能力
　보기 4회 정답 1회

C 知识越丰富表达能力越差
　보기 4회 정답 1회
　보기 3회 정답 1회

D 沟通需要好口才和理解能力
　보기 2회

효과적으로 소통하고 좋은 인간관계를 맺으려면 말솜씨가 좋아야 할 뿐 아니라 경청을 잘해야 한다. 상대방의 뜻을 알아들어야만 타인을 더 잘 이해할 수 있고 이로써 더 효과적인 의사소통도 할 수 있다. 동시에 이 두 가지 능력을 구비한다면 우리는 공적인 자리에서 능숙하게 사람들과 의사소통할 수 있다.

A 자기를 홍보할 줄 알아야 한다
B 서면 표현 능력을 중시해야 한다
C 지식이 풍부할수록 표현 능력이 떨어진다
D 소통에는 좋은 말솜씨와 이해 능력이 필요하다

정답 D

단어
实现 shíxiàn 실현하다
有效 yǒuxiào 효과적이다
沟通 gōutōng 소통(하다)
建立 jiànlì 세우다
人际 rénjì 인간관계
口才 kǒucái 말재주
善于 shànyú ~을 잘하다
倾听 qīngtīng 경청하다
从而 cóng'ér 그리하여
公众 gōngzhòng 공중의, 대중의
场合 chǎnghé 장소, 형편
自如 zìrú 자유롭다, 능숙하다
宣传 xuānchuán 홍보하다

기출 44 보기 중 지문에 나온 문장과 바꿔 쓸 수 있는 표현이 정답이다.

　　古时候，有一个人想向一个财主借牛种田，于是派人给财主送去一封借牛的信。财主正陪着客人聊天，他怕客人知道自己不识字，便装模作样
　　　　　　　　　　　≒C 没看懂那封信
地看信。他一边看，一边不停地点头，然后抬头对来人说："知道了，过一会儿我自己去好了。"

A 财主家没有牛
　보기 3회 정답 1회

B 财主没有时间去见客人

Ⓒ 财主没看懂那封信
　보기 1회 정답 1회

D 财主不同意借给他牛

단어
财主 cáizhǔ 부자
种田 zhòngtián 농사를 짓다
派 pài 파견하다
装模作样 zhuāngmú zuòyàng 거드름을 피우다
点头 diǎntóu 고개를 끄덕이다

UNIT 14 정답 찾기

　　옛날에 어떤 사람이 한 부자에게 소를 빌려 농사를 지으려고, 사람을 시켜 부자에게 소를 빌려달라는 편지를 보냈다. 부자는 한창 손님과 이야기를 나누고 있었는데, 손님이 자기가 글을 모르는 것을 알게 될까 봐 능청맞게 편지를 보는 척을 했다. 그는 보면서 끊임없이 고개를 끄덕이고는 고개를 들어 심부름꾼에게 말했다. "알았다. 이따가 내가 직접 가면 되겠구먼."

A 부자의 집에는 소가 없다
B 부자는 손님을 만날 시간이 없다
C 부자는 그 편지를 이해하지 못했다
D 부자는 그에게 소를 빌려주는 데 동의하지 않았다

자주 출제되는 성어와 응용 표현

乐于 lèyú 기꺼이 ~하다 문제 1회	乐于助人 lèyú zhùrén 남을 기꺼이 돕다 문제 1회
难以 nányǐ ~하기 어렵다 문제 1회	难以理解 nányǐ lǐjiě 이해하기 어렵다
不足 bùzú 부족하다, 미치지 못하다 문제 1회	微不足道 wēibùzúdào 하찮아서 말할 가치가 없다 문제 1회
不可 bùkě ~해서는 안 되다, ~할 수 없다 문제 7회	不可缺少 bùkě quēshǎo 없어서는 안 된다 문제 1회

기술 적용 문제

　　感冒了到底该不该吃药？据研究表明，并非所有感冒均需服药。专家表示，是否需要吃药取决于感冒类型。普通感冒不需要吃药，多喝水、多休息就可以了。但对于流感或由其他细菌感染引起的感冒，还是应立即就医，避免病情加重。

A 感冒不容易传染
　보기 1회

B 普通感冒无需吃药

C 生病了应及时治疗
　보기 3회 정답 1회

D 打喷嚏是感冒的主要症状

단어

均 jūn 균등하게
服药 fúyào 약을 먹다
取决于 qǔjuéyú ~에 따라 결정되다
类型 lèixíng 유형
流感 liúgǎn 유행성 감기
细菌 xìjūn 세균
感染 gǎnrǎn 감염되다
立即 lìjí 즉시
就医 jiùyī 진찰을 받다, 의사에게 보이다
避免 bìmiǎn 방지하다
病情 bìngqíng 병세
加重 jiāzhòng 심해지다
传染 chuánrǎn 전염되다
治疗 zhìliáo 치료하다
打喷嚏 dǎ pēntì 재채기하다
症状 zhèngzhuàng 증상

HSK를 대하는 자세를 바꾸다
중단기 HSK 5급 기적의 필기노트

감기에 걸렸는데 약을 도대체 먹어야 할까 말아야 할까? 조사에 의하면 모든 감기에 다 약을 먹어야 하는 것은 아니다. 전문가들은 약을 먹어야 하느냐는 감기의 유형에 따라 달라진다고 말한다. 일반 감기는 약을 먹을 필요 없이, 물을 많이 마시고 많이 쉬면 된다. 그러나 유행성 감기, 또는 기타 세균 감염으로 <u>정답 힌트</u> 인한 감기는 병세가 심해지지 않도록 즉시 진료를 받아야 한다.

A 감기는 쉽게 전염되지 않는다
B 보통 감기는 약을 먹을 필요가 없다
C 병에 걸리면 즉시 치료해야 한다
D 재채기 하는 것은 감기의 주요 증상이다

정답 B

꿀팁 45 논설문의 경우 마지막 부분에 결정적인 힌트가 나온다.

很多父母认为家务劳动是家长的事。教育学家指出，让孩子做家务可以锻炼孩子的动作技能，促进其认知能力的发展，增强他们的责任感。<u>因此，父母让孩子在家庭中负起责任是非常重要的，而最好的方式就是让孩</u> 결론 <u>子承担一部分家务。</u>

A 教育孩子要有耐心
　　보기 4회 정답 1회

B 家长要学会表扬孩子
　　보기 2회 정답 1회

Ⓒ 让孩子做家务很有必要
　　보기 4회 정답 1회

D 要从小让孩子进行兴趣爱好的培养
　　　　　　　　　　　　　보기 1회

단어

家务 jiāwù 가사일
劳动 láodòng 노동
家长 jiāzhǎng 학부형, 가장
技能 jìnéng 기능
促进 cùjìn 촉진하다
认知能力 rènzhī nénglì 인지 능력
增强 zēngqiáng 강화하다
责任感 zérèngǎn 책임감
负责任 fù zérèn 책임을 지다
承担 chéngdān 담당하다
培养 péiyǎng 키우다

많은 부모들은 가사 노동을 부모의 일이라고 생각한다. 교육학자들은 아이에게 집안일을 하게 하면 아이의 행동 기능을 훈련시키고 인지 능력의 발달을 촉진시키며 그들의 책임감을 높일 수 있다고 지적한다. 따라서, 부모가 아이에게 가정에서 책임을 맡게 하는 것은 매우 중요한 일이며, 가장 좋은 방법은 아이들에게 가사의 일부분을 담당시키는 것이다.

A 아이를 교육하는 것에는 인내심이 있어야 한다
B 학부모는 아이를 칭찬하는 것을 배워야 한다
C 아이에게 집안일을 하게 하는 것은 매우 필요하다
D 어릴 때부터 아이가 흥미와 취미를 기르게 해야 한다

UNIT 14　정답 찾기

단어

玩具思维 wánjù sīwéi 토이리즘(toy-based strategy)
工具思维 gōngjù sīwéi 도구적 사고
相对 xiāngduì 상대적이다
战略 zhànlüè 전략
注重 zhùzhòng 중시하다
产品 chǎnpǐn 제품
实用性 shíyòngxìng 실용성
致力于 zhìlìyú ~에 힘쓰다
研发 yánfā 연구 개발(하다)
设计 shèjì 설계하다
生产 shēngchǎn 생산하다
仅 jǐn 오직
实用 shíyòng 실용적(이다)
价值 jiàzhí 가치
远远 yuǎnyuǎn 상당히
具备 jùbèi 갖추다
特征 tèzhēng 특징
注意力 zhùyìlì 주의력
追求 zhuīqiú 추구하다
科技 kējì 과학 기술
扩大 kuòdà 확대하다

기술 적용 문제

　　玩具思维是与工具思维相对的一种产品战略观，工具思维注重产品的实用性，而玩具思维则致力于研发、设计、生产出好玩儿的产品。在当今时代，一件产品仅有实用价值是远远不够的，只有当它具备好玩儿的特征时，才有可能吸引顾客的注意力。

A　玩具思维只看重实用性　<u>보기 3회</u>

B　好玩儿的产品更吸引人

C　工具思维更追求高科技　<u>보기 3회</u>

D　玩具的市场在不断扩大　<u>보기 1회</u>

　　토이리즘은 도구적 사유와 상대되는 상품 전략 관점이다. 도구적 사유는 제품의 실용성을 중시하지만, 토이리즘은 재미있는 제품을 연구하고, 설계하고, 생산하는 데 주력한다. 지금 세상에서는 한 제품에 실용적인 가치가 있는 것만으로는 한참 부족하다. <u>그것이 잘 가지고 놀 만한 특징을 갖추었을 때에야 비로소 고객의 주의를 끌 가능성이 있다.</u>　　　정답 힌트

A 토이리즘은 실용성만을 중시한다
B 재미있는 제품이 더욱 사람을 끌어당긴다
C 도구적 사유는 첨단 기술을 더 추구한다
D 장난감 시장은 끊임없이 확대되고 있다

정답 B

Unit 15 질문 유형별 문제 풀이 전략 1

질문과 무관한 부분은 스킵하고 지문에서 키워드만 찾아 읽자.

회독

빈출맵		
기술46. '为什么(왜)', '原因(원인)'으로 질문하면 술어 내용을 지문에서 찾아 읽어라.	69회
기술47. '怎么(어떻게)'로 질문하면 지문에서 동일한 주어를 찾아 행동, 상태를 확인하라.	21회
기술48. 지문 속 밑줄 친 표현의 뜻은 해당 표현 앞뒤에 나와 있거나 글자 그대로 해석할 수 있다.	41회

기술 46. '为什么(왜)', '原因(원인)'으로 질문하면 술어 내용을 지문에서 찾아 읽어라.

唐朝有个叫汪伦的诗人，他年轻的时候住在安徽省桃花潭边的小镇。他十分欣赏当朝的大诗人李白，只可惜无缘相识，一直想找机会跟李白见一面。有一次，碰巧李白游览名山大川到了安徽。他心想：有什么方法能够结识李白呢？

为什么 해당 내용
≒想认识李白(질문의 술어부)

문제: 汪伦为什么想认识李白?
문제 77회
'왜'(이유) 술어부

A 很欣赏李白 B 想当官员
보기 4회 정답 2회
C 也想去各地游览 D 想得到李白的指导
보기 1회 정답 1회

당나라 때 왕륜이라는 시인이 있었는데, 그는 젊은 시절 안후이성 타오화탄 근처의 작은 마을에 살았다. 그는 당대의 대시인 이백을 매우 좋아했는데, 다만 인연이 없는 것을 아쉬워하며, 줄곧 이백과 한 번 만날 기회를 얻기를 바랐다. 한번은 때마침 이백이 이름난 산천을 유람하다가 안후이에 도착하였다. 그는 무슨 방법으로 이백과 교제를 맺을 수 있을지 마음속으로 생각했다.

문제: 왕륜은 왜 이백을 알고 싶어 했는가?
A 이백을 좋아해서 B 관직을 맡고 싶어서
C 자신도 각 지역으로 유람을 가고 싶어서 D 이백의 지도를 받고 싶어서

단어
- 唐朝 Tángcháo 당 왕조 (시기)
- 汪伦 Wāng Lún 왕륜 (인명)
- 诗人 shīrén 시인
- 安徽省 Ānhuī Shěng 안후이성 (지명)
- 桃花潭 Táohuātán 타오화탄 (지명)
- 镇 zhèn 소도시
- 欣赏 xīnshǎng 좋아하다
- 李白 Lǐ Bái 이백 (인명)
- 无缘 wúyuán 인연이 없다
- 碰巧 pèngqiǎo 때마침
- 游览 yóulǎn 유람하다
- 名山大川 míngshān dàchuān 명산대천, 이름난 산과 큰 내
- 结识 jiéshí 교제하다

UNIT 15 질문 유형별 문제 풀이 전략 1

단어
渔夫 yúfū 어부
贪图 tāntú 욕심내다
省事 shěngshì 수고를 덜다
织 zhī 짜다
捕 bǔ 잡다
垂头丧气 chuítóu sàngqì 의기소침하다
状 zhuàng 상태, 상황
结实 jiēshi 튼튼하다

길 **47** '怎么(어떻게)'로 질문하면 지문에서 동일한 주어를 찾아 행동, 상태를 확인하라.

有一个渔夫贪图省事，他织的网只有一张桌子那么大，他出海一整天也没有捕到鱼。每天晚上，只好垂头丧气地回到了家，邻居见状，对他说：
　　　　　　　　　　　　　　　　　　　　　　　　　질문의 주어　　　행동
"你织的网那么小，哪能捕到鱼？你应该把网织得大一点儿。"
　　　　　　　　　　　　　　　　말한 내용

문제: 邻居让渔夫怎么做?
　　　　 주어　　'어떻게'
　　　　　　문제 4회

A 换条大船　　　　　　　　　B 早点儿出海
　　　　　　　　　　　　　　　　 보기 1회

C 织一张结实的网　　　　　　Ⓓ 把网织得大点儿
　보기 1회　　　　　　　　　　　　보기 3회

> 어떤 어부 하나가 수고를 덜 욕심으로 그물을 겨우 책상만 한 크기로 짰다. 그는 바다에 나가 온종일 있었지만 물고기를 잡지 못했다. 매일 저녁이면 풀이 죽은 채 집으로 돌아올 수밖에 없었는데, 그 광경을 본 이웃이 그에게 말했다. "당신이 짠 그물이 그렇게 작아서 어떻게 물고기를 잡을 수 있겠어요? 당신은 그물을 좀 더 크게 짜야 해요."
>
> 문제: 이웃은 어부에게 어떻게 하라고 했는가?
> A 큰 배로 바꿔라　　　　　　B 좀 일찍 바다에 나가라
> C 튼튼한 그물을 짜라　　　　D 그물을 좀 크게 짜라

단어
翅膀 chìbǎng 날개
机翼 jīyì 기계 날개
坚硬 jiānyìng 단단하다
伸展 shēnzhǎn 펼치다
恶劣 èliè 열악하다
启发 qǐfā 계발하다
着手 zhuóshǒu 착수하다
弯曲 wānqū 휘다
设计 shèjì 설계하다
原理 yuánlǐ 원리
略微 lüèwēi 약간
收拢 shōulǒng 접다
阻力 zǔlì 저항력

기술 적용 문제

1-2.
　　科学家们发现，鸟的翅膀虽然没有飞机的机翼那么坚硬，但由于它们能够自由地伸展，因此比飞机更能适应不同的天气状况，尤其是恶劣的天气。
　　在大自然的启发下，科学家们正在着手研制能够弯曲变形的机翼。这种变形机翼的设计原理是：飞机在高速飞行时可以略微向后收拢，以减少飞行中所受的阻力，同时减少遭遇气流时所带来的震动；而当飞机减速时，又可以自动向前伸展，有助于飞机更快、更平稳地降落。但是要让机翼变形可不是件容易的事情，关键要找到一种受到外界空气压力和刺激后能自动屈伸的智能材料。目前比较适合的机翼材料是记忆合金和压电陶瓷，前者可以使飞机机翼在某种空气环境中改变成特殊的形状；而后者则可以对电压、温度等多种环境因素的变化做出灵敏反应。

1. 鸟为什么能适应恶劣的天气? 문제 77회

   A 重量很轻 보기 8회 정답 4회
   B 飞行速度快 보기 3회
   C 羽毛比较厚 보기 1회
   D 翅膀能随意伸展

2. 要让机翼变形应该怎么做? 문제 4회

   A 天气状况要好 보기 1회
   B 要获得资金支持 보기 4회
   C 要找到合适的材料 보기 1회
   D 飞行员要具有很好的驾驶技术 보기 1회

과학자들은 새의 날개는 비록 비행기의 날개만큼 단단하지는 않지만 자유롭게 펼칠 수 있기 때문에 여러 가지 날씨 상황, 특히 열악한 날씨에 비행기보다 더 잘 적응할 수 있다는 것을 발견하였다.

1번 정답 힌트

대자연의 가르침으로 과학자들은 휘고 변형될 수 있는 날개의 연구 제작에 착수하고 있다. 이 변형 기계 날개의 설계 원리는 비행기가 고속으로 비행할 때 약간 뒤로 모을 수 있어 비행 중에 받는 저항력을 감소시키고, 동시에 기류 접촉으로 생기는 진동을 줄이는 것이다. 그리고 비행기가 속력을 줄일 때는 자동으로 앞으로 펼칠 수 있어 비행기가 더 빠르고 안정적으로 착륙하도록 돕는다. 그러나 비행기 날개를 변형시키는 것은 결코 쉬운 일이 아니다. 중요한 것은 외부 공기의 압력과 자극을 받으면 자동으로 굽거나 펼쳐지는 스마트한 재료를 찾는 것이다. 현재 비행기 날개의 재료로 비교적 적합한 것은 기억 합금과 압전

2번 정답 힌트

세라믹인데, 전자는 불특정한 공기 환경에서 비행기 날개를 특수한 모양으로 바꿀 수 있고, 후자는 전압, 온도 등 여러 가지 환경 요소의 변화에 빠르게 반응할 수 있다.

1. 새는 왜 열악한 날씨에 적응할 수 있는가? 기술46

   A 가벼워서
   B 비행 속도가 빨라서
   C 깃털이 비교적 두꺼워서
   D 날개를 마음대로 펼 수 있어서

2. 비행기 날개를 변형시키려면 어떻게 해야 하는가? 기술47

   A 날씨 상황이 좋아야 한다
   B 자금 지원을 받아야 한다
   C 적합한 재료를 찾아야 한다
   D 조종사가 훌륭한 운행 기술을 가져야 한다

정답 1. D 2. C

遭遇 zāoyù (불리한 일을) 만나다
气流 qìliú 기류
震动 zhèndòng 진동(하다)
平稳 píngwěn 안정되다
刺激 cìjī 자극
智能 zhìnéng 지능
记忆合金 jìyì héjīn 기억 합금
压电陶瓷 yādiàn táocí 압전 세라믹
因素 yīnsù 요소
灵敏 língmǐn 반응이 빠르다
反应 fǎnyìng 반응
重量 zhòngliàng 무게
随意 suíyì 마음대로
资金 zījīn 자금
具有 jùyǒu 가지다
驾驶 jiàshǐ 운전하다

UNIT 15　질문 유형별 문제 풀이 전략 1

> 꿀 48 지문 속 밑줄 친 표현의 뜻은 해당 표현 앞뒤에 나와 있거나 글자 그대로 해석할 수 있다.

단어

- 据说 jùshuō 듣건대 ~라고 한다
- 诞生 dànshēng 탄생하다
- 篮板 lánbǎn (농구 골대의) 백보드
- 钉 dìng 못을 박다
- 投 tóu 던지다
- 踩 cǎi 딛다, 밟다
- 梯子 tīzi 사다리
- 球赛 qiúsài 구기 시합
- 不辞劳苦 bùcí láokǔ 고생도 마다하지 않다
- 大惑不解 dàhuò bùjiě 의혹이 풀리지 않다
- 篮筐 lánkuāng 바구니
- 去掉 qùdiào 제거하다
- 如梦初醒 rúmèngchūxǐng 꿈에서 막 깬 듯하다
- 篮网 lánwǎng 바스켓 그물
- 样式 yàngshì 모양, 형식

据说篮球运动刚诞生时，篮板上钉的是有底儿的篮子，因此每当球投进去后，就有一个人踩在梯子上把球拿出来。人们想出了各种取球的方法，但都不太理想。有一天，一位父亲带着儿子去看球赛。小男孩儿看到大人们一次次不辞劳苦地取球，大惑不解地问：为什么不把篮筐的底儿去掉呢？人们这才<u>如梦初醒</u>，于是就有了我们今天看到的篮网样式。

문제: 画线词语"如梦初醒"指的是：

A 不太真实　　　　　　　　B 梦想刚刚实现
　보기 2회　　　　　　　　　　보기 3회 정답 2회

Ⓒ 受到启发而突然明白　　　D 做梦时突然被人叫醒
　보기 2회 정답 1회　　　　　　보기 1회

농구가 막 생겼을 때 백보드에 고정된 바구니는 밑바닥이 있는 것이어서 공이 들어갈 때마다 한 사람이 사다리를 딛고 올라가 공을 꺼내 왔다고 한다. 사람들은 공을 가져오는 여러 가지 방법을 생각해 냈지만 모두 그다지 이상적이지는 못했다. 어느 날, 한 아버지가 아들을 데리고 경기를 보러 갔다. 남자아이는 어른들이 매번 수고를 아끼지 않고 공을 찾으러 가는 모습을 보고 왜 바구니의 밑바닥을 없애지 않는지 의아해하며 물었다. 사람들은 이때서야 비로소 꿈에서 막 깨어난 것 같았고, 이로써 우리가 오늘날 보는 농구 그물의 모습이 있게 되었다.

문제: 밑줄 친 단어 '꿈에서 막 깨어난 것 같다'가 가리키는 것은:

A 현실적이지 않다　　　　B 꿈을 방금 이루었다
C 영감을 받아 갑자기 알게 되었다　　D 꿈을 꿀 때 갑자기 누군가가 깨웠다

단어

- 厨师 chúshī 요리사
- 俱全 jùquán 모두 갖추다
- 足足 zúzú 꼬박, 족히
- 居然 jūrán 뜻밖에
- 曾经 céngjīng 일찍이
- 纳闷 nàmèn 궁금해하다
- 顿 dùn 끼니
- 上班族 shàngbānzú 직장인
- 发愁 fāchóu 걱정하다
- 划算 huásuàn 수지가 맞다
- 抱怨 bàoyuàn 불평하다
- 灵感 línggǎn 영감

기술 적용 문제

1-3.
　　我朋友是一名厨师，每道菜都能做得色香味俱全。因此他自己开了家饭店，可没想到开张足足半年，居然一分钱也没有赚到。我曾经纳闷地问他原因，他说："我虽然花了很大力气增加新的菜品，但对于大多数客人来说，只不过是一顿饭。"
　　有一次，他和一个客人聊天儿。客人说现在的上班族最发愁的就是吃饭，一个人去餐厅点菜总是吃不下，而且价格不划算。说者无心，听者有意。客人的抱怨给了他一些灵感，他心想：既然这样，自己不如专门做这部分人的生意，开一家只卖一道菜的饭店。从那以后，他改变了自己的经营模式，他把店名换成了"单人牛肉餐厅"，菜单上也只有一道菜。同时，他撤掉了以前的旧餐桌，并将店内重新布置了一番，使其显得洁净明亮。

HSK를 대하는 자세를 바꾸다
중단기 HSK 5급 기적의 필기노트

　　每天，他只要准备好一道菜就行了，口味也始终都一样，不会因为个别客人提意见而改变。他说"只有坚持自己的风格才能守住自己的特色。"很快，他的饭店越来越有名，生意一天比一天好。短短三年时间，他就已经拥有了12家连锁店。

1. 朋友的饭店为什么一开始没赚到钱? _{문제 77회}

　A 菜品种类少 _{보기 3회 정답 1회}　　　　B 店内装修得太暗 _{보기 3회 정답 1회}

　C 服务员态度差 _{보기 3회 정답 1회}　　　　D 没满足客人的需求 _{보기 2회 정답 1회}

2. 第二段画线的"说者无心，听者有意"是指：

　A 说话要抓重点　　　　　　B 只有说清楚，才会听得清楚 _{보기 1회}

　C 说比听更重要 _{보기 4회 정답 3회}　　　　D 说话的人不注意，听话的人很留神

3. 朋友是怎么改变自己的经营方式的?

　A 可电话订餐　　　　　　　B 只卖一道菜

　C 菜品可以自取　　　　　　D 店内会放古典音乐

模式 móshì 양식
撤掉 chèdiào 없애다
布置 bùzhì 배치(하다)
显得 xiǎnde 드러나다
洁净 jiéjìng 깨끗하다
守住 shǒuzhù 단단히 지키다
拥有 yōngyǒu 가지다
连锁店 liánsuǒdiàn 체인점
装修 zhuāngxiū 인테리어(하다)
留神 liúshén 주의하다

　　내 친구는 요리사로, 모든 요리를 색, 향, 맛이 고루 갖춰지게 만들 수 있었다. 그래서 그는 스스로 식당을 개업했지만, 개업하고 꼬박 반 년 동안 한 푼도 벌지 못할 줄은 생각도 못했다. 나는 영문을 몰라 일찍이 그에게 원인을 물었다. 그는 '나는 새로운 메뉴를 추가하느라 많은 애를 썼지만 대부분의 손님에게는 다만 한 끼 식사일 뿐이야.'라고 말했다.

1번 정답 힌트

　한 번은 그가 손님과 대화를 나누었다. 손님은 요즘 직장인들이 가장 고민하는 것이 식사라며, 혼자 식당에 가서 음식을 주문하면 항상 다 먹지 못할 뿐만 아니라, 가격도 타산에 맞지 않는다고 말했다. 말하는 사람은 무심코 이야기하지만, 듣는 사람은 의미를 두는 법이다. 손님의 불평은 친구에게 영감을 주

2번 정답 힌트

었다. 그는 속으로 이왕 그렇다면 자기가 한 가지 메뉴만 파는 식당을 차려서 이 사람들을 전문적으로 상대하는 장사를 하는 게 낫겠다고 생각했다. 그 후 그는 자신의 경영 모델을 바꿔서, 가게 이름을 '솔로 우육 식당'으로 바꾸고, 메뉴에도 오직 한 가지 요리만 있게 했다. 동시에 그는 예전의 낡은 식탁을 치우고

3번 정답 힌트

가게 내부를 새롭게 단장해서 식당이 깨끗하고 밝아 보이도록 했다.

　매일 친구는 한 가지 요리만 준비하면 되었고, 맛도 시종일관 같아서 개별 손님의 의견에 따라 바꾸지 않을 수 있었다. 그는 '자신의 스타일을 유지해야만 자신의 특색을 지킬 수 있다'고 말했다. 아주 빠르게 그의 식당은 점점 유명해졌고 장사가 하루가 다르게 좋아졌다. 3년이라는 짧은 시간 만에 그는 이미 12개의 체인점을 갖게 되었다.

1. 친구의 식당은 왜 처음에 돈을 벌지 못했는가? _{기술46}

　A 요리의 종류가 적어서　　　　　B 내부 인테리어가 너무 어두워서

　C 종업원의 태도가 안 좋아서　　　D 손님의 요구를 만족시키지 못해서

UNIT 15 질문 유형별 문제 풀이 전략 1

UNIT 15 질문 유형별 문제 풀이 전략 1

2. 두 번째 단락의 밑줄 친 '말하는 사람은 무심코 이야기하지만, 듣는 사람은 의미를 두는 법이다'가 가리키는 것은: 기술48
   A 말을 할 때 중점을 잡아야 한다
   B 분명하게 말해야만 분명히 들을 수 있다
   C 말하는 것이 듣는 것보다 중요하다
   D 말하는 사람은 주의하지 않지만 듣는 사람은 주의를 기울인다

3. 친구는 어떻게 자신의 경영 방식을 바꾸었는가? 기술47
   A 전화로 식당을 예약할 수 있었다　　　　B 한 가지 메뉴만 팔았다
   C 요리를 스스로 가져갈 수 있었다　　　　D 가게에 고전 음악을 틀었다

정답 1. D　2. D　3. B

Unit 16 질문 유형별 문제 풀이 전략 2

질문이 암시하는 내용을 지문에서 찾아 읽자.

회독 ☐☐☐☐☐ ☐☐☐☐☐

빈출맵
- 기술49. '为了(~을 위해서)', '目的(목적)'로 질문하면 보기에서 의미가 통하는 술어를 찾아라.   10회
- 기술50. 时, 前, 后 등으로 시기를 제한하는 질문은 지문에서 같은 시점을 언급한 부분에 정답이 있다.   42회
- 기술51. 사례에 관한 질문은 지문 속 해당 사례가 나온 앞뒤에 정답이 있다.   4회

기술 **49** '为了(~을 위해서)', '目的(목적)'로 질문하면 보기에서 의미가 통하는 술어를 찾아라.

静音咖啡馆是一种原则上在室内禁止交谈的咖啡馆。静音咖啡馆的客人大部分都是年轻女性，她们通常在店内呆一个半小时至两个小时。有的客人是独自前来，有的是和朋友一起，不过她们互相并不交谈，只是各自享受属于自己的时光。
≒D 享受自己的时间

문제: 人们去静音咖啡馆主要是为了:
문제 2회
목적

A 享用美味的糕点
    언급 X
B 交到更多的朋友
    ≠独自前来, 并不交谈
C 阅读咖啡馆里的图书
    보기 14회 정답 3회
    언급 X
Ⓓ 安静地享受自己的时间
    보기 4회 정답 2회

단어
静音 jìngyīn 무음
原则 yuánzé 원칙
交谈 jiāotán 이야기하다
通常 tōngcháng 일반적으로
呆 dāi 머무르다
属于 shǔyú 속하다
时光 shíguāng 세월, 시간
享用 xiǎngyòng 맛보다, 누리다
糕点 gāodiǎn 케이크, 과자, 빵 등의 총칭

> 고요 카페는 원칙적으로 실내에서 대화를 금지하는 카페이다. 고요 카페의 고객은 대부분 젊은 여성으로, 그들은 일반적으로 1시간 반에서 2시간 정도 가게에 머문다고 한다. 어떤 손님은 혼자 오고, 어떤 사람은 친구와 함께 오지만, 그들은 서로 이야기하지 않고 단지 각자 자신의 시간을 즐긴다.
>
> 문제: 사람들이 고요 카페에 가는 것은 주로 무엇을 위해서인가:
> A 맛있는 베이커리를 즐기려고
> B 더 많은 친구를 사귀려고
> C 카페에 있는 책을 읽으려고
> D 조용히 자신의 시간을 즐기려고

UNIT 16 질문 유형별 문제 풀이 전략 2

길50 时, 前, 后 등으로 시기를 제한하는 질문은 지문에서 같은 시점을 언급한 부분에 정답이 있다.

我注意到, 狗自己独处时绝对不会玩耍。单独呆着的狗, 就会显出动 ≒ 独处时
物式的 "一本正经" 来。要是没有其他事情可做, 它就会东看看西望望, 或是陷入沉思中, 或是睡觉。只要是独处, 它不会追自己的尾巴, 不会在
정답 힌트
草地上兜圈子跑来跑去, 不会嘴里衔着主人的鞋子, 也不会用鼻头去推小石子。狗的这些行为, 只有在有观众或者至少有一个人陪伴时才会做出来。

문제: 狗独处时, 最可能做以下哪种行为?
　　시기

Ⓐ 睡觉　　　　　　　　　　B 逗猫玩儿
  보기 2회 정답 1회　　　　　　　보기 1회

C 咬自己的尾巴　　　　　　D 追自己的影子
  보기 2회　　　　　　　　　보기 2회 정답 1회　보기 2회 정답 1회

> 나는 개는 자기 혼자 있을 때 절대로 잘 놀지 않는다는 것을 알게 되었다. 혼자 있는 개는 동물 방식의 '정색'을 드러낸다. 다른 할 일이 없으면 사방을 두리번거리거나, 깊은 생각에 빠지거나, 잠을 잔다. 혼자 있기만 하면, 개는 자기 꼬리를 쫓지도 않고 잔디밭에서 원을 그리며 이리저리 뛰어다니지도 않으며, 주인의 신발을 입에 물지도 않고 코로 돌멩이를 건드리지도 않을 것이다. 개의 이런 행동은 관객이 있거나, 최소한 한 명이라도 누군가가 함께 있을 때에만 나온다.
>
> 문제: 개가 혼자 있을 때, 다음 중 어떤 행동을 할 가능성이 가장 큰가?
> A 잠을 잔다　　　　　　　B 고양이와 장난친다
> C 자신의 꼬리를 문다　　　D 자신의 그림자를 쫓는다

기술 적용 문제

1-2.

　　钥匙, 家家户户全都有, 再平常不过了。然而, 有人竟搜集了古今中外约两万把钥匙, 还建了个人收藏馆——金钥匙博物馆。这个人就是世界十大收藏家之一的赵金志先生。
　　赵金志先生从小就与钥匙结下了不解之缘。那时父亲做小生意, 收来很多废铜烂铁。他一旦从中发现形态奇特的钥匙, 便如获至宝。而且, 只要知道哪里有值得收藏的钥匙, 他都会千方百计找回来。一次, 他得知广东某地有一把 "放大镜钥匙"。当时正值台风季节, 交通不便, 可他还是风雨兼程赶到广东, 最终得到了那把钥匙。

단어
独处 dúchǔ 혼자 살다
绝对 juéduì 절대로
玩耍 wánshuǎ 놀다
单独 dāndú 혼자서
呆 dāi 머무르다
显出 xiǎnchū 드러내다
一本正经 yìběn zhèngjīng 정색하다
陷入 xiànrù 빠지다
沉思 chénsī 깊이 생각하다
追 zhuī 쫓다
尾巴 wěiba 꼬리
兜圈子 dōu quānzi 선회하다
衔 xián 입에 물다
鼻头 bítou 코
石子 shízi 돌
行为 xíngwéi 행위
陪伴 péibàn 동반하다
逗 dòu 놀리다
咬 yǎo 물다
影子 yǐngzi 그림자

단어
家家户户 jiājiā hùhù 집집마다
搜集 sōují 수집(하다)
古今中外 gǔjīn zhōngwài 동서고금
收藏 shōucáng 수집(하다)
收藏家 shōucángjiā 수집가
赵金志 Zhào Jīnzhì 자오진즈(인명)

HSK를 대하는 자세를 바꾸다
중단기 HSK 5급 기적의 필기노트

经过近半个世纪的搜集，赵金志先生已拥有150多个国家和地区的1200多种钥匙，总数近两万把。这些钥匙质地各异，包括金、银、铜、铁和玛瑙等多种材质。1997年，金钥匙博物馆落成，不足30平方米的展室内陈列了他多年来倾其心血收藏的珍奇钥匙。

在这些藏品中，有多项世界之最。比如世界上最小的钥匙，它雕刻在一根头发丝上，只有凭借显微镜将其放大100多倍才能看清楚；再比如唐代钥匙"锁寒窗"，因其造型酷似古代的窗格而得名，是中国现存最早的钥匙。这些珍贵的藏品无不令人称奇。

1. 赵金志先生去广东是为了:

   A 寻找父亲   B 买根结实的铜
   C 得到一把钥匙   D 观赏很多钥匙

2. 金钥匙博物馆是什么时候建立的?

   A 唐代   B 1997年   C 半世纪前   D 幼年时期

열쇠는 집집마다 모두 있는, 더는 평범할 수 없는 물건이다. 그러나 어떤 사람은 고대에서 현재에 이르는 국내외 약 2만 개의 열쇠를 수집해, 개인 소장관인 '황금 열쇠 박물관'까지 만들었다. 이 사람이 바로 세계 10대 수집가 중 한 명인 자오진즈 선생이다.

자오진즈 선생은 어려서부터 열쇠와 뗄 수 없는 인연을 맺었다. 당시 아버지가 장사를 하셔서 많은 고철을 받아 오셨다. 그는 일단 그중에서 독특한 형태의 열쇠를 발견하면 보물을 얻은 것 같았다. 게다가 어느 곳에 수집할 만한 열쇠가 있다는 것을 알면 그는 어떻게든 찾아 가지고 돌아왔다. 한번은 그가 광동 모처에 '확대경 열쇠'가 있다는 것을 알게 되었다. 당시는 마침 태풍 시즌을 만나 교통이 불편했지만 그는 비바람을 무릅쓰고 광동으로 가서 마침내 그 열쇠를 얻었다.

1번 정답 힌트

반세기에 가까운 수집을 거쳐 자오진즈 선생은 1500여 개 국가와 지역의 1200여 종의 열쇠를 가지고 있으며 총 개수는 2만 개에 육박한다. 이 열쇠들의 재질은 제각각 달라서 금, 은, 동, 철과 마노 등의 다양한 재료를 포함한다. 1997년 황금 열쇠 박물관이 준공되었고, 30㎡도 안되는 전시실에 그가 수년간 심혈

2번 정답 힌트

을 기울여 수집한 진기한 열쇠를 진열하였다.

이 소장품 중에는 세계 신기록이 많이 있다. 예를 들어 세계에서 가장 작은 열쇠는 머리카락 한 가닥에 조각해서 현미경으로 100배 이상 확대해야만 또렷하게 볼 수 있다. 또 다른 예로 당대의 열쇠 '쇄한창'은 그 형상이 고대 창문의 격자와 비슷해서 이름이 붙여졌는데, 중국에서 현존하는 최초의 열쇠다. 이 진귀한 소장품들은 기묘함에 탄복하지 않는 사람이 없다.

1. 자오진즈 선생이 광동에 간 것은 무엇을 위해서인가?

   A 아버지를 찾으려고   B 튼튼한 동을 사려고
   C 열쇠 하나를 얻으려고   D 많은 열쇠를 감상하려고

2. 황금 열쇠 박물관은 언제 세워진 것인가?

   A 당 왕조 시기   B 1997년   C 반세기 전   D 유년 시절

정답 1. C 2. B

不解之缘 bùjiě zhī yuán 뗄 수 없는 인연
废铜烂铁 fèitóng làntiě 고철
一旦 yídàn 일단
形态 xíngtài 형태
奇特 qítè 기묘하다
如获至宝 rúhuò zhìbǎo 진귀한 보물을 얻은 것 같다
值得 zhídé ~할 만한 가치가 있다
千方百计 qiānfāng bǎijì 온갖 방법
值 zhí ~을 만나다
台风 táifēng 태풍
兼程 jiānchéng 길을 재촉하여 가다
拥有 yōngyǒu 가지다
质地 zhìdì 재질
各异 gèyì 제각각의 차이
包括 bāokuò 포함하다
金 jīn 금   银 yín 은
铜 tóng 동   铁 tiě 쇠
玛瑙 mǎnǎo 마노
材质 cáizhì 재질
落成 luòchéng 준공(하다)
陈列 chénliè 진열하다
倾其心血 qīngqíxīnxuè 심혈을 기울이다
珍奇 zhēnqí 진기하다
世界之最 shìjiè zhī zuì 세계에서 최고
丝 sī 실처럼 가는 물건
凭借 píngjiè ~을 통하다
显微镜 xiǎnwēijìng 현미경
锁寒窗 suǒhánchuāng 쇄한창
造型 zàoxíng 조형
酷似 kùsì 매우 비슷하다
称奇 chēngqí (기묘함을) 칭찬하다
结实 jiēshi 튼튼하다

UNIT 16 질문 유형별 문제 풀이 전략 2

단어
企业 qǐyè 기업
原理 yuánlǐ 원리
倾斜 qīngxié 기울이다
木桶 mùtǒng 나무통
装 zhuāng 담다
取决于 qǔjuéyú ~에 따라 결정되다
核心 héxīn 핵심
一旦 yídàn 일단
赚取 zhuànqǔ 돈을 벌다
利润 lìrùn 이윤
补足 bǔzú 보충해 채우다
配方 pèifāng 제조법
贴 tiē 붙이다
商标 shāngbiāo 상표

길51 사례에 관한 질문은 지문 속 해당 사례가 나온 앞뒤에 정답이 있다.

对于今天的企业来说，"长板原理"更加重要：当你倾斜木桶时，你会
≒长板原理的重要성
发现装多少水取决于木桶的长板，即核心竞争力。一旦有了一块长板，你就可以利用这块长板赚取利润，然后通过合作、购买等方式来补足你的短板。比如青岛啤酒公司，它最大的优势是拥有啤酒的配方与企业知名度。至
예시
于啤酒的酒瓶和盖子等，基本都交由专门的厂家生产，而青岛啤酒公司只要拿出自己的配方，贴上自己的商标便可以坐享成功。

문제: 青岛啤酒的例子为了说明什么？
사례   문제 2회
A 要了解客户需求   B 媒体的力量很大
 보기 3회 정답 1회   보기 1회

(C) 长板原理的重要性   D 企业要时刻维护形象
 보기 2회 정답 1회   보기 1회

오늘날의 기업에 있어서는 '긴 판자 원리'가 더 중요하다. 당신이 나무통을 기울일 때 물을 얼마나 담을 수 있느냐는 나무통의 긴 판자, 즉 핵심 경쟁력에 달려 있음을 발견할 것이다. 일단 긴 판자가 생기면 그 판자를 사용해 이윤을 얻은 후, 협력과 구매 등의 방식으로 짧은 판자를 보완할 수 있다. 예를 들어 칭다오 맥주 회사의 가장 큰 장점은 맥주의 제조법과 기업 지명도를 보유한 것이다. 맥주의 술병과 뚜껑 등은 기본적으로 전문 제조업체에 생산을 맡기고, 칭다오 맥주 회사는 자체 주조법을 가지고 자기의 상표만 붙이면 앉아서 성공을 누릴 수 있다.

문제: 칭다오 맥주의 예는 무엇을 설명하는가?
A 고객 수요를 이해해야 한다   B 미디어의 힘은 크다
C 긴 판자 원리의 중요성   D 기업은 늘 이미지를 지켜야 한다

단어
复兴 fùxīng 부흥
浪潮 làngcháo 파도
愈发 yùfā 한층
升温 shēngwēn 열기를 더하다
小巷 xiǎoxiàng 좁은 길
热门 rèmén 인기 있는
别样 biéyàng 색다르다
迷恋 míliàn 연연하다
公主 gōngzhǔ 공주
床单 chuángdān 침대 시트
被子 bèizi 이불

기술 적용 문제

1-3.

在传统文化复兴的浪潮下，"汉服热"愈发升温，越来越多的人身穿汉服出行。在城市的大街小巷，尤其是热门旅游景点，身穿汉服的行人更是一道别样的风景。

人们迷恋上汉服的原因不尽相同。几乎每个女孩心中都有一个成为古代公主的梦吧，比如说，小时候经常会用床单和被子把自己包起来，假装穿着漂亮的衣裙，把自己扮成童话般的公主。这样，有人因汉服的美而对其着迷，有人迷上了汉服的复原过程，还有人热衷于其背后的深厚文化内涵。

"汉服"又称"华服"，专指汉民族的传统服饰。从先秦到清末，经历几千年的传承演变，每个朝代都各具特色，汉服演变出了不同的姿态。

HSK를 대하는 자세를 바꾸다
중단기 HSK 5급 기적의 필기노트

汉服不单是一套简单的服装，而是指一整套服饰体系，包括衣裳、鞋履、配饰等。不同的搭配象征着不同的社会地位，也呈现出纷繁多彩的历史文化。一套精美的汉服，从面料选择到花纹刺绣都十分考究，因此价格不低，简直就是行走的人民币。汉服的出现始终与传统礼仪和文化密不可分，这不仅是一种形式的继承，更多的应该是传统文化精神的传承。

1. 关于汉服，可以知道什么? 문제 16회

   A 汉服是简单服装　　　　B 汉服又叫汉服热

   C 每个朝代都是同样的形式　D 从先秦到清末经历了几千年的演变
   　　보기 1회

2. 根据第二段，扮成公主的例子说明了什么? 문제 2회

   A 传统文化的美　　　　　B 女孩子都有美梦

   C 制作汉服的过程很复杂　D 迷上汉服的原因之一
   　　보기 1회　보기 1회

3. 根据最后一段，穿汉服的目的是什么?

   A 穿着很方便　　　　　　B 要去旅游景点
   　　보기 2회 정답 1회

   C 继承传统文化　　　　　D 显示自己的社会地位
   　　　　　　　　　　　　　　　보기 2회

전통 문화 부흥의 조류 속에서 '한푸 열기'가 한층 뜨거워지고, 갈수록 많은 사람이 한푸를 입고 집을 나선다. 도시의 거리와 골목마다, 특히 인기 있는 관광지에는 한푸를 입은 행인들이 더욱 색다른 풍경을 만들어 낸다.
　사람들이 한푸에 매료되는 이유는 모두 다르다. 거의 모든 여자아이의 마음속에는 다 고대 공주가 되어 보는 꿈이 있지 않은가? 예를 들어 어렸을 때, 자주 침대 시트와 이불로 자신을 감싸고 마치 예쁜 치마를 입는 것처럼 굴며 자신을 동화의 공주처럼 꾸민다. 이렇듯, 어떤 사람은 한푸의 아름다움에 마음을
　　　　　　　　　　　　　　2번 정답 힌트
빼앗기고, 어떤 사람은 한푸의 복원 과정에 빠져들며, 또 어떤 사람은 그 뒤에 숨겨진 깊은 문화적 의미에 매료된다.
　'한푸'는 '화푸'라고도 부르는데, 한족의 전통 복식을 전문적으로 가리킨다. 선진 시대부터 청 말기까지, 몇천 년의 계승과 변화를 거치면서 시대마다 각자의 특색이 있었고, 한푸는 각기 다른 자태를 보여주었다.　1번 정답 힌트
　한푸는 단순히 간단한 옷 한 벌이 아니라, 하나의 완전한 복식 체계로서, 옷가지, 신발, 액세서리 등을 포함한다. 서로 다른 조합은 각기 다른 사회적 지위를 상징하는데, 이를 통해 다채로운 역사와 문화도 보여준다. 한 벌의 정교하고 아름다운 한푸는 옷감의 선택부터 무늬 자수까지 모두 상당히 까다로워서 가격이 비싸고, 그야말로 걸어다니는 위안화라고 할 수 있다. 한푸의 등장은 언제나 전통 의례 및 문화와 갈라놓을 수 없는데, 이는 비단 형식의 계승일 뿐만 아니라, 더 많은 부분이 전통 문화의 정신에 대한 계승이라 할 수 있다.
　　　　　　　　　　　　　　　　　　　　3번 정답 힌트

假装 jiǎzhuāng ~인 체하다
童话 tónghuà 동화
着迷 zháomí 사로잡히다
迷 mí 빠지다, 심취하다
热衷于 rèzhōngyú ~에 열중하다
内涵 nèihán 내포한 뜻
服饰 fúshì 복식
传承 chuánchéng 전수·계승하다
演变 yǎnbiàn 변천하다
姿态 zītài 자태
衣裳 yīshang 의상
鞋履 xiélǚ 신발
配饰 pèishì 장신구
搭配 dāpèi 조합하다
象征 xiàngzhēng 상징하다
呈现 chéngxiàn 나타내다
纷繁 fēnfán 많고 복잡하다
多彩 duōcǎi 다채롭다
刺绣 cìxiù 자수
考究 kǎojiu 중히 여기다
简直 jiǎnzhí 그야말로
礼仪 lǐyí 예의
密不可分 mìbùkěfēn 뗄 수 없다
继承 jìchéng 이어받다
制作 zhìzuò 제작하다
显示 xiǎnshì 나타내 보이다

UNIT 16　질문 유형별 문제 풀이 전략 2

1. 한푸에 관하여 무엇을 알 수 있는가? 기술52
   A 한푸는 간단한 의복이다
   B 한푸는 한푸 열기라고 한다
   C 왕조마다 같은 스타일이다
   D 선진 시대부터 청말까지 몇천 년의 변화를 거쳤다

2. 두 번째 단락에 의하면, 공주로 분장하는 예는 무엇을 설명하는가? 기술51
   A 전통 문화의 아름다움　　　　　　　B 여자아이들은 모두 아름다운 꿈이 있다
   C 한푸를 제작하는 과정은 복잡하다　　D 한푸에 빠지는 이유 중 하나다

3. 마지막 단락에 의하면, 한푸을 입는 목적은 무엇인가? 기술49
   A 입으면 편해서　　　　　　　　　　B 관광지에 가고 가려고
   C 전통 문화를 계승하려고　　　　　　D 자신의 사회적 지위를 드러내려고

정답 1. D　2. D　3. C

Unit 17 질문 유형별 문제 풀이 전략 3

주로 지문에 대한 종합적인 이해가 필요한 유형이다.

회독

빈출맵	
기술52. '关于(~에 관하여)'로 질문하면 그 뒤의 키워드를 지문에서 찾아 대조하라.	45회
기술53. 주제에 관한 질문은 지문의 처음 또는 마지막 부분에 힌트가 있다.	44회
기술54. 제목을 묻는 질문은 전체 내용을 요약한 명사구나 문장이 정답이다.	21회

기술 52 '关于(~에 관하여)'로 질문하면 그 뒤의 키워드를 지문에서 찾아 대조하라.

父亲有位朋友，是一位知名画家。几乎每次去他家时，总能看到有些青年画家登门求教，他也总是很耐心地给人指点，还热情地向媒体推荐有潜力的青年画家，消耗了大量的时间和精力。我知道他的时间很珍贵，而提携后辈完全是尽义务的，就忍不住问他："伯父，您多画点儿画儿多好，您的时间和精力这么宝贵，何必把时间浪费在这些人的身上呢？"

≒这位画家   D와 일치

문제: 关于这位画家，可以知道什么？
       키워드   문제 16회

A 很年轻
  보기 4회 정답 1회
  언급 X

B 不接受陌生人采访
  보기 1회 보기 1회
  언급 X

C 在学校教人画画
  언급 X

Ⓓ 经常指导青年画家
  보기 1회
  ≒总能看到有些青年画家登门求教

아버지의 친구분은 유명한 화가이다. 거의 매번 그의 집에 갈 때면 항상 청년 화가가 그를 찾아와서 가르침을 청하는 것을 보게 되는데, 그는 늘 인내심을 가지고 그들을 가르쳐 주고 언론사에 잠재력이 있는 청년 화가를 의욕적으로 추천하기도 하면서 많은 시간과 에너지를 소모하였다. 나는 그의 시간이 얼마나 귀한지 알고, 후배를 육성하는 것은 온전히 의무를 다하는 것이어서, 참지 못하고 그에게 여쭤 보았다. "아저씨, 아저씨가 그림을 좀 더 그리면 얼마나 좋아요, 아저씨의 시간과 에너지도 귀한데, 왜 그런 사람들에게 시간을 낭비하세요?"

문제: 이 화가에 관해 무엇을 알 수 있는가?

A 매우 젊다
B 낯선 사람의 인터뷰는 받지 않는다
C 학교에서 그림을 가르친다
D 자주 청년 화가를 지도한다

단어

知名 zhīmíng 저명한
登门求教 dēngmén qiújiào 찾아와 가르침을 구하다
指点 zhǐdiǎn 지시하다
媒体 méitǐ 매체
推荐 tuījiàn 추천하다
潜力 qiánlì 잠재력
消耗 xiāohào 소모하다
精力 jīnglì 정력
珍贵 zhēnguì 귀중하다
提携 tíxié 육성하다
后辈 hòubèi 후배
宝贵 bǎoguì 귀하다
何必 hébì ~할 필요가 있는가
陌生 mòshēng 낯설다
指导 zhǐdǎo 지도하다

PART 3

UNIT 17　질문 유형별 문제 풀이 전략 3

> 기술 53 주제에 관한 질문은 지문의 처음 또는 마지막 부분에 힌트가 있다.

단어

篮筐 lánkuāng (손잡이가 없는) 바구니
去掉 qùdiào 제거하다
的确 díquè 분명히
有识之士 yǒushí zhī shì 유식한 사람
困扰 kùnrǎo 성가시게 하다
思维 sīwéi 사유하다
定式 dìngshì 정해진 양식
结实 jiēshi 튼튼하다
禁锢 jìngù 수감(하다)
囚禁 qiújìn 수감하다
剪刀 jiǎndāo 가위
缠绕 chánrào 휘감다
铁 tiě 쇠, 철
钢 gāng 강철
虚心 xūxīn 겸허하다

　　在篮球运动，把篮筐的底儿去掉，这的确是一个很简单的方法，但那么多有识之士都没有想到，这个简单的"难题"就这样困扰了人们很多年。由此可见，<u>无形的思维定式就像那个结实的篮筐，禁锢着我们的头脑</u>，
　　　　　　　　　　　　　　　　　정답 힌트
而我们的思维也像篮球一样被"囚禁"在了篮筐里。我们都需要一把剪刀，去剪掉那些缠绕我们的"篮筐"，因为生活原本并没有那么复杂。

문제: <u>上文主要想告诉我们什么？</u>
　　　주제 질문

A 铁不锻炼不成钢
　보기 3회 정답 1회

B 要换个角度思考问题
　보기 2회 정답 2회

C 要虚心听取不同的意见
　보기 1회

D 要从小养成孩子的运动习惯

　　농구에서 바구니의 바닥을 없애는 것, 이것은 분명 매우 간단한 방법이었지만, 그렇게 많은 지식인들도 이 간단한 '난제'가 이렇게 여러 해 동안 사람들을 곤혹스럽게 할 줄은 생각하지 못했다. 이로써 <u>무형의 사고 패턴은 바로 그 튼튼한 바구니처럼 우리의 두뇌를 속박하고, 우리의 생각도 농구공처럼 바구니 안에 '갇혀' 있었음을 알 수 있다</u>. 우리는 우리를 휘감는 그 '바구니'를 잘라내 버릴 가위가 필요하다. 왜냐하면 삶은 원래 결코 그렇게 복잡하지는 않기 때문이다.

문제: 이 글이 우리에게 알려주고 싶어 하는 것은?
A 쇠는 단련하지 않으면 강철이 되지 않는다
B 각도를 바꿔 문제를 생각해야 한다
C 다른 의견을 겸허하게 들어야 한다
D 어릴 때부터 아이의 운동 습관을 길러야 한다

단어

拍卖 pāimài 경매(하다)
喊 hǎn 외치다
成交 chéngjiāo 거래가 성립되다
铺位 pùwèi 자리
拍 pāi (경매에서) 두드리다, 치다
逊色 xùnsè 뒤떨어지다
现场 xiànchǎng 현장
激烈 jīliè 격렬하다
竞拍 jìngpāi 경매하다
迟疑 chíyí 주저하다
错失 cuòshī 놓치다
抛 pāo 따돌리다

기술 적용 문제

1-2.
　　拍卖师在拍卖席上大声喊："有没有超过90万的？90万第一次！90万第二次！好，成交！"就这样，最好的铺位被中年人拍走了。第二个铺位稍微逊色些，但起价也是30万。这时，拍卖现场的气氛变得火热起来。拍卖师一说出价格，便有人举手示意40万，有人高喊50万，竞争相当激烈了。最后，它以100万的价格成交。才一个上午，30多个铺位就被拍卖一空。有心人不难发现，整场拍卖会，第一个竞拍者其实是最大的赢家。
　　第一个竞拍者说："拍卖场如战场，稍有迟疑，就会错失良机。所以拍卖师一出价，我就直接把价格抛到了自己的理想价位上，让其他人措手不及。当时我心里也很紧张，怕有人继续抬价，幸好他们都还没做好思想准备，我这才成功拿下了这个铺位。"

HSK를 대하는 자세를 바꾸다
중단기 HSK 5급 기적의 필기노트

1. 关于第二个铺位，下列哪项正确? 문제 51회

　A 竞争不太激烈 보기 3회 보기 1회
　B 地理位置最好
　C 起价比第一个高
　D 最后拍到了100万元 보기 5회 정답 3회

2. 上文主要谈的是: 문제 9회

　A 竞争是把双刃剑
　B 把握机会很重要 보기 1회
　C 目标不要定得太高 보기 5회 정답 1회
　D 判断力来自于经验 보기 6회 정답 3회

措手不及 cuòshǒu bùjí
손쓸 새가 없다
双刃剑 shuāngrènjiàn
양날의 칼
把握 bǎwò 포착하다

　　경매사가 경매석에서 큰 소리로 '90만 위안 이상 있나요? 90만 하나! 90만 둘! 좋아요. 낙찰되었습니다!'라고 외쳤다. 이렇게 가장 좋은 점포는 중년인이 낙찰받았다. 두 번째 점포는 약간 떨어지지만 시작 호가는 역시 30만 위안이었다. 그러자 경매장 분위기는 달아올랐다. 경매사가 가격을 부르면 누군가 바로 손을 들어 40만 위안을 표시하고, 어떤 사람은 큰 소리로 50만 위안을 외치는 등, 경쟁이 상당히 치열했다. 결국 그것은 100만 위안 가격으로 낙찰되었다. 하루 오전 사이에 30여 개의 점포가 모두 팔린 것이
　　　　　　　1번 정답 힌트
다. 유심히 지켜본 사람은 전체 경매에서 첫 매수자가 사실상 가장 큰 승자였음을 쉽게 알 수 있을 것이다.
　　첫 번째 매수자는 '경매장은 전쟁터와 같아서 조금이라도 망설이면 좋은 기회를 놓칩니다. 그 때문에
　　　　　　　　　　　　　　　　2번 정답 힌트
경매사가 가격을 내놓자마자 나는 바로 가격을 내가 이상적이라고 생각한 가격대로 올려 다른 사람들이 손쓸 수 없게 한 거죠. 당시엔 나도 잔뜩 긴장했어요. 누군가 계속 가격을 올릴까 봐서요. 다행이 사람들이 아직 그럴 각오가 안 되어 있어서 성공적으로 이 자리를 낙찰받았죠.'라고 말했다.

1. 두 번째 점포에 관해 다음 중 어느 것이 정확한가? 기출52
　A 경쟁이 별로 격렬하지 않았다
　B 지리 위치가 가장 좋았다
　C 시작가가 첫 번째 것보다 높았다
　D 마지막에 100만 위안에 낙찰되었다

2. 이 글에서 주로 이야기하는 것은: 기출53
　A 경쟁은 양날의 칼이다
　B 기회를 잡는 것이 중요하다
　C 목표를 너무 높게 정하면 안 된다
　D 판단력은 경험에서 나온다

정답 1. D 2. B

UNIT 17 질문 유형별 문제 풀이 전략 3

단어

沮丧 jǔsàng 낙담하다
物理 wùlǐ 물리학
沉思 chénsī 깊이 생각하다
及格 jígé 합격하다
痛快 tòngkuài 통쾌하다
惊喜 jīngxǐ 놀라고도 기쁘다
居然 jūrán 놀랍게도
渐渐 jiànjiàn 점차
突飞猛进 tūfēi měngjìn 비약적으로 발전하다
伟大 wěidà 위대하다

> **꿀팁 54** 제목을 묻는 질문은 전체 내용을 요약한 명사구나 문장이 정답이다.

一个男孩儿成绩很差, 有一次只考了9分。他很沮丧, 向老师说: "老师, 我不适合学物理。老师沉思一会儿, 笑着对他说: "你只要考到10分, 就算你及格了。"他觉得这不难做到, 就痛快地答应了, 结果在接下来的那次考试中他得了38分。<u>为了鼓励他, 老师把他叫到办公室, 给他看同学们</u>
선생님의 행동
两次考试的分数差, 然后问他: "你看, 谁进步最大?"他惊喜地看到, 进步最大的居然是自己。

他一下子就兴奋了起来, 心想自己只要稍微努力一下, 就是全班进步最大的。从那以后, 他再也没怀疑过自己的学习能力。渐渐地, 他喜欢上了物理这门课, 成绩也突飞猛进, <u>最终成了全世界最伟大的物理学家之一。</u>
행동 결과

문제: 下列哪项最适合做上文的标题?
문제 20회

(A) 鼓励的力量
보기 4회 정답 2회

B 教学的困难

C 梦想成真的故事
보기 3회 정답 2회

D 骄傲的物理学家
보기 2회

한 남자아이가 성적이 아주 좋지 않았는데, 한번은 시험에서 9점을 받았다. 그는 매우 실망하여 선생님에게 '선생님, 저는 물리를 배우는 것이 맞지 않아요.'라고 말했다. 선생님은 잠시 깊이 생각하더니, 그를 향해 웃으며 말했다. "네가 10점만 받아도 합격한 걸로 해 주마." 그는 어렵지 않다고 생각하여 통쾌하게 승낙했고, 결국 다음 시험에서 38점을 받았다. <u>그를 격려하기 위해 선생님은 그를 사무실로 불러, 그에게 두 차례 시험에서 학생들의 점수차를 보여줬다.</u> 그런 다음 그에게 물었다. "봐라, 누가 가장 많이 발전했니?" 그는 놀랍게도 발전이 가장 많은 사람이 자신이라는 것을 알게 되었다.

그는 바로 신이 나서, 자기가 조금만 노력하면 학급에서 발전이 가장 클 것이라고 생각하였다. 그 이후부터 그는 더는 자신의 학습 능력을 의심하지 않았다. 점차 물리 수업을 좋아하게 된 그는 성적도 비약적으로 발전하여 결국 <u>세계에서 가장 위대한 물리학자 중 한 사람이 되었다.</u>

문제: 다음 중 어느 것이 이 글의 <u>제목</u>으로 가장 적합한가?

A 격려의 힘

B 교육의 어려움

C 꿈을 이룬 이야기

D 교만한 물리학자

기술 적용 문제

1-4.

　　这个夏天，古装悬疑剧《长安十二时辰》的热播给人们带来了一场视觉盛宴，完美重现了大唐盛世，仿佛带你重回了一次唐朝。《长安十二时辰》改编自马伯庸的同名小说，故事背景就设定在盛唐时期的长安城，讲述了张小敬与李必携手在一天十二个时辰之内破解重重阴谋，拯救长安的故事。

　　这里说的"十二时辰"到底是什么呢？比如，子时又称"夜半"，是今明两天的临界点；丑时又称"鸡鸣"，此时鸡开始鸣叫，人们正在熟睡；寅时又称"黎明"，太阳虽还未出地平线，但遥远的天边早已出现一线生机；卯时又称"日出"，太阳升起，人们开始准备一天的劳作；辰时又称"食时"。这是吃早餐的时候。吃过早餐，身体也会变得神清气爽。就这样，古时候的中国人，将每一天分为十二个时辰，一个时辰刚好是两个小时。

　　12个时辰，24个章节；洋洋洒洒70万字的小说，置人于紧张的一天和惊天阴谋中，无法自拔；评分8.5分的电视剧直指1年度最佳，展现出了盛唐时期长安城中普通百姓的日常生活。这是活动的盛唐版《清明上河图》，让人们得以穿越千年的时空，去领略那个极盛的华夏。

1. 关于《长安十二时辰》，下列哪项正确？　문제 51회

　A 是一本海外小说　　　　　B 是一部科幻电影

　C 故事来自同名小说　　　　D 讲述了时间的重要性
　　보기 5회 정답 2회　　　　　　　　　보기 2회 정답 1회

2. 第二段主要说明了什么？　문제 2회

　A 十二时辰　　　　　　　　B 十二生肖

　C 二十四节气　　　　　　　D 夏期时间

3. 根据最后一段，可以知道什么？　문제 16회

　A 小说的背景是现代
　　보기 1회

　B 小说的评分为70分

　C 电视剧好像是活动的《清明上河图》
　　보기 2회 정답 1회

　D 小说配有清明时期的图画

4. 下列哪项最适合做上文的标题？　문제 20회

　A 长安的四季　　　　　　　B 《清明上河图》

　C 《长安十二时辰》　　　　D 中国的十二时辰

단어

古装 gǔzhuāng 고대의 복장
悬疑剧 xuányíjù 스릴러물
长安 Cháng'ān 장안(시안의 옛 이름)
时辰 shíchen 시진(고대의 시간 단위)
热播 rèbō 절찬리에 방영하다
盛宴 shèngyàn 성대한 연회
完美 wánměi 완전무결하다
唐 Táng 당(왕조명)
盛世 shèngshì 태평성세
仿佛 fǎngfú 마치 ~와 같다
马伯庸 Mǎ Bóyōng 마뿨융(인명)
讲述 jiǎngshù 이야기하다
张小敬 Zhāng Xiǎojìng 장샤오징(인명)
李必 Lǐ Bì 리비(인명)
携手 xiéshǒu 손잡다, 협력하다
破解 pòjiě 해결하다
阴谋 yīnmóu 음모
拯救 zhěngjiù 구하다
遥远 yáoyuǎn 아득히 멀다
生机 shēngjī 생기, 활기
劳作 láozuò 노동하다
神清气爽 shénqīng qìshuǎng 기분이 상쾌하다
章节 zhāngjié 장과 절
洋洋洒洒 yángyáng sǎsǎ 말·글이 유창하게 이어짐
置 zhì 놓다, 두다
自拔 zìbá 스스로 벗어나다
展现 zhǎnxiàn 전개하다
清明上河图 청명상하도(중국 풍속화의 화제)
穿越 chuānyuè 초월하다
领略 lǐnglüè 음미하다
华夏 Huáxià 옛 중국 이름
科幻 kēhuàn 공상과학, SF
生肖 shēngxiào (12지지의) 띠

UNIT 17 질문 유형별 문제 풀이 전략 3

올여름, 사극 스릴러 <장안 12시진>의 방영은 사람들에게 시각적인 축제의 장을 열어 주었다. 이 드라
　　　　　　　4번 정답 힌트
마는 당나라 시대의 태평성세를 완벽하게 재현하여, 당신을 다시 한 번 당 왕조로 데려간 듯한 느낌을 선사한다. <장안 12시진>은 마뤄융의 동명 소설을 각색한 것으로, 이야기는 당나라 전성기의 장안성을
　　　　　　　　　　　　1번 정답 힌트
배경으로 설정하였으며, 주인공 장샤오징과 리비가 서로 손잡고 하루 12시진(24시간) 내에 겹겹이 둘러싼 음모를 파헤치면서 장안성을 구하는 이야기를 그렸다.

여기서 말하는 '12시진'이란 도대체 무엇일까? 예를 들어, 자시(밤 11시~새벽 1시)는 '반야'라고도 하는
　　　　　　　　　　2번 정답 힌트
데, 오늘과 내일을 나누는 경계점이다. 축시(새벽 1시~3시)는 '계명'이라고도 하며, 이때 닭이 울기 시작하고 사람들은 아직 단잠에 빠져 있다. 인시(새벽 3시~5시)는 '여명'이라고도 부른다. 비록 태양이 아직 지평선 위로 떠오르지 않았지만, 멀리 하늘가에 이미 한 줄기의 빛이 나타난다. 묘시(오전 5시~7시)는 '일출'이라고도 부른다. 해가 떠오르고 사람들이 하루의 일과를 준비하기 시작한다. 진시(오전 7시~9시)는 '식시'라고도 한다. 이때는 아침 식사를 하는 시간이다. 아침 식사를 마치면 몸도 개운하고 상쾌해진다. 이렇게 고대 중국인은 매일을 12개의 시진으로 나누었고, 한 시진은 두 시간과 같다.

12개의 시진이 24개의 장절로 거침없이 써 내려간 70만 자의 소설은 사람들을 긴박한 하루와 놀랄 만한 음모 속에 빠져들어 스스로 헤어나올 수 없게 만든다. 이 드라마는 8.5점의 평점으로, 한 해 최고의 드라마임을 나타내며, 당나라 전성기 장안성에 사는 보통 사람의 일상생활을 보여준다. 이 드라마는 당나라 전성기 버전의 움직이는 <청명상하도>로서, 사람들로 하여금 천 년의 시공간을 뛰어넘어 최전성기
　　　　　　　　　　　　　　　3번 정답 힌트
의 옛 중국을 만끽하게 해 준다.

1. <장안 12시진>에 관해, 다음 중 어느 것이 정확한가? 기술52
　A 한 권의 해외 소설이다　　　　　　　B 한 편의 SF 영화다
　C 줄거리가 동명 소설로부터 나왔다　　D 시간의 중요성을 서술했다

2. 두 번째 단락은 주로 무엇을 설명하는가? 기술53
　A 12시진　　　　　　　　　　　　　　B 12개의 띠
　C 24절기　　　　　　　　　　　　　　D 썸머 타임

3. 마지막 단락에 의하면 무엇을 알 수 있는가?
　A 소설의 배경은 현대이다
　B 소설의 평점은 70점이다
　C 드라마가 마치 움직이는 <청명상하도> 같다
　D 소설에 청명 절기의 그림이 수록되어 있다

4. 다음 중 어느 것이 이 글의 제목으로 적합한가? 기술54
　A 장안의 사계절　　　　　　　　　　　B <청명상하도>
　C <장안 12시진>　　　　　　　　　　　D 중국의 12시진

정답　1. C　2. A　3. C　4. C

기적의 필기노트
중단기 HSK 5급

HSK를 대하는 자세를 바꾸다

쓰기
PART 1-2

PART 1 제시어 배열하기

UNIT 18 기본 어순 배열하기

UNIT 19 관형어, 부사어 배열하기

UNIT 20 是자문, 有자문, 比자문 배열하기

UNIT 21 把자문, 피동문, 겸어문 배열하기

UNIT 22 연동문, 존현문 배열하기

UNIT 23 보어 배열하기

PART 2 작문하기

UNIT 24 제시어로 작문하기

UNIT 25 사진 보고 작문하기

Unit 18 기본 어순 배열하기

제시된 단어와 구를 순서에 맞게 배열하여 하나의 완전한 문장을 만드는 문제로, 모든 유형의 문장 배열에 있어서 기본 어순은 핵심 기술이다.

회독 ☐☐☐☐☐

빈출맵
기술55. 중국어의 문장은 '주어-술어-목적어' 순서로 배열하라. 26회
기술56. 동태조사 了, 着, 过는 동사 뒤에 붙여 술어 자리에 배열하라. 22회
기술57. 서술성 목적어를 받는 동사가 있다면 또 다른 동사를 찾아 목적어구를 만들어라. 8회

📌 단어
缺乏 quēfá 결핍되다

企业 qǐyè 기업
面临 miànlín 직면하다
调整 tiáozhěng 조정하다
导致 dǎozhì 초래하다
疲劳 píláo 피로
蜜蜂 mìfēng 꿀벌
象征 xiàngzhēng 상징하다
勤劳 qínláo 근면하다
突出 tūchū 뛰어나다
睡眠 shuìmián 수면, 잠
不足 bùzú 부족하다
危害 wēihài 위해

기술 55 중국어의 문장은 '주어-술어-목적어' 순서로 배열하라.

自信心   这个   缺乏   孩子
                  문제 3회
목적어   술어   주어

→ 这个孩子缺乏自信心。 이 아이는 자신감이 부족하다.
   주어 술어 목적어

---

1 주어

문장에서 행위나 상태의 주체가 되는 성분이다. 대사, 명사, 구 등이 주어 자리에 올 수 있다.

① 这是送给你的礼物。 이것은 당신께 드리는 선물입니다.
   대사

② 企业面临着新的调整。 기업은 새로운 조정을 직면하고 있다.
   명사 문제 2회

③ 使用电脑时间过长易导致眼睛疲劳。 컴퓨터 사용 시간이 지나치게 길면 쉽게 눈의 피로를 초래한다.
   문제 1회 술어구

＊ 명령문, 겸어문에서는 주어를 생략할 수 있다.

2 술어

반드시 필요한 핵심 성분으로 주어의 행위, 상태, 성질, 판단 등을 나타낸다. 동사, 형용사, 주술구 등이 술어 역할을 한다.

① 蜜蜂象征着勤劳。 꿀벌은 근면함을 상징한다.
   동사 문제 1회

② 她的工作表现非常突出。 그녀의 업무 성과는 매우 뛰어나다.
                형용사 문제 1회

③ 睡眠不足危害很大。 수면 부족은 위험성이 크다.
   문제 1회 주술구

3 목적어

목적어는 행위의 대상이 되는 성분으로, 장소, 행위 대상, 도구, 결과 등을 나타낸다. 명사, 대사, '명사+방위사' 등이 목적어 역할을 한다.

① 世界上没有绝对完美的<u>作品</u>。 세상에 절대적으로 완벽한 작품은 없다.
명사 문제 1회

② 抽屉的钥匙在<u>抽屉里</u>。 서랍의 열쇠는 서랍 안에 있다.
명사+방위사 문제 4회

단어
绝对 juéduì 절대적이다
完美 wánměi 완전무결하다
抽屉 chōutì 서랍

기술 적용 문제

行业   金融   从事   我们
문제 2회   　 문제 1회

_____

업종   금융   종사하다   우리

정답 및 해석
我们从事金融行业。 우리는 금융업에 종사한다.
주어 술어   목적어

단어
行业 hángyè 업계
金融 jīnróng 금융
从事 cóngshì 종사하다

길 56 동태조사 了, 着, 过는 동사 뒤에 붙여 술어 자리에 배열하라.

上涨   猪肉的   又   了   价格
문제 2회   　 　 　 문제 2회
동사 술어   　 　 동태조사

→ 猪肉的价格又上涨了。 돼지고기의 가격이 또 올랐다.
　　　　　　　술어+了

동태 조사: 술어 뒤에서 완료, 진행, 경험을 나타낸다.

1 완료를 나타내는 了
这项计划获得了批准。 이 계획은 승인을 받았다.
술어+了 문제 1회

2 진행을 나타내는 着
门上挂着闲人止步的牌子。 문에 관계자 외 출입 금지 팻말이 걸려 있다.
술어+着 문제 1회

단어
上涨 shàngzhǎng (물가가) 오르다
猪肉 zhūròu 돼지고기

项 xiàng 항목
批准 pīzhǔn 승인하다
闲人 xiánrén 볼일이 없는 사람
止步 zhǐbù 통행을 금지하다
课程 kèchéng 교육 과정

UNIT 18 기본 어순 배열하기

3 경험을 나타내는 过

你本科学过哪些课程? 당신은 학부에서 어떤 커리큘럼을 배운 적이 있나요?

술어+过 문제 2회

단어
接触 jiēchù 접촉하다
从未 cóngwèi 지금까지 ~하지 않다
领域 lǐngyù 영역

tip!
从未(=从来没有)+동사+过: 지금까지 ~한 적이 없다

기술 적용 문제

接触 从未 经济这个领域 他 过
문제 1회

_____

접하다 지금까지 ~하지 않다 경제라는 이 영역 그 ~한 적 있다

정답 및 해석
他从未接触过经济这个领域。 그는 지금까지 경제라는 이 영역을 접한 적이 없다.
술어+过

길57 서술성 목적어를 받는 동사가 있다면 또 다른 동사를 찾아 목적어구를 만들어라.

단어
参考 cānkǎo 참고하다
方案 fāng'àn 방안
提 tí 제기하다

参考   值得我们   方案   她提的
문제 2회   문제 2회   문제 3회
동사   서술성 목적어를 받는 동사

→ 她提的方案值得我们参考。 그녀가 낸 방안은 우리가 참고할 만한 가치가 있다.
술어 목적어구(주어+동사 술어)

서술성 목적어를 받는 동사 반드시 암기!★

일부 동사는 명사나 대사가 아니라 동사, 형용사나 동사가 있는 구를 목적어로 받을 수 있다. 2개의 술어가 보이면 둘 중 하나가 서술성 목적어를 받는 동사인지 확인한다.

值得 zhíde ~할 만한 가치가 있다 문제 2회	陌生人有时比你熟悉的人更值得信任。 낯선 사람이 때로는 아는 사람보다 더 믿을 만하다.
开始 kāishǐ ~하기 시작하다 문제 1회	青少年时期, 人们开始学着认识自己。 청소년 시기에 사람들은 자신을 알아가는 법을 배우기 시작한다.
希望 xīwàng ~을 희망하다 문제 1회	年轻人都希望保持理想的身材。 젊은 사람은 모두 이상적인 몸매를 유지하길 희망한다.
决定 juédìng ~하기로 결정하다	他决定接受媒体的采访。 그는 미디어의 인터뷰를 받기로 결정했다.
显得 xiǎnde ~처럼 보이다 문제 1회	舅舅的表情显得有些无奈。 외삼촌의 표정이 다소 어쩔 수 없는 듯이 보였다.

중단기 HSK 5급 기적의 필기노트

善于 shànyú ~을 잘하다 문제 1회	要**善于**利用自身优势。 자신의 강점을 잘 이용해야 한다.
承认 chéngrèn ~을 인정하다 문제 1회	他**承认**自己有错误。 그는 자기가 잘못이 있다는 것을 인정했다.

기술 적용 문제

成绩差距   两个班的   逐渐缩小   开始
문제 1회   문제 1회   문제 1회

_____

성적 격차   두 반의   점차 축소되다   시작하다

정답 및 해석

两个班的成绩差距**开始逐渐缩小**。 두 반의 성적 격차는 점차 축소되기 시작했다.
　　　　　　　　　술어 목적어구

단어

差距 chājù 격차
逐渐 zhújiàn 점차
缩小 suōxiǎo 축소하다

Unit 19 관형어, 부사어 배열하기

빈출맵	기술58. '수사/지시대사+양사'는 명사 앞 관형어 자리에 배열하라.	19회
	기술59. 구조조사 '的(~의/~한)'는 관형어 뒤, 주어/목적어 앞에 배열하라.	28회
	기술60. 구조조사 '地(~하게)'가 붙은 부사어는 술어 앞에 배열하라.	6회
	기술61. 전치사는 '전치사+명사/대사'구를 만들어 술어 앞 부사어 자리에 배열하라.	31회
	기술62. 정도부사 很, 相当 등은 수식할 형용사 앞에 붙여 관형어나 부사어를 만들어라.	14회

기술 58 '수사/지시대사+양사'는 명사 앞 관형어 자리에 배열하라.

단어
友谊赛 yǒuyìsài 친선 경기

举行了　一场　他们　友谊赛
　　　　수사+양사　　　　명사

→ 他们举行了一场友谊赛。 그들은 (한 차례) 친선 경기를 펼쳤다.
　　　　　　관형어　명사 목적어

자주 출제되는 양사

개체양사	朵 duǒ 송이	顶 dǐng 개(모자 등)	册 cè 책
	壶 hú 주전자	幅 fú 폭 〈문제 2회〉	颗 kē 알
집합양사	圈 quān 범위	批 pī 무리 〈문제 2회〉	套 tào 세트 〈문제 1회〉
	派 pài 파(유파)	堆 duī 더미	顿 dùn 끼니
도량사	公里 gōnglǐ 킬로미터	平方 píngfāng 제곱	厘米 límǐ 센티미터
	吨 dūn 톤 〈문제 1회〉	升 shēng 리터	克 kè 그램

단어
面积 miànjī 면적
计算 jìsuàn 계산하다
方形 fāngxíng 사각형
消费 xiāofèi 소비(하다)
限制 xiànzhì 제한(하다)

기술 적용 문제

1. 面积　会计算这个　谁　方形　的
   〈문제 1회〉　〈문제 1회〉

   _____

2. 有最低　吗　那家　消费限制　店

   _____

HSK를 대하는 자세를 바꾸다
중단기 HSK 5급 기적의 필기노트

---

1. 면적   이것을 계산할 줄 알다   누가   사각형   ~의
2. 최저가 있다   ~인가?   그 집   소비 제한   가게

정답 및 해석
1. 谁会计算这个方形的面积? 누가 이 사각형의 면적을 계산할 줄 알아요?
    　　　　관형어　　명사 목적어
2. 那家店有最低消费限制吗? 그 가게는 최저 소비 제한이 있는가?
   관형어 ─명사 주어

길술 59 구조조사 '的(~의/~한)'는 관형어 뒤, 주어/목적어 앞에 배열하라.

的进步   明显   女儿这学期   很
문제 1회 문제 1회
的+명사   관형어

→ 女儿这学期的进步很明显。 딸애의 이번 학기 발전이 매우 뚜렷하다.
　관형어　的+명사 주어

관형어:
명사나 명사구를 수식하는 성분으로, 문장에서 주어나 목적어 앞에 위치한다.
① 双方交换了彼此的看法。 양측은 서로의 견해를 교환했다.
　　　　　　관형어　명사 목적어
② 谈判的成功给我们很大的鼓舞。 담판의 성공이 우리에게 큰 용기를 북돋았다.
　관형어 문제1회─명사 주어

단어
进步 jìnbù 진보(하다)
明显 míngxiǎn 뚜렷하다

交换 jiāohuàn 교환하다
彼此 bǐcǐ 서로
谈判 tánpàn 담판
鼓舞 gǔwǔ 북돋우다, 격려하다

기술 적용 문제

1. 老是   占线   电话   李师傅的
　　　　문제1회 문제1회

_____

2. 给我   上海的   留下了   印象   深刻的   南京路
　　　　　　　　　　문제1회 문제1회   문제1회

_____

단어
老是 lǎoshi 늘, 언제나
占线 zhànxiàn 통화 중이다
深刻 shēnkè (인상이) 깊다
南京路 Nánjīng Lù 난징루 (도로명)

UNIT 19 관형어, 부사어 배열하기

UNIT 19 관형어, 부사어 배열하기

> 1. 늘   통화 중이다   전화   이 기사님의
> 2. 나에게   상하이의   남겼다   인상   깊은   난징루
>
> **정답 및 해석**
> 1. 李师傅的电话老是占线。 이 기사님의 전화는 늘 통화 중이다.
>   관형어+的+주어
> 2. 上海的南京路给我留下了深刻的印象。 상하이의 난징루는 나에게 깊은 인상을 남겼다.
>   관형어+的+주어   관형어+的+목적어

질 60 구조조사 '地(~하게)'가 붙은 부사어는 술어 앞에 배열하라.

缓缓地   列车   站台   驶入了
부사어+地   술어

→ 列车缓缓地驶入了站台。 열차는 느릿느릿 플랫폼으로 들어왔다.
　　부사어+地 술어

부사어:
동사나 형용사 술어 앞에 위치하여, 시간, 장소, 방식, 정도, 범위, 부정 등을 나타낸다.

① 부사

不要轻易放弃机会。 기회를 쉽게 포기하지 마라.
　　부사 문제 1회

幸亏你及时发现了报告书里的错误。 운 좋게 당신이 제때 보고서의 오류를 발견했다.
부사 문제 1회

＊일부 부사는 주어 앞에서 문장 전체를 수식한다.

② 조동사

好奇心能够促使人类不断进步。 호기심은 인류가 끊임없이 발전하게 촉진시킬 수 있다.
　　조동사 문제 1회

③ 전치사구

记者应该跟各种各样的人打交道。 기자는 다양한 사람과 교류해야 한다.
　　　　전치사구

단어

缓缓 huǎnhuǎn 느릿느릿하다
列车 lièchē 열차
站台 zhàntái 플랫폼
驶入 shǐrù (열차·선박 등이) 들어오다

轻易 qīngyì 쉽게
幸亏 xìngkuī 운 좋게
报告书 bàogàoshū 보고서
好奇心 hàoqíxīn 호기심
促使 cùshǐ ~하게 하다
人类 rénlèi 인류
不断 búduàn 끊임없이
进步 jìnbù 진보하다
各种各样 gèzhǒng gèyàng 각종, 온갖
打交道 dǎ jiāodao 교제하다

중단기 HSK 5급 기적의 필기노트

기술 적용 문제

1. 本店   八折   一律   商品
   문제 1회   문제 1회

2. 评价   人要   自己   客观地
   문제 1회   문제 1회

1. 본 가게   20% 할인   일률적으로   상품
2. 평가하다   사람은 ~해야 한다   자신   객관적으로

정답 및 해석

1. 本店商品<u>一律</u>八折。 본 가게의 상품은 일률적으로 20% 할인이다.
   　　　부사어 술어

2. 人要<u>客观地</u>评价自己。 사람은 객관적으로 자신을 평가해야 한다.
   　　부사어+地 술어

단어
一律 yílǜ 일률적이다
评价 píngjià 평가하다
客观 kèguān 객관적이다

기술 61 전치사는 '전치사+명사/대사'구를 만들어 술어 앞 부사어 자리에 배열하라.

提高   如何在   短期内   写作水平
술어   전치사

→ 如何<u>在短期内</u>提高写作水平？ 어떻게 짧은 기간 내에 작문 실력을 향상시킬까?
　　　전치사+명사구   술어

단어
如何 rúhé 어떻게
写作 xiězuò 글을 짓다

전치사구를 만드는 빈출 고정격식

对 duì + 대상 ~에 대해, ~에게 문제 6회	对~进行改造 ~에 대해 개조를 진행하다 对~表示感谢 ~에게 감사를 표하다
由 yóu + 주체 ~가, ~에 의해 문제 1회	由~赔偿 ~가 변상하다 由~安排 ~가 정하다
为 wèi + 목적 ~을 위해, ~ 때문에 문제 1회	为~设计 ~을 위해 디자인하다 为~发愁 ~ 때문에 고민하다
从 cóng + 장소/시간 ~부터, ~에서 문제 1회	从~辞职 ~으로부터 사직하다 从~的角度 ~한 각도에서

UNIT 19 관형어, 부사어 배열하기

단어
发愁 fāchóu 근심하다
论文 lùnwén 논문
发表 fābiǎo 발표하다
分析 fēnxī 분석하다
角度 jiǎodù 각도

기술 적용 문제

1. 她   发愁   在为   事情   论文发表的

   _____

2. 从   我们   要学会   分析   问题   不同的角度
                      문제 2회   문제 1회

   _____

1. 그녀 걱정하다 ~때문에 ~하고 있다 일 논문 발표의
2. ~에서 우리 배워야 한다 분석하다 문제 다른 각도

정답 및 해설

1. 她在为论文发表的事情发愁。 그녀는 논문 발표의 일 때문에 걱정하고 있다.
         전치사구 부사어 술어

2. 我们要学会从不同的角度分析问题。 우리는 다른 각도에서 문제를 분석하는 것을 배
              전치사구 부사어 술어   워야 한다.

기술 62 정도부사 很, 相当 등은 수식할 형용사 앞에 붙여 관형어나 부사어를 만들어라.

단어
表现 biǎoxiàn 태도, 표현
相当 xiāngdāng 상당히

老王今天的   **不错**   表现   **相当**
            문제 1회   문제 1회
            형용사   정도부사

→ 老王今天的表现相当不错。 라오왕은 오늘 태도가 상당히 좋다.
              부사어└형용사 술어

단어
射击 shèjī 사격하다
技术 jìshù 기술
熟练 shúliàn 능숙하다
意义 yìyì 의미
包含 bāohán 포함하다
特殊 tèshū 특별하다

기술 적용 문제

1. **非常**   射击技术   她的   熟练
   문제 4회

   _____

2. **意义**   这些数字   包含   **特殊的**   很
   문제 1회   문제 1회

   _____

1. 대단히   사격 기술   그녀의   능숙하다
2. 의미   이 숫자들   포함하다   특별한   매우

[정답 및 해석]

1. 她的射击技术非常熟练。 그녀의 사격 기술은 대단히 숙련되었다.
   　　　　　　 부사어 술어
2. 这些数字包含很特殊的意义。 이 숫자들은 매우 특별한 의미를 담고 있다.
   　　　　관형어(정도부사+형용사) 목적어

Unit 20  是자문, 有자문, 比자문 배열하기

회독

빈출맵		
	기술63. 是가 술어이면 주어와 목적어부터 판단하라.	12회
	기술64. '是~的' 구문일 경우, 是와 的 사이에 들어갈 술어를 먼저 찾아라.	1회
	기술65. 有가 술어이면 제시어 중 주어와 목적어를 판단하라.	4회
	기술66. 전치사 比가 있으면 주어와 술어를 먼저 찾고 比 전치사구를 만들어라.	1회

단어
名著 míngzhù 명작

奇迹 qíjì 기적
经营 jīngyíng 경영(하다)
门 mén 학문, 기술을 세는 양사

기술 63 是가 술어이면 주어와 목적어부터 판단하라.

中国　　之一　　这本书　　四大名著　　是
목적어　　　　　주어　　　　　　　　　　술어 (문제 8회)

→ 这本书是中国四大名著之一。 이 책은 중국의 4대 명작 중 하나이다.
주어　술어　　　　　　목적어

[1] 是자문
　주어+是+목적어: ~는 ~이다

[2] 주어와 목적어의 관계
　① 주어가 목적어의 범위에 포함, 소속됨.
　　长城是世界七大奇迹之一。 만리장성은 세계 7대 불가사의 중 하나이다.
　　주어 문제1회　　목적어(소속 범위)

　② 목적어가 주어의 성질, 특성을 나타냄.
　　经营是一门艺术。 경영은 하나의 예술이다.
　　주어 문제2회　목적어(성질)

단어
因素 yīnsù 요소
导致 dǎozhì 초래하다
肥胖 féipàng 뚱뚱하다, 비만
善于 shànyú ~을 잘하다
交际 jiāojì 교제(하다)

기술 적용 문제

1. 因素　　是什么　　的主要　　导致　　肥胖
　　　　　　문제1회　　문제2회

_____

2. 他　　一个　　的人　　是　　不善于交际
　　　　　　　　　　　　　　　　문제1회

_____

HSK를 대하는 자세를 바꾸다
중단기 HSK 5급 기적의 필기노트

> 1. 요소   무엇인가   ~의 주요   초래하다   비만
> 2. 그   한 명   ~한 사람   ~이다   교제에 서툰
>
> **정답 및 해설**
> 1. 导致肥胖的主要因素是什么? 비만을 초래하는 주요 원인은 무엇인가?
>   주어 술어 목적어
> 2. 他是一个不善于交际的人。 그는 (한 명의) 교제에 서툰 사람이다.
>   주어 술어   목적어

꿀팁 64 '是~的' 구문일 경우, 是와 的 사이에 들어갈 술어를 먼저 찾아라.

椅子   这把   设计   是专为   老年人   的
                문제 1회
                술어

→ 这把椅子是专为老年人设计的。 이 의자는 오직 노인을 위해 설계된 것이다.

단어
把 bǎ 개, 자루(손잡이가 있는 물건을 세는 양사)
设计 shèjì 설계하다

未来 wèilái 미래

1 '是~的' 구문
이미 발생한 행위의 시간, 장소, 방식 등을 강조하는 구문으로, '강조할 내용+술어'를 是와 的 사이에 배열한다.

주어+是+'강조할 내용+술어'+的★ : ~는 ~한 것이다

① 시간, 장소, 방식을 강조
  这件礼物是在北京买的。 이 선물은 베이징에서 산 것이다.
         강조 내용(장소) 술어

  他们是骑车来的。 그들은 자전거를 타고 왔다.
     강조 내용(방식) 술어

② 행위자, 행위 대상을 강조
  未来是由自己决定的。 미래는 스스로 결정하는 것이다.
     강조 내용(행위자) 술어

2 수식어의 위치와 어순 특징
① 부사 不, 都, 一定은 是 앞에 배열한다.
  我不是坐飞机去的。 나는 비행기를 타고 간 것이 아니다.

② 강조 내용의 술어에 목적어가 있을 경우 的 앞에 배열한다.
  我是在路上遇到她的。 나는 길에서 그녀를 우연히 만난 것이다.
         술어 목적어

UNIT 20 是자문, 有자문, 비자문 배열하기 111

UNIT 20 | 是자문, 有자문, 比자문 배열하기

단어
无法 wúfǎ ~할 방법이 없다
客观规律 kèguān guīlǜ 객관적 법칙

기술 적용 문제

1. 成绩的   无法取得   我是   这样的

   _____

2. 发展的   客观规律   历史   按照   是

   _____

1. 성적인 것   취득할 방법이 없다   나는 ~이다   이런
2. 발전한 것   객관적 법칙   역사   ~에 따라서   ~이다

정답 및 해석
1. 我是无法取得这样的成绩的。 나는 이런 성적을 받을 방법이 없다.
                    술어
2. 历史是按照客观规律发展的。 역사는 객관적인 법칙에 따라 발전한 것이다.
                    술어

단어
实验 shíyàn 실험
步骤 bùzhòu 절차

手术 shǒushù 수술(하다)
把握 bǎwò 자신, 성공 가능성
阳台 yángtái 발코니
蝴蝶 húdié 나비
马路 mǎlù 대로, 큰길
宽 kuān 너비, 폭

기술 65 有가 술어이면 제시어 중 주어와 목적어를 판단하라.

这个   实验有   步骤   三个
        주어+술어 목적어

→ 这个实验有三个步骤。 이 실험은 세 가지 절차가 있다.
    주어 술어   목적어

1 有자문의 기본 어순
   주어+有+목적어 : ~(에)는 ~가 있다, ~는 ~를 가지고 있다 ★

2 주어와 목적어의 관계
   ① 주어가 목적어를 소유함.
      那位大夫对今天的手术很有把握。 그 의사 선생님은 오늘 수술에 대해 매우 자신이 있다.
      주어   문제 19회 목적어(소유 내용)

   ② 주어(시간/장소)에 목적어가 존재함.
      阳台上有一只美丽的蝴蝶。 발코니에 아름다운 나비 한 마리가 있다.
      주어(장소)   목적어(존재 내용)

   ③ 목적어가 주어의 수량(기간, 도량)임을 나타냄.
      这条马路大概有五米宽。 이 길은 대략 5미터 정도의 너비가 있다.
      주어   목적어(측량 정도)

3 비교를 나타내는 有자문

주어+有+목적어(비교 대상)+这么/那么+형용사 : '주어'는 '목적어'만큼 (이렇게/그렇게) ~하다

这棵树<u>有</u>三层楼(那么)高。 이 나무는 3층 건물만큼 (그렇게) 높다.
　주어　　　비교 대상　형용사

기술 적용 문제

属于　　每个人　　舞台　　都有　　自己的
문제 1회　　　　　　　　　　문제 1회

＿＿＿＿＿＿＿＿＿＿＿＿＿＿＿＿＿＿＿＿＿

속하다　사람마다　무대　모두 있다　자신의

정답 및 해설

每个人都有属于自己的舞台。 사람마다 모두 자신에게 속하는 무대가 있다.
　주어　　술어　　　목적어

단어
属于 shǔyú ~에 속하다
舞台 wǔtái 무대

길66 전치사 比가 있으면 주어와 술어를 먼저 찾고 比 전치사구를 만들어라.

她们俩的关系　　密切了　　比　　以前　　更
　　주어　　　　　술어　　전치사　　문제 1회

→ 她们俩的关系<u>比以前</u>更<u>密切了</u>。 그녀 둘의 관계가 이전보다 더 밀접해졌다.
　　주어　　　比 전치사구　　술어

1 비교문의 어순

'比(~보다)'는 전치사로, '比+비교 대상' 형태의 전치사구로 만들어 술어 앞에 배열한다.

주어+'比+비교 대상'+술어 : '주어'는 '비교 대상'보다 ~하다

他的性格<u>比</u>我活泼。 그의 성격은 나보다 활발하다.
　　　　比+비교 대상　술어

2 수식어의 위치

① 비교 부사(更, 还, 稍微)는 술어 앞에 배열한다.

北方的气候<u>比</u>南方<u>更</u>干燥。 북쪽 기후는 남쪽보다 더 건조하다.
　　　　　　　　비교 부사　술어

단어
密切 mìqiè 밀접하다
干燥 gānzào 건조하다
涨 zhǎng 오르다

UNIT 20 是자문, 有자문, 比자문 배열하기

② 비교를 나타내는 차량보어는 술어 뒤에 배열한다.

今年的房价<u>比</u>去年<u>涨了一倍</u>。 올해의 주택 가격은 작년보다 배로 올랐다.
　　　　　　　　술어　차량보어

단어
微笑 wēixiào 미소
温暖 wēnnuǎn 따뜻하다

tip!
비교문에서 都 등의 부사는 술어 앞에 배열해요!

기술 적용 문제

什么鼓励的话　　一个微笑　　比　　都　　温暖
　　　　　　　　　　　　　　문제 1회　　문제 1회

_____

어떤 격려의 말　　하나의 미소　　~보다　　다　　따뜻하다

정답 및 해석
一个微笑比什么鼓励的话都温暖。 하나의 미소는 어떤 격려의 말보다도 따뜻하다.
　주어　比 전치사구　　술어

Unit 21 把자문, 피동문, 겸어문 배열하기

빈출맵
- 기술67. 전치사 把나 将이 있으면 전치사구를 만들어 술어 앞에 배열하라. 11회
- 기술68. 전치사 被가 있으면 주어와 술어를 먼저 찾아 주어를 被 앞에 배열하라. 10회
- 기술69. 把자문과 피동문에서 부사와 조동사는 把나 被 앞에 배열하라. 1회
- 기술70. 동사 使, 让, 令이 있으면 그 뒤에서 목적어와 주어 역할을 겸할 수 있는 어휘를 찾아라. 9회
- 기술71. 제시어에 请, 让이 있고 주어가 없다면 주어 없이 명령문을 만들어라. 8회

기술 67 전치사 把나 将이 있으면 전치사구를 만들어 술어 앞에 배열하라.

保存好了　他　把　文件　桌面上的
　술어　　　　　전치사　　　　　(문제 14회)

→ 他把桌面上的文件保存好了。　그는 바탕화면의 문서를 잘 저장했다.
　　把 전치사구　술어

1 把자문의 어순

'把(~을)'는 전치사로, '把+행위 대상' 형태의 전치사구로 만들어 술어 앞에 배열한다.

주어+(부사어+)'把+행위 대상'+술어+기타 성분 ★ : '주어'는 '행위 대상'을 ~하다

她把文件夹里的资料删除了。　그녀는 폴더 안의 자료를 삭제했다.
　把+행위 대상　　술어　기타 성분

2 把자문의 특징

① 행위 대상은 특정할 수 있는 것이어야 한다.

我把那篇论文看了很多次。　나는 그 논문을 여러 번 보았다.
我把一篇论文看了很多次。(✕)

② 행위 대상은 관형어의 수식을 받을 수 있다.

老师把昨天学过的内容重新讲了一遍。　선생님은 어제 배운 내용을 다시 한 번 설명했다.
　　　관형어　　행위 대상

③ 술어 뒤에 보어나 동태조사 등의 기타 성분은 반드시 있어야 한다.

我刚把你的玩具放在抽屉里。　내가 방금 너의 장난감을 서랍 속에 넣었어.
　　　　　　　　술어 결과보어

外面的音乐把我吵得睡不好。　바깥의 음악은 시끄러워서 내가 잠을 잘 자지 못하게 한다.
　　　　　　　술어 정도보어

단어
- 保存 bǎocún 보존하다
- 文件 wénjiàn 문서
- 桌面 zhuōmiàn 바탕화면
- 文件夹 wénjiànjiā 폴더
- 资料 zīliào 자료
- 删除 shānchú 삭제하다
- 论文 lùnwén 논문
- 玩具 wánjù 장난감
- 吵 chǎo 시끄럽다

tip!
把자문에서 전치사 把 대신 将을 써도 같은 뜻이에요.

UNIT 21 把자문, 피동문, 겸어문 배열하기

📒 단어
财产 cáichǎn 재산, 자산
捐 juān 기부하다

📕 tip!
把자문에서 都, 全(部) 등의 부사어는 범위에 따라 술어 앞에 위치하기도 해요.

예) 他们把蛋糕都吃光了。
그들은 케이크를 모두 먹어 버렸다.

📒 단어
麦克风 màikèfēng 마이크
摔 shuāi 떨어지다, 넘어지다

文件 wénjiàn 문서
工程师 gōngchéngshī 엔지니어
删 shān 삭제하다
日程 rìchéng 일정
整齐 zhěngqí 깔끔하다

📕 tip!
被 대신 전치사 让, 叫, 给도 피동문에 사용할 수 있어요.

기술 적용 문제

自己的财产   全部捐给   社会   爷爷将
_____

자기의 재산   모두 ~에게 기부하다   사회   할아버지는 ~을

정답 및 해석
爷爷将自己的财产全部捐给社会。 할아버지는 자기의 재산을 모두 사회에 기부하셨다.
　　将 전치사구　술어

길 68 전치사 被가 있으면 주어와 술어를 먼저 찾아 주어를 被 앞에 배열하라.

麦克风   了   摔坏   被   我
주어(행위 대상)　술어　　전치사

→ 麦克风被我摔坏了。 마이크는 내가 떨어뜨려 고장 났다.
　주어─被 전치사구─술어

---

1 **피동문의 어순**

전치사 被를 사용하여 주어가 행위를 당한 대상이 되게 만든다. '被+행위 주체' 형태의 전치사구는 술어 앞에 배열한다.

주어+(부사어+)'被+행위 주체'+술어+기타 성분 ★ : '주어'는 '행위 주체'에 의해 ~되다/당하다

文件被马工程师删掉了。 서류는 마 기사에 의해 삭제되었다.
　　被+행위 주체 술어─기타 성분

2 **피동문의 특징**

① 被 뒤의 행위 주체는 생략될 수도 있다.

日程被安排好了。 일정이 다 배정되었다.
　　被+(행위자 생략+)술어

② 让, 叫 뒤의 행위 주체는 생략하지 않는다.

那本小说让人借走了。 그 소설책은 누군가가 빌려갔다.
　　让─행위자─술어

③ 술어 뒤에 기타 성분은 반드시 있어야 한다.

我的房间被收拾得很整齐。 내 방이 아주 깔끔하게 정돈되었다.
　　　　被 술어　기타 성분(정도보어)

HSK를 대하는 자세를 바꾸다
중단기 HSK 5급 기적의 필기노트

기술 적용 문제

1. 纸被政府　　了　　贴的　　拆掉　　墙上

   _____

2. 他　　录取了　　名牌大学　　那所　　被
        문제2회   문제1회

   _____

1. 종이는 정부에 의해　~했다　붙은　떼어내다　벽에
2. 그　합격했다　명문 대학　그곳　~에 의해

정답 및 해석

1. 墙上贴的纸被政府拆掉了。 벽에 붙은 종이는 정부에 의해 떼어내졌다.
   　　주어　　被 전치사구└술어

2. 他被那所名牌大学录取了。 그는 그 명문 대학에 합격했다.
   　주어　被 전치사구　술어

단어
- 纸 zhǐ 종이
- 政府 zhèngfǔ 정부
- 贴 tiē 붙이다
- 拆 chāi 떼다, 해체하다
- 墙 qiáng 벽
- 录取 lùqǔ 합격하다
- 名牌 míngpái 명품
- 所 suǒ 곳(장소를 세는 양사)

기술 69 把자문과 피동문에서 부사와 조동사는 把나 被 앞에 배열하라.

预订　4号桌　别人　被　已经　了
　　　　　　　　문제11회 문제3회
　　　　　　　　　　　시간 부사

→ 4号桌已经被别人预订了。 4번 테이블은 이미 다른 사람에 의해 예약되었다.

把자문과 피동문의 부사어 위치

1 부사(부정 부사, 시간 부사 등)는 把나 被 앞에 위치한다.
   ① 我已经把那个程序安装好了。 나는 이미 그 프로그램을 설치하였다.
      　시간 부사
   ② 她的资料没被人拿走。 그녀의 자료는 누가 가져가지 않았다.
      　　　　부정 부사

2 조동사는 把나 被 앞에 위치한다.
   ① 你能把剪刀递给我吗? 당신은 가위를 건네줄 수 있나요?
   ② 这件事不会被他看透的。 이 일은 그에게 들킬 리 없다.

단어
- 预订 yùdìng 예약하다
- 程序 chéngxù 프로그램
- 安装 ānzhuāng 설치하다
- 资料 zīliào 자료
- 剪刀 jiǎndāo 가위
- 递给 dìgěi 건네다
- 看透 kàntòu 간파하다

UNIT 21 把자문, 피동문, 겸어문 배열하기

단어
日程 rìchéng 일정
取消 qǔxiāo 취소하다
临时 línshí 임시, 잠시
开幕式 kāimùshì 개막식

기술 적용 문제

1. 她   安排好了   下周的日程   把   早就
   _{문제 1회}   _{문제 1회}   _{문제 12회}

   _____

2. 取消   电影节的   临时被   开幕式   了
   _{문제 2회}   _{문제 1회}

   _____

1. 그녀   다 정했다   다음 주의 일정   ~을   일찍이
2. 취소하다   영화제의   임시로 ~되다   개막식   ~했다

정답 및 해석

1. 她<u>早就</u><u>把</u>下周的日程安排好了。 그녀는 일찍이 다음 주 일정을 다 정해 놓았다.
2. 电影节的开幕式<u>临时</u><u>被</u>取消了。 영화제 개막식은 임시로 취소되었다.

꿀 70 동사 使, 让, 令이 있으면 그 뒤에서 목적어와 주어 역할을 겸할 수 있는 어휘를 찾아라.

단어
好奇 hàoqí 호기심이 많다
舅舅 jiùjiu 외삼촌

勇气 yǒngqì 용기
令 lìng ~하게 하다
佩服 pèifú 탄복하다

她的话   感到好奇   舅舅   使
                          _{문제 1회}
                     목적어 겸 주어 사역동사

→ 她的话 使 舅舅 感到好奇。 그녀의 말은 외삼촌이 호기심을 느끼게 만들었다.
  주어 술어 목적어 겸 주어

---

1 겸어문의 어순

使, 让, 令 등 사역동사를 비롯한 일부 동사는 뒤에 나오는 목적어가 두 번째 술어의 주어 역할을 하는 문장을 만든다.

<u>주어+부사어+사역동사(술어1)+목적어 겸 주어+술어2</u>★ : '주어'는 '목적어'를 ~하게 하다

他的勇气太令人佩服。 그의 용기는 사람들을 매우 탄복하게 했다.
        사역동사 목적어 겸 주어

HSK를 대하는 자세를 바꾸다
중단기 HSK 5급 기적의 필기노트

2 겸어문을 만드는 빈출 동사

让 ràng ~하도록 시키다 문제 3회	请 qǐng ~하기를 청하다 문제 7회	使 shǐ ~하게 시키다 문제 3회
令 lìng ~하게 하다 문제 1회	派 pài ~하게 파견하다	选 xuǎn ~로 선발하다
要求 yāoqiú ~하도록 요구하다	通知 tōngzhī ~할 것을 통지하다	提醒 tíxǐng ~하기를 일깨우다
批评 pīpíng ~하라고 비판하다	促使 cùshǐ ~하게 재촉하다 문제 1회	表扬 biǎoyáng ~한 것을 칭찬하다

(예) 这位房东要求保险公司赔偿所有的损失。 이 집주인은 보험 회사가 모든 손실을 배
     사역동사   목적어 겸 주어   상하도록 요구하였다.

   那件事促使我下定决心。 그 일은 내가 결심을 내리도록 재촉했다.
       사역동사 목적어 겸 주어

기술 적용 문제

外面的   让   无法入睡   歌声   她
         문제 3회

_____

바깥의   ~하게 하다   잠들 방법이 없다   노랫소리   그녀

정답 및 해설
外面的歌声让她无法入睡。 바깥의 노랫소리는 그녀를 잠들 수 없게 한다.
  주어   목적어 겸 주어
        └ 사역동사

길 71 제시어에 请, 让이 있고 주어가 없다면 주어 없이 명령문을 만들어라.

输入   您的   密码   请重新
                        문제 7회

→ 请重新输入您的密码。 당신의 비밀번호를 다시 입력해 주세요.

명령문의 어순
请, 让으로 시작하는 청유/명령의 문장에서는 주어를 생략할 수 있다.
(주어+)请/让+(행위 대상+부사어+)술어★: ~해 주세요, ~하세요
① 请(你们)把手机调成震动模式。 휴대폰을 진동 모드로 조절해 주세요.
    행위 대상 생략
② (你)别让自己太累了。 스스로를 너무 힘들게 하지 마라.
   주어 생략

단어
输入 shūrù 입력하다

震动 zhèndòng 진동하다
模式 móshì 양식

UNIT 21 　把자문, 피동문, 겸어문 배열하기

단어
消极 xiāojí 부정적이다, 소극적이다
情绪 qíngxù 정서, 기분

tip!
주어가 없는 명령문에서 别, 不要 같은 부정 표현은 맨 앞에 배열해요!

기술 적용 문제

影响	你的工作	消极情绪	不要让
문제 2회	문제 3회	문제 1회	문제 1회

_____

영향을 끼치다　　당신의 일　　부정적인 기분　　~하게 하지 마라

정답 및 해석
不要让消极情绪影响你的工作。 부정적인 기분이 당신의 일에 영향을 끼치게 하지 마라.

Unit 22 연동문, 존현문 배열하기

빈출맵

기술72. 동사가 두 개 이상이면 동작의 발생 순서대로 배열하라. — 4회
기술73. 여러 개의 동사 중 하나가 有라면 첫 번째 동사 자리에 배열하라. — 4회
기술74. '동사+着', 有가 장소를 나타내는 단어와 함께 나왔다면 장소를 주어 자리에 배열하라. — 5회
기술75. 출현 여부, 소실을 나타내는 동사가 술어이면 시간 명사, 장소 명사를 주어 자리에 배열하라. — 2회

기술 72 동사가 두 개 이상이면 동작의 발생 순서대로 배열하라.

讨论会将　这个主题　围绕(동사1)　展开(동사2)

→ 讨论会将围绕这个主题展开。 토론회는 이 주제를 둘러싸고 펼쳐질 것이다.

1 연동문의 어순
연동문은 하나의 주어에 두 개 이상의 동사나 동사구가 술어로 나오는 문장으로, 의미상 동작의 발생 순서, 행위의 방식과 목적을 나타낸다. 연동문에서 동사(구)의 순서는 바꿀 수 없다.

주어+부사어+동사1+목적어1+동사2+목적어2 : ~는 '동사1'하고 '동사2'하다
我常常陪姥姥看戏。 나는 자주 외할머니를 모시고 연극을 본다.
　　　동사1 동사2

2 연동문의 종류

① 목적을 나타내는 연동문: '동사2'하러 '동사1'하다
我去前台办理入住手续。 나는 체크인 수속을 하러 프론트로 간다.
　동사1　동사2 문제 3회

② 방식, 수단을 나타내는 연동문: '동사1'하여 '동사2'하다
哪位嘉宾站着看屏幕。 저 고객은 서서 스크린을 본다.
　　　　동사1 동사2

我们要用五个单词写出一篇文章。 우리는 5개의 단어를 사용하여 한 편의 글을 써내야 한다.
　　　동사1　　　동사2

3 수식어의 위치와 어순 특징

① 부사, 조동사는 첫 번째 동사 앞에 배열한다.
顾客要用信用卡结账。 고객은 신용 카드로 결제하려고 한다.
　　조동사

단어

主题 zhǔtí 주제
围绕 wéirào 둘러싸다
展开 zhǎnkāi 펼치다

姥姥 lǎolao 외할머니
戏 xì 연극
办理 bànlǐ 처리하다
手续 shǒuxù 수속, 절차
嘉宾 jiābīn 귀빈, 손님
屏幕 píngmù 스크린, 화면
单词 dāncí 단어
结账 jiézhàng 결제하다

UNIT 22　연동문, 존현문 배열하기

② 진행을 나타내는 동태조사 着는 첫 번째 동사 뒤에, 완료와 경험을 나타내는 동태조사 了, 过는 두 번째 동사 뒤에 배열한다.

小女孩笑着跟我打招呼。여자아이는 웃으면서 나에게 인사했다.
_{문제 4회}

有人到我家门口敲过门。어떤 사람이 우리 집 앞에 와서 문을 두드린 적이 있다.
_{문제 2회}

기술 적용 문제

1. 请大家　　用热烈的　　欢迎　　掌声　　张总
　　　　　　_{문제 2회}　　_{문제 2회}　_{문제 1회}

　_____

2. 去报社　　实习　　推荐我　　李教授
　　　　　　_{문제 1회}　_{문제 2회}

　_____

1. 여러분 ~해 주세요　　열렬한 ~으로　　환영하다　　박수 소리　　장 대표
2. 신문사에 가다　　실습하다　　나를 추천하다　　이 교수

정답 및 해석
1. 请大家用热烈的掌声欢迎张总。 여러분이 열렬한 박수 소리로 장 대표님을 환영해 주세요.
2. 李教授推荐我去报社实习。 이 교수님은 나를 신문사에 가서 실습하도록 추천하셨다.

꿀73 여러 개의 동사 중 하나가 有라면 첫 번째 동사 자리에 배열하라.

网上　　很多　　共享资源　　有　　可以　　利用
　　　　　　　　　　　　　　_{문제 12회}　　　　_{문제 2회}
　　　　　　　　　　　　　　동사1　　　　　동사2

→ 网上有很多共享资源可以利用。 인터넷에는 사용할 공유 리소스가 아주 많다.

有 연동문

1 연동문에 有가 있으면 첫 번째 동사 자리에 배열한다.

주어+부사어+有+목적어1+동사2+목적어2 : ~는 '동사2'할 ~이 있다

① 我有话跟你说。 나는 너에게 할 말이 있다.
　　동사1　동사2

② 他没有时间复习。 그는 복습할 시간이 없다.
　　　동사1　동사2

단어
热烈 rèliè 열렬하다
掌声 zhǎngshēng 박수 소리
总 zǒng (성씨 뒤에 붙여) ~ 대표, 총괄
报社 bàoshè 신문사
实习 shíxí 실습하다
推荐 tuījiàn 추천하다

단어
共享 gòngxiǎng 공유(하다)
资源 zīyuán 자원
利用 lìyòng 이용하다

2 有 연동문에서 동사구가 모두 부정형이고, 有의 목적어 자리에 '一+양사'가 오면 '예외 없는 전체'를 나타낸다.

주어+부사어+没有+'一+양사'+不+동사2+목적어2 : ~는 '동사2'하지 않는 ~이 하나도 없다 (이중 부정)

咱们班没有一个人不认识她。 우리 반에 그녀를 모르는 사람은 한 명도 없다.
　　　동사1　一+양사　동사2

기술 적용 문제

期待会	有奇迹	出现	大家
문제 1회	문제 1회	문제 1회	

_____

~할 것이라고 기대하다　　기적이 있다　　나타나다　　모두

정답 및 해석

大家期待会有奇迹出现。 모두가 기적이 나타날 것이라고 기대한다.

단어
期待 qīdài 기대하다
奇迹 qíjì 기적

길 **74** '동사+着', 有가 장소를 나타내는 단어와 함께 나왔다면 장소를 주어 자리에 배열하라.

传统	保留着	这里还	的	一些古老
문제 1회	문제 1회	문제 1회		

술어(동사+着)　장소　대사

→ 这里还保留着一些古老的传统。 여기는 아직 몇 가지 오래된 전통을 보존하고 있다.
　주어(장소)　술어

1 有 존재문
장소나 시간을 주어로 하는 문장으로, 장소 명사, 시간 명사를 주어 자리에 배열한다.

주어(장소/시간)+有+목적어 : '장소/시간'에 ~이 있다

阳台上有几盆花。 발코니에 꽃 화분 몇 개가 있다.
문제 1회
주어　술어　목적어

단어
传统 chuántǒng 전통
保留 bǎoliú 보존하다
古老 gǔlǎo 오래되다

阳台 yángtái 발코니
盆 pén 화분

tip!
'명사+방위사'로 장소 명사를 만들 수 있어요!

UNIT 22 연동문, 존현문 배열하기

tip!
有 존재문과 상태 존재문의 목적어는 불특정한 대상이어야 해요.

단어
流传 liúchuán 전해지다
传说 chuánshuō 전설, 소문
名片 míngpiàn 명함
方式 fāngshì 방식

2 상태 존재문

어떤 장소에 사람이나 사물이 어떠한 상태로 존재하는지를 나타내는 문장으로, 술어 자리에 '동사+着'가 나온다.

주어(장소)+'동사+着'+목적어 : '장소'에 ~이 '동사'해 있다

桥上坐着一位老人。 다리에 한 노인이 앉아 있다.
주어   술어   목적어

기술 적용 문제

1. 流传着   许多   美丽的   这里   传说
   문제2회 문제1회

   _____

2. 联系   名片   上   方式   有我们的
   문제1회 문제1회   문제1회

   _____

1. 전해지고 있다   많은   아름다운   여기   전설
2. 연락하다   명함   위   방식   우리의 ~이 있다

정답 및 해석
1. 这里流传着许多美丽的传说。 여기에는 많은 아름다운 전설이 전해지고 있다.
   주어(장소) └술어   목적어
2. 名片上有我们的联系方式。 명함(위)에 우리의 연락 방법이 있다.
   주어(장소) └술어   목적어

술 75 출현 여부, 소실을 나타내는 동사가 술어이면 시간 명사, 장소 명사를 주어 자리에 배열하라.

단어
隔壁 gébì 이웃집
夫妻 fūqī 부부

隔壁   夫妻   搬来了   一对
문제1회
장소 명사   출현을 나타내는 동사

→ 隔壁搬来了一对夫妻。 이웃집에 부부 커플이 이사 왔다.
  주어(장소) └술어

1 출현을 나타내는 문장

주어(시간/장소)+출현을 나타내는 동사+불특정한 목적어: '시간/장소'에 ~이 ~했다

家里来了一位客人。 집에 손님 한 분이 왔다.
주어(장소) 동사(출현)

2 소실을 나타내는 문장

주어(시간/장소)+소실을 나타내는 동사+불특정한 목적어: '시간/장소'에 ~이 ~했다

那时飞走了一只鸟。 그때 새 한 마리가 날아갔다.
주어(시간) 동사(소실)

기술 적용 문제

出租车   一辆   前面   开过来

_____

택시   한 대   앞   운전해 오다

정답 및 해석

前面开过来一辆出租车。 앞에서 택시 한 대가 다가왔다.
주어(장소) 술어 목적어

Unit 23 보어 배열하기

빈출맵
- 기술76. 구조조사 得가 있으면 술어 동사나 형용사를 得 앞에 배열하라. 4회
- 기술77. 일부 전치사구는 보어로 쓰이므로 술어 뒤에 배열해야 한다. 8회
- 기술78. 전치사 在, '동사+在' 뒤에는 장소 명사, 시간 명사를 배열하라. 8회
- 기술79. (上/下/进/出/回/过/起+)来/去 등 방향을 나타내는 동사가 있다면 동사나 형용사 뒤에 배열하라. 6회
- 기술80. 동작의 횟수, 지속 시간, 변화량 등을 나타내는 단어는 술어 뒤에 배열하라. 4회

단어
具体 jùtǐ 구체적이다
分析 fēnxī 분석하다

吓 xià 놀라다
委屈 wěiqu 억울하다
风景 fēngjǐng 풍경

기술 76 구조조사 得가 있으면 술어 동사나 형용사를 得 앞에 배열하라.

十分具体   分析   得   他
문제 1회   문제 5회
           술어 동사 구조조사

→ 他分析得十分具体。 그는 매우 구체적으로 분석했다.

1 구조조사 得로 연결된 정도보어

정도보어는 술어 뒤에서 동작의 정도나 상태를 묘사하며, 구조조사 得로 술어와 연결한다.

술어(동사/형용사)+得+정도보어 ★ : ~할 정도로 ~하다, ~하게 ~하다

① 这种植物在屋里长得很快。 이런 식물은 실내에서 빨리 자란다.
　　　　　　　　술어　정도보어(형용사구)

② 孩子们高兴得跳了起来。 아이들은 기뻐서 펄쩍 뛰었다.
　　　　술어　정도보어(동사구)

③ 我吓得出了一身汗。 나는 놀라서 온몸에 땀이 났다.
　　술어　정도보어(동사구)

④ 他委屈得哭了起来。 그는 억울해서 울기 시작했다.
　　　술어　정도보어(동사구)

2 구조조사 得가 없는 정도보어

일부 정도보어는 구조조사 得 없이 술어 바로 뒤에서 정도를 나타낼 수 있다.

① 这里的风景真是美极了。 이곳의 풍경은 정말 몹시 아름답다.
　　　　　　　　　술어└정도보어

② 他的话把我吓坏了。 그의 말이 나를 아주 깜짝 놀라게 했다.
　　　　　　술어└정도보어

HSK를 대하는 자세를 바꾸다
중단기 HSK 5급 기적의 필기노트

기술 적용 문제

1. 妈妈　　得　　恢复　　相当好　　手术后
   _{문제 4회}

   _____

2. 出色　　得　　非常　　表现　　那位嘉宾
   _{문제 1회}　　　_{문제 4회}　_{문제 3회}

   _____

1. 어머니　(구조 조사)　회복하다　상당히 좋다　수술 후
2. 뛰어나다　(구조 조사)　대단히　표현하다　그 게스트

정답 및 해석

1. 妈妈手术后恢复得相当好。 어머니는 수술 후 상당히 잘 회복되셨다.
   手术后妈妈恢复得相当好。 수술 후 어머니는 상당히 잘 회복되셨다.

2. 那位嘉宾表现得非常出色。 그 게스트는 대단히 훌륭하게 행동했다.

단어
恢复 huīfù 회복하다
相当 xiāngdāng 매우
手术 shǒushù 수술
出色 chūsè 뛰어나다
表现 biǎoxiàn 표현하다, 나타내다
嘉宾 jiābīn 게스트

기술 77 일부 전치사구는 보어로 쓰이므로 술어 뒤에 배열해야 한다.

此次博览会　　持续　　将　　7月末　　到
　　　　　　_{문제 1회}
　　　　　　술어 동사　　　　　전치사

→ 此次博览会将持续到7月末。 이번 박람회는 7월 말까지 계속한다.
　　　　　　　술어└전치사구 결과보어

동사 뒤에 오는 결과보어 于:
전치사 于는 동사 뒤에 붙어 목적어를 받을 수 있다.

① 深呼吸有助于调节情绪。 심호흡은 기분을 조절하는데 도움이 된다.
   동사+于(대상)

② 用茶量取决于茶具得大小。 차 용량은 다기의 크기로 결정된다.
   동사+于(근거)

③ 今年的销售额高于前两年的总额。 올해 판매액은 지난 2년의 총액보다 높다.
   동사+于(비교)

단어
博览会 bólǎnhuì 박람회
持续 chíxù 지속하다
将 jiāng 장차

深呼吸 shēnhūxī 심호흡(하다)
调节 tiáojié 조절하다
情绪 qíngxù 정서, 기분
取决 qǔjué 결정하다
销售额 xiāoshòu'é 판매액
总额 zǒng'é 총액

tip!
将于나 于가 단독으로 쓰일 때는 뒤에 시간, 장소를 나타내는 말과 결합하여 전치사구로 배열해요.
예) 决赛将于今晚举行。
결승전은 오늘 저녁에 열린다.

UNIT 23 　보어 배열하기

단어
取材 qǔcái 소재를 고르다
神话 shénhuà 신화
陆续 lùxù 계속하여
录取 lùqǔ 채용하다, 합격하다

기술 적용 문제

1. 取材　　一个神话　　于　　这部电影
   _{문제 1회　　문제 1회　　　　문제 2회}

   _____

2. 已陆续　　考生手中　　寄到了　　录取通知书
   _{문제 1회　　　　　　　문제 1회}

   _____

1. 소재를 얻다　한 신화　~에서　이 영화
2. 이미 계속해서　수험생의 손　(우편으로) 도착하다　합격 통지서

정답 및 해석

1. 这部电影取材于一个神话。　이 영화는 한 신화에서 소재를 얻었다.
   　　　　　술어└결과보어

2. 录取通知书已陆续寄到了考生手中。　합격 통지서는 이미 우편으로 계속 수험생의 손에 도착했다.
   　　　　　　　　　술어└결과보어

길78 전치사 在, '동사+在' 뒤에는 장소 명사, 시간 명사를 배열하라.

단어
天空 tiānkōng 하늘
乌云 wūyún 먹구름
片 piàn 개(조각·면적을 세는 양사)

天空中　　乌云　　出现在　　一　　片
_{문제 1회　　　　　문제 1회}
명사+방위사　　　동사+在

→ 一片乌云出现在天空中。　먹구름이 하늘에 나타났다.
　　　　　　전치사　장소

기술 적용 문제

20世纪末　　故事　　发生在　　这个

_____

20세기 말　이야기　~에 발생하다　이

정답 및 해석

这个故事发生在20世纪末。　이 이야기는 20세기 말에 발생했다.
　　　　　전치사　시간

꿀술 79 (上/下/进/出/回/过/起+)来/去 등 방향을 나타내는 동사가 있다면 동사나 형용사 뒤에 배열하라.

稳定　　这样能让　　情绪　　下来　　她的
문제 1회　　　　　　　　　　　문제 1회
동사　　　　　　　　　　　　방향보어

→ 这样能让她的情绪稳定下来。 이렇게 하면 그녀의 기분을 안정시킬 수 있다.
　　　　　　　　술어 └방향보어

단어
稳定 wěndìng 안정하다
情绪 qíngxù 정서, 기분

课文 kèwén (교과서의) 본문
背 bèi 외우다
门铃 ménlíng 초인종

1 단순 방향보어

| 동사+来 lái ~해 오다 | 동사+去 qù ~해 가다 |

예) 前面走来了一个人。 앞에서 한 명이 걸어 왔다.
　　　술어 └단순 방향보어

2 복합 방향보어

上+来/去 shànglái/qù 올라오다/올라가다	下+来/去 xiàlái/qù 내려오다/내려가다
进+来/去 jìnlái/qù 들어오다/들어가다	出+来/去 chūlái/qù 나오다/나가다
回+来/去 huílái/qù 돌아오다/돌아가다	过+来/去 guòlái/qù 지나오다/지나가다
起+来 qǐlái 일어나다	-

예) 我不得不拿上去了。 나는 하는 수 없이 들고 올라갔다.
　　　　　술어 └복합 방향보어

3 방향보어의 파생 용법

① 下来: 상태가 심화되거나 안정됨을 나타냄.

气温降下来了。 기온이 계속 떨어졌다.
문제 1회

课文都背下来了。 본문은 다 외워 버렸다.
문제 1회

② 下去: 이미 진행한 동작이 계속됨을 나타냄.

请你说下去。 당신은 계속 말씀하세요.
我们要坚持下去。 우리는 쭉 계속해야 한다.

③ 起来: 상황이 시작되고 진행됨을 나타냄.

门铃响起来了。 초인종이 울리기 시작했다.
문제 2회

大家都笑起来。 모두 함께 웃기 시작했다.
문제 2회

④ 过来: 정상적인 상태로 돌아옴을 나타냄.

我把错误改过来。 나는 오류를 수정했다.
她刚醒过来了。 그녀는 막 깨어났다.

UNIT 23 보어 배열하기

단어
流传 liúchuán 전해오다
古代 gǔdài 고대
项 xiàng 항목
快递 kuàidì 택배
退 tuì 반환되다

기술 적용 문제

1. 流传   古代   下来的   这项技术   是从
   (문제 1회) (문제 1회)

   _____

2. 被邮局   那个快递   回来了   退
   (문제 1회)   (문제 1회)

   _____

1. 전해오다   고대   내려온 것   이 기술은   ~부터 이다
2. 우체국에 의해   그 택배   돌아왔다   반환되다

정답 및 해석

1. 这项技术是从古代流传下来的。 이 기술은 고대부터 전해 내려온 것이다.
              동사 술어 └방향보어

2. 那个快递被邮局退回来了。 그 택배는 우체국에서 반환되어 돌아왔다.
              동사 술어 └방향보어

단어
咨询 zīxún 자문하다
专家 zhuānjiā 전문가

数据 shùjù 데이터
计算 jìsuàn 계산하다
产量 chǎnliàng 생산량
支 zhī 개(가늘고 긴 것을 세는 양사)
股票 gǔpiào 주식
涨 zhǎng 오르다

tip!
'一下(한 번)'는 동량보어, '一会儿(잠시)'은 시량보어, '一些(약간)'와 '一点儿(조금)'은 수량보어로 술어 뒤에 위치한다.

길 80 동작의 횟수, 지속 시간, 변화량 등을 나타내는 단어는 술어 뒤에 배열하라.

我们   咨询   那位专家   去找   一下
       (술어)   (문제 4회)
                         (동작 횟수)

→ 我们去找那位专家咨询一下。 우리 그 전문가에게 좀 가서 물어보자.
                  (술어)└동량보어

---

1 **동량보어**
   술어 뒤에서 동작이 발생한 횟수를 나타낸다.
   你把数据再重新计算一遍。 너는 데이터를 다시 한 번 계산해 봐.
                    (문제 1회)

2 **시량보어**
   술어 뒤에서 시간의 양을 나타낸다.
   我在车站站了一个小时。 나는 정류장에서 한 시간 동안 서 있었다.

3 **수량보어**
   술어 뒤에서 차이가 나는 양을 나타낸다.
   今年的产量比去年增加了4%。 올해 생산량은 작년보다 4% 증가했다.
   那支股票涨到一百多。 그 주식은 약 백 위안까지 올랐다.

HSK를 대하는 자세를 바꾸다
중단기 HSK 5급 기적의 필기노트

기술 적용 문제

1. 价格   近   涨了   原材料的   一倍
   문제 2회

   _____

2. 9%   利息   此次贷款   上涨至
   문제 2회

   _____

1. 가격   가까이   올랐다   원재료의   한 배
2. 9%   이자   이번 대출   ~까지 오르다

정답 및 해석
1. 原材料的价格涨了近一倍。 원재료의 가격이 배 가까이 올랐다.
2. 此次贷款利息上涨至9%。 이번 대출 이자가 9%까지 오른다.

단어
材料 cáiliào 재료
利息 lìxī 이자
贷款 dàikuǎn 대출(하다)
上涨 shàngzhǎng (가격, 수위가) 오르다

PART 1

UNIT 23 보어 배열하기   131

Unit 24 제시어로 작문하기

주어진 제시어를 모두 사용하여 80자의 글을 작문하는 문제다.

회독

빈출맵
- 기술81. 제시어를 모두 사용할 수 있는 주제를 정하고 제시어를 활용한 구문을 만들어라.
- 기술82. 스토리를 구상하고 도입, 전개, 마무리로 작문 뼈대를 만들어라.
- 기술83. 문장을 접속사, 부사 등으로 업그레이드하라.
- 기술84. IBT 시험 중 글자 수가 부족하다면 관형어, 부사어, 의문문으로 글자 수를 늘려라.

단어
- 实习 shíxí 견습(하다)
- 虚心 xūxīn 겸허하다
- 推荐 tuījiàn 추천(하다)
- 能力 nénglì 능력
- 环境 huánjìng 환경
- 适应 shìyìng 적응(하다)
- 长辈 zhǎngbèi 선배, 연장자

기술 81 제시어를 모두 사용할 수 있는 주제를 정하고 제시어를 활용한 구문을 만들어라.

제시어를 보고 가장 풍부한 스토리가 있는 화제를 떠올려 어울리는 구문을 만들어 본다.

예) 实习、虚心、推荐、能力、环境
　　(문제 2회)　　(문제 1회)
견습하다, 겸허하다, 추천하다, 능력, 환경

- **주 제** 인턴 업무를 하기 위한 태도와 마음가짐
- **주제어** 实习 견습(인턴)하다 / 虚心 겸허하다
- **구 문** 找实习工作 인턴 일을 찾는다
  适应环境的能力强 환경에 적응하는 능력이 뛰어나다
  虚心向长辈学习 겸허하게 선배에게 배운다

단어
- 旅行 lǚxíng 여행(하다)
- 感受 gǎnshòu 느끼다, 체득
- 风景 fēngjǐng 풍경
- 兴奋 xīngfèn 신나다, 흥분하다
- 意义 yìyì 의미

기술 적용 문제 다음 제시어를 보고 빈칸을 채우세요.

旅行、感受、风景、兴奋、意义

1. 주제: _____
2. 주제어: _____
3. 구문: _____

여행하다, 느끼다, 풍경, 신나다, 의미

참고 답안 및 해석
1. 여행의 의미
2. 旅行, 感受
3. 旅行的意义 여행의 의미
   每一处风景都让我很兴奋 매 풍경마다 나를 신나게 한다

HSK를 대하는 자세를 바꾸다
중단기 HSK 5급 기적의 필기노트

기술 82 스토리를 구상하고 도입, 전개, 마무리로 작문 뼈대를 만들어라.

두괄식으로 도입부에 주제 문장을 만들고, 이어서 주제를 뒷받침하는 내용을 전개한다. 마지막에는 교훈이나 메시지를 담은 문장을 써서 도입부의 주제문과 연결시킨다.

예) 忽视、细节、关键、称赞、陌生人 〈문제1회〉 〈문제1회〉
소홀히하다, 세세한 부분, 중요한 부분, 칭찬(하다), 낯선 사람

주제 세세한 배려가 중요함. 인사하기, 이름 기억하기 등

도입 和陌生人打交道时，细节是很关键的。
낯선 사람과 알아갈 때, 세세한 부분은 아주 중요하다.

전개 比如说, 记住他们的名字, 碰见他们时, 你先去打招呼。
예를 들면, 그들의 이름을 기억하고 우연히 만났을 때 당신이 먼저 인사를 하는 것이다.
称赞别人也是一个好方法。 다른 사람을 칭찬하는 것도 좋은 방법이다.

마무리 千万不要忽视细心的生活态度。 절대로 세심한 생활 태도를 소홀히하지 마라.

📕 단어
忽视 hūshì 소홀히 하다
细节 xìjié 세부, 세목
称赞 chēngzàn 칭찬하다
陌生 mòshēng 낯설다
比如 bǐrú 예컨대
碰见 pèngjiàn 우연히 만나다
打招呼 dǎ zhāohu 인사하다

기술 적용 문제 다음 제시어를 보고 빈칸을 채우세요.

语言、困难、灰心、鼓励、克服
〈문제1회〉   〈문제2회〉

1. 주제: _____
2. 도입: _____
3. 전개: _____
4. 마무리: _____

언어, 어려움, 낙담하다, 격려하다, 극복하다

참고 답안 및 해설
1. 언어 학습의 어려움
2. 掌握一种语言的确很难，但我们只要克服这些困难，就能获得很多方便。
   한 언어를 잘 아는 것은 확실히 매우 어렵지만, 우리가 이런 어려움을 극복하기만 한다면 많은 편리함을 얻을 수 있다.
3. 外语老师都鼓励我们多听，多写，多说。
   외국어 선생님은 모두 우리에게 많이 듣고, 많이 쓰고, 많이 말하라고 격려한다.
   其中进步最慢的可能是"说"。 그중에 발전이 가장 느린 것은 아마도 '말하기'일 것이다.
4. 请不要太灰心，学外语就是一步一个脚印才能学会的。
   너무 낙담하지 마라, 외국어 공부는 한 걸음 한 걸음씩 해야 배울 수 있는 것이다.

📕 단어
语言 yǔyán 언어
困难 kùnnan 어려움
灰心 huīxīn 낙담하다
鼓励 gǔlì 격려(하다)
掌握 zhǎngwò 정통하다
的确 díquè 확실히
进步 jìnbù 진보(하다)
脚印 jiǎoyìn 발자국

UNIT 24 제시어로 작문하기

단어
主动 zhǔdòng 주동적이다, 적극적이다
居然 jūrán 뜻밖에
的确 díquè 확실히

기술 83 문장을 접속사, 부사 등으로 업그레이드하라.

올바른 접속사와 적절한 부사를 사용하여 문장을 더 업그레이드한다.

1 접속사 사용

① 记住他们的名字，你先去打招呼。 그들의 이름을 기억하고, 당신이 먼저 인사해라.
→ <u>首先</u>，记住他们的名字，<u>其次</u>，碰见他们时，你先主动去打招呼。
우선 그들의 이름을 기억하고, 그 다음 그들을 우연히 만났을 때, 당신이 먼저 주동적으로 인사해라.

② 我很喜欢旅游，最近工作很忙，很久没去旅游了。
나는 여행을 매우 좋아하는데, 최근에는 일이 바빠서 한참 동안 여행을 가지 못했다.
→ <u>虽然</u>我很喜欢旅游，<u>但是</u>最近工作很忙，<u>所以</u>很久没去旅游了。
비록 나는 여행을 매우 좋아하지만, 최근에는 일이 바빴고, 그래서 한참 동안 여행을 가지 못했다.

2 부사 사용

① 这一次她说错了，我回答对了。
이번에는 그녀가 틀리게 말했고, 내가 맞게 대답했다.
→ 这一次她说错了，我<u>居然</u>回答对了。
이번에는 그녀가 틀리게 말했고, 내가 뜻밖에도 맞게 대답했다.

② 她写的答案和我一样。 그녀가 쓴 답은 나와 같다.
→ 她写的答案<u>的确</u>和我一样。 그녀가 쓴 답은 확실히 나와 같다.

단어
压力 yālì 스트레스
适合 shìhé 적합하다
缓解 huǎnjiě 완화하다
乐观 lèguān 낙관적(이다)
偶然 ǒurán 우연히
向上 xiàngshàng 발전하다
争取 zhēngqǔ 노력하여 이루다, 쟁취하다

기술 적용 문제

压力、适合、缓解、乐观、价值
문제 2회 문제 2회 문제 1회

HSK를 대하는 자세를 바꾸다
중단기 HSK 5급 기적의 필기노트

스트레스, 적합하다, 완화하다, 낙관적이다, 가치

참고 답안

①		如	何	缓	解	压	力	②	？	这	需	要	我	们	找	到
适	合	自	己	的	方	法	。	保	持	乐	观	的	心	态	是	
必	要	的	。	偶	然	的	失	败	是	不	可	避	免	的	，	48
但	它	不	能	决	定	你	的	一	生	。	所	以	我	们	应	
该	积	极	向	上	，	在	有	限	的	时	间	里	，	争	取	80
创	造	最	大	的	价	值	！									

tip!
원고지 작성법
① 단락의 시작은 첫 두 칸을 띄어 쓴다.
② 글자와 문장부호는 모두 한 칸에 하나씩 쓴다.

해석
어떻게 스트레스를 풀 것인가? 이것은 우리가 스스로에게 적합한 방법을 찾을 필요가 있다. 낙관적인 마음가짐을 유지하는 것은 필수다. 우연한 실패는 피할 수 없지만, 그것이 당신의 일생을 결정할 수는 없다. 그러므로 우리는 적극적으로 앞을 보고, 유한한 시간 속에서 최대의 가치를 만들고자 노력해야 한다!

기출 84 IBT 시험 중 글자 수가 부족하다면 관형어, 부사어, 의문문으로 글자 수를 늘려라.

① 我朋友是医生。 내 친구는 의사다.
→ 我朋友是<u>一位外科</u>医生。(+4글자) 내 친구는 한 명의 외과 의사다.
　　　　　관형어

② 乐观的态度能缓解压力。 낙관적인 태도는 스트레스를 완화할 수 있다.
→ 乐观的态度<u>往往</u>对缓解压力<u>很有帮助</u>。(+6글자)
　　　　　부사어
낙관적 태도는 종종 스트레스를 완화하는 데 매우 도움이 된다.

③ 缺乏营养会导致健康问题。 영양 결핍은 건강 문제를 초래한다.
→ 缺乏营养会导致<u>什么</u>健康问题<u>呢</u>？(+3글자)
　　　　　　의문대사　　　어기조사
영양 결핍은 어떤 건강 문제를 초래하는가?

→ <u>什么</u>会导致健康问题？<u>那就是</u>"缺乏营养"。(+8글자)
　　의문문　　　　　　대답 → 강조 효과
무엇이 건강 문제를 초래할까? 그것은 바로 '영양 결핍'이다.

tip!
지필 시험에서 원고지를 5줄 이상 못 채웠다면 끝 부분에 반복, 강조, 제안하는 문장을 추가해 봐요.

① 핵심 문장 반복, 강조
예) 信任<u>就是</u>力量，<u>是</u>我们不断进步的动力！
믿음이 곧 힘이고, 우리가 끊임없는 발전하는 동력이다!

② 제안, 의문
예) 你也可以试试<u>这个方法</u>。당신도 이 방법을 한 번 시도해 보라.
你觉得<u>这个方法</u>怎么样？이 방법은 어떠한가?

UNIT 24 제시어로 작문하기

UNIT 24 제시어로 작문하기

단어
信息 xìnxī 정보
突出 tūchū 두드러지다
特色 tèsè 특색
应聘 yìngpìn (채용에) 지원하다
简历 jiǎnlì 이력서
发愁 fāchóu 근심하다
善于 shànyú ~을 잘하다
扬长补短 yángcháng bǔduǎn 장점을 발양하고 단점을 보완하다

tip!
원고지 작성법
③ 콜론(:)과 세미콜론(;)은 원고지 첫 칸에 오지 않도록 윗 줄 마지막 칸에 글자와 함께 쓰거나 원고지 칸 밖의 여백에 쓴다.

기술 적용 문제

诚实、信息、突出、特色、应聘
문제 1회   문제 2회

성실하다, 정보, 두드러지다, 특색, 채용 지원하다

참고 답안

		很	多	应	聘	的	人	会	为	投	简	历	发	愁	，
简	历	上	仅	有	个	人	信	息	是	完	全	不	够	的	，
怎	样	突	出	你	的	特	色	呢	？	要	记	住	这	两	点:
第	一	，	强	调	你	很	诚	实	；	第	二	，	善	于	扬
长	补	短	。	只	要	记	住	这	些	，	就	会	取	得	不
同	的	结	果	。											

해석
많은 채용 지원자는 이력서를 내는 것 때문에 고민할 것이다. 이력서에 단지 개인 정보만 있어서는 완전히 부족하다. 어떻게 당신의 특색을 두드러지게 할 것인가? 이 두 가지를 기억해라. 첫째, 당신이 매우 성실하다는 것을 강조해라. 둘째, 장점은 잘 살리고 단점을 잘 보완해라. 이것들만 기억한다면 다른 결과를 얻게 될 것이다.

사진 보고 작문하기

주어진 사진을 보고 사진과 어울리는 80자의 글을 작문하는 문제다.

회독

빈출맵
- 기술85. 사진 속의 소재, 배경을 바탕으로 스토리를 구상하고 주요 어휘와 구문을 정하라.
- 기술86. 사진 속의 상황과 인물 표정으로 사건에서 변화되는 감정을 서술하라.
- 기술87. 회화체보다는 서면어로, 쉬운 어휘보다 고급 어휘로 바꿔 작문하라.
- 기술88. 도입부나 마무리에는 글의 메시지를 담아라.

기술 85 사진 속의 소재, 배경을 바탕으로 스토리를 구상하고 주요 어휘와 구문을 정하라.

(예)

소재·배경	연인, 선물, 서프라이즈
스토리	여자친구 생일에 서프라이즈로 선물을 주며 청혼하는 이야기
어휘·구문	女朋友 여자친구, 过生日 생일을 지내다, 礼物 선물, 惊喜 서프라이즈, 一枚戒指 반지 하나, 求婚 청혼하다

참고 답안

我女朋友叫丽丽，她今天过生日。所以我准备了一个小惊喜。我先买了一件礼物，这是她最近想要的。其实，那里边藏着一枚戒指。我一直很期待着今天这一刻，因为我今天要向她求婚。你看，是不是很浪漫？(92자)

> 여자친구는 리리라고 하고 그녀는 오늘 생일이다. 그래서 나는 작은 서프라이즈를 하나 준비했다. 나는 우선 선물로 그녀가 최근 가지고 싶어한 것을 샀다. 사실 그 안에는 반지 하나가 숨겨져 있다. 나는 줄곧 오늘 이 순간을 기대해 왔다. 왜냐하면 나는 오늘 그녀에게 청혼할 것이기 때문이다. 당신이 보기에 낭만적이지 않은가?

단어
- 惊喜 jīngxǐ 서프라이즈
- 枚 méi 개, 매(작은 조각을 세는 양사)
- 戒指 jièzhi 반지
- 求婚 qiúhūn 구혼하다
- 藏 cáng 숨기다
- 期待 qīdài 기대하다
- 浪漫 làngmàn 낭만적이다

기술 적용 문제

사진을 보고 다음 빈칸을 채운 후 작문해 보세요.

1. 소재·배경: _____
2. 스토리: _____
3. 어휘·구문: _____

참고 사항
1. 소재·배경: 택배원, 사인하다, 온라인 쇼핑
2. 스토리: 달라진 쇼핑 습관에 대한 이야기
3. 어휘·구문:
   - 快递员 택배원
   - 一件包裹 택배 하나
   - 签收 사인하다
   - 当天到货 당일 배송
   - 网上购物 온라인 쇼핑

UNIT 25　사진 보고 작문하기

단어
- 购物 gòuwù 쇼핑하다
- 挤 jǐ 붐비다
- 迷 mí 빠지다, 심취하다
- 网购 wǎnggòu 인터넷 쇼핑(하다)
- 签收 qiānshōu 서명하다, 사인하다

tip!
원고지 작성법
④ 알파벳 대문자는 한 칸에 1개, 소문자는 한 칸에 2개씩 쓴다.

| A | B | ab | cd |

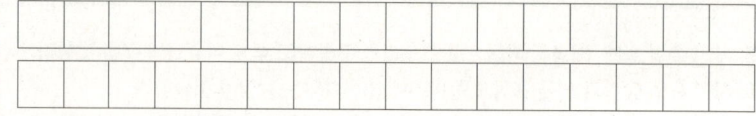

참고 답안

　我以前讨厌购物，因为它让我浪费时间，店内人挤来挤去的，给我不少烦恼和压力。但是我迷上网购后，它就成了我的爱好。只买一件，当天到货。不必出门，只要给快递员签收一下就好了。

해석
　나는 이전에 쇼핑하는 것을 싫어했다. 왜냐하면 그것은 시간을 낭비하게 하고, 가게 안의 사람이 붐비고 복잡하기도 해서 나에게 적잖은 번거로움과 스트레스를 주기 때문이다. 그러나 내가 인터넷 쇼핑에 빠진 후 쇼핑은 나의 취미가 되었다. 하나만 사도 당일 도착하고, 문 밖에 나갈 필요 없이 택배원에게 사인만 해 주면 된다.

단어
- 焦虑 jiāolǜ 마음을 졸이다
- 骄傲 jiāo'ào 자랑스럽다
- 令 lìng ~하게 하다
- 自豪 zìháo 자랑으로 여기다
- 摔倒 shuāidǎo 넘어지다
- 亲切 qīnqiè 친절하다
- 细心 xìxīn 섬세하다
- 治疗 zhìliáo 치료(하다)
- 竟然 jìngrán 뜻밖에

길잡이 86 사진 속의 상황과 인물 표정으로 사건에서 변화되는 감정을 서술하라.

(예)

- **상황·인물** 의사 선생님, 밝은 표정의 아이, 자전거를 타다가 넘어짐, 치료
- **감정** 놀람, 초조함, 자랑스러움, 대견함
- **어휘·구문** 吃惊 놀라다, 焦虑 초조하다, 感到骄傲 자랑스럽게 느끼다, 令人自豪 대견스럽다

참고 답안
　周末我和女儿去公园骑自行车，她不小心摔倒在地上了。那时，我很吃惊，直接带她去医院。亲切的医生细心地治疗她。这时，女儿看到这焦虑的妈妈，竟然说：“妈妈，不要紧！”她的这句话令人觉得自豪。(92자)

　주말에 나와 딸아이는 공원에 자전거를 타러 갔는데, 딸이 부주의해서 바닥에 넘어졌다. 그때 나는 매우 놀라서, 바로 그녀를 데리고 병원으로 갔다. 친절한 의사 선생님이 세심하게 그녀를 치료해 주셨다. 이때 딸아이는 이 초조한 엄마를 보고 뜻밖에 말했다. "엄마, 괜찮아요!" 그녀의 이 말은 정말 대견스럽게 느껴졌다.

HSK를 대하는 자세를 바꾸다
중단기 HSK 5급 기적의 필기노트

기술 적용 문제 사진을 보고 다음 빈칸을 채운 후 작문해 보세요.

1. 상황·인물: _____
2. 감정: _____
3. 어휘·구문: _____

참고 사항

1. 상황·인물: 남자, 반려동물, 교감
2. 감정: 좋아한다, 외롭다
3. 어휘·구문:
- 不太喜欢 그다지 좋아하지 않다
- 变化 변하다
- 不再孤独 더는 외롭지 않다

참고 답안

		我	来	介	绍	一	下	我	舅	舅	,	他	在	一	所
大	学	教	中	文	。	他	今	年	59		岁	,	一	直	没	结
婚	,	快	要	退	休	了	。	以	前	,	他	不	太	喜	欢
动	物	,	现	在	变	化	太	大	了	。	他	把	它	们	当
成	儿	女	或	者	朋	友	,	天	天	带	着	它	们	散	步,
吃	饭	,	他	说	不	再	孤	独	了	。					

해석
내 외삼촌을 소개해 보겠다. 그는 한 대학교에서 중국어를 가르친다. 올해 59세이고, 지금까지 결혼을 하지 않았으며, 곧 퇴직한다. 예전에 외삼촌은 동물을 그다지 좋아하지 않았는데 지금은 아주 많이 변화했다. 그는 동물들을 자식이나 친구로 여기고, 매일 그들을 데리고 산책하고 밥을 먹는다. 그는 더는 외롭지 않다고 말한다.

단어
舅舅 jiùjiu 외삼촌
退休 tuìxiū 퇴직하다
孤独 gūdú 고독하다

tip!
원고지 작성법
⑤ 아라비아 숫자는 한 칸에 두 개를 쓴다.
⑥ 마침표(。), 쉼표(,), 모점(、), 느낌표(!), 물음표(?)는 원고지 첫 칸에 오지 않도록 윗 줄 마지막 칸에 글자와 함께 쓰거나 원고지 칸 밖의 여백에 쓴다.

UNIT 25 사진 보고 작문하기

기술 87 회화체보다는 서면어로, 쉬운 어휘보다 고급 어휘로 바꿔 작문하라.

단어
购买 gòumǎi 구매하다
善于 shànyú ~을 잘하다
来之不易 láizhībúyì 손에 넣기가 쉽지 않다
专家 zhuānjiā 전문가
一叶知秋 yíyè zhīqiū 일엽지추, 하나를 보면 열을 안다

1 서면어로 바꾸기

① 很多人在网上买东西。 많은 사람들이 인터넷에서 물건을 산다.
→ 很多人在网上购买东西。 많은 사람들이 인터넷에서 물건을 구매한다.
　　　　　서면어

② 他不会表达感情。 그는 감정을 표현할 줄 모른다.
→ 他不善于表达感情。 그는 감정 표현을 잘하지 못한다.
　　서면어

2 고급 어휘 사용하기

① 这个机会太不容易了。 이 기회는 쉽지 않다.
→ 这个机会来之不易。 이 기회는 쉽게 오지 않는다.
　　　　　고급 어휘

② 一看就知道，他是一位专家。 그가 전문가라는 것을 딱 보면 안다.
→ 一叶知秋，他是一位专家。 하나를 보면 열을 알듯, 그는 전문가이다.
　성어

기술 적용 문제

HSK를 대하는 자세를 바꾸다
중단기 HSK 5급 기적의 필기노트

참고 답안

	手	机	是	不	可	缺	少	的	必	需	品	，	我	们
确	实	离	不	开	它	。	因	此	，	我	们	还	要	关	注
它	带	来	的	弊	端	。	首	先	，	长	时	间	用	手	机,
导	致	眼	睛	疲	劳	，	其	次	，	大	家	看	手	机	却
减	少	了	实	际	沟	通	。	为	了	解	决	这	些	问	题,
我	们	需	要	采	取	及	时	的	措	施	。				

해석

휴대폰은 없어서는 안 될 필수품이고, 우리는 확실히 그것을 벗어날 수 없다. 따라서 우리는 휴대폰이 가져오는 폐단에도 관심을 가져야 한다. 우선 장시간 휴대폰을 사용하면 눈의 피로를 초래한다. 다음은 모두가 휴대폰을 보느라 실질적인 소통은 오히려 줄어든다. 이런 문제를 해결하기 위해 우리는 적시에 조치를 취해야 한다.

단어

不可缺少 bùkě quēshǎo 없어서는 안 된다
必需品 bìxūpǐn (생활)필수품
弊端 bìduān 폐단
导致 dǎozhì 초래하다
疲劳 píláo 피곤하다
沟通 gōutōng 소통하다
采取 cǎiqǔ 취하다
措施 cuòshī 조치

tip!

원고지 작성법
⑦ 줄표(──)와 말줄임표(……)는 두 칸에 걸쳐 쓴다.

| 表 | 情 | ── | ── | 犹 | 豫 | 。 |

꿀팁 88 도입부나 마무리에는 글의 메시지를 담아라.

예)

스토리 한 사람의 힘보다 여러 사람의 의견과 협조로 더 좋은 결과를 얻을 수 있다.

어휘·구문 众人拾柴火焰高 백지장도 맞들면 낫다,
俗话说~ 속담에 ~라고 한다

참고 답안

俗话说："众人拾柴火焰高"。集体的力量永远大于个人的力量。不管在公司或学校，聚在一起，谈来谈去，往往有好方法。我想不到的，他会想出来。这样可以进步得更快、更高。<u>一滴水到大海，永远不会干没嘛</u>。(95자)

속담에 '여럿이 땔감을 모아 태우면 불꽃이 거세진다'고 한다. 단체의 힘은 언제나 개인의 힘보다 크다. 회사에서든 학교에서든, 함께 모여 이야기를 주고받으면 종종 좋은 방법이 생긴다. 내가 생각하지 못한 것을 그 사람이 생각해 내고, 이렇게 해서 더 빠르고 더 높이 발전한다. <u>한 방울의 물이 바다에 도착하면 영원히 말라 없어지지 않는 법 아닌가.</u>

단어

众人拾柴火焰高 zhòngrén shíchái huǒyàn gāo 여럿이 땔감을 모아 태우면 불꽃이 거세진다
俗话 súhuà 속담
集体 jítǐ 단체
力量 lìliàng 힘, 역량
进步 jìnbù 진보하다
滴 dī 방울

tip!

속담을 활용하면 고득점을 받을 수 있어요!

UNIT 25 사진 보고 작문하기

기술 적용 문제

단어

互联网 hùliánwǎng 인터넷
千变万化 qiānbiàn wànhuà 변화무쌍하다
鼠标 shǔbiāo 마우스
接触 jiēchù 접촉하다
新闻 xīnwén 뉴스
应有尽有 yīngyǒu jìnyǒu 있어야 할 것은 다 있다
网络 wǎngluò 네트워크
场景 chǎngjǐng 장면
帮手 bāngshǒu 조수

tip!

원고지 작성법
⑧ 문장 부호가 연이어 오면 한 칸에 함께 쓴다.

| 她 | 说 | :" | 你 | 好 | ?" | | |

참고 답안

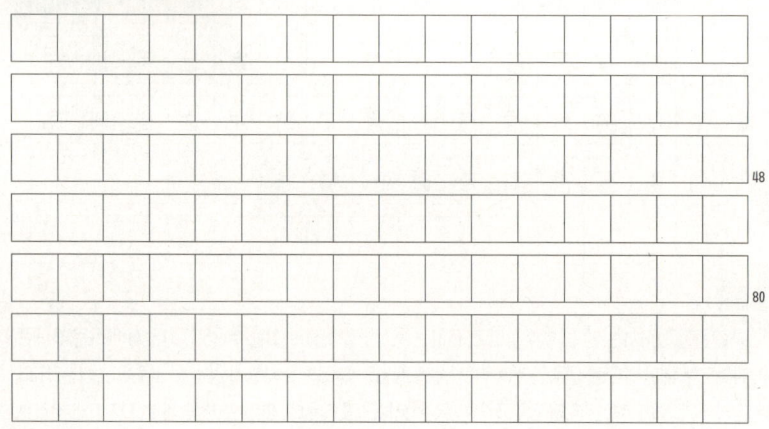

近年来，通过互联网，可以了解到这世界的千变万化。只要你一点鼠标，就可以接触各种不同的新闻，应有尽有。网络走进了我们的生活，而改变了很多生活场景。要好好使用网络，让它成为我们学习的好帮手。

해석

최근 몇 년 동안 인터넷을 통해 이 세상의 끊임없는 변화를 알 수 있게 되었다. 마우스만 한 번 클릭하면 다양한 뉴스를 접할 수 있고, 없는 게 없다. 인터넷은 우리의 생활로 들어와 많은 생활의 장면을 바꿔 놓았다. 인터넷을 잘 사용하여, 우리가 공부하는 데 좋은 조력자가 되도록 해야 한다.

기적의 필기노트
중단기 HSK 5급

HSK 5급
필수 단어 1300

HSK 5급
합격 기술 88

HSK 5급 필수 단어 1300

A

☐ 1	哎	āi	감	아이, 아이고[의외·의아·불만 등을 나타냄]
☐ 2	唉	āi	감	아, 아이고[탄식·연민을 나타냄]
☐ 3	爱护	àihù	동	소중히 하다
☐ 4	爱惜	àixī	동	아끼다, 소중하게 여기다
☐ 5	爱心	àixīn	명	사랑하는 마음
☐ 6	安慰	ānwèi	동	위로하다, 위안하다
☐ 7	安装	ānzhuāng	동	설치하다, 고정시키다
☐ 8	岸	àn	명	언덕, (강)기슭
☐ 9	暗	àn	형	(빛이) 어둡다, 컴컴하다
☐ 10	熬夜	áoyè	동	밤새다

B

☐ 11	把握	bǎwò	동	(꽉 움켜) 쥐다, 파악하다
☐ 12	摆	bǎi	동	배열하다, 진열하다, 드러내다
☐ 13	办理	bànlǐ	동	처리하다, 취급하다, (수속을) 밟다
☐ 14	傍晚	bàngwǎn	명	저녁 무렵
☐ 15	包裹	bāoguǒ	명	소포, 보따리
☐ 16	包含	bāohán	동	포함하다
☐ 17	包括	bāokuò	동	포함하다, 포괄하다
☐ 18	薄	báo	형	엷다, 얇다
☐ 19	宝贝	bǎobèi	명	보배, 귀여운 아이
☐ 20	宝贵	bǎoguì	형	진귀하다, 귀중하다, 소중하다
☐ 21	保持	bǎochí	동	유지하다, 지키다
☐ 22	保存	bǎocún	동	보존하다, 간직하다
☐ 23	保留	bǎoliú	동	보존하다, 유지하다
☐ 24	保险	bǎoxiǎn	명 보험 / 형 안전하다
☐ 25	报到	bàodào	동	도착 보고를 하다, 참석 등록하다, 출석하다
☐ 26	报道	bàodào	동 보도하다 / 명 보도

■ 27	报告 bàogào	명 보고, 보고서, 리포트 동 보고하다
■ 28	报社 bàoshè	명 신문사
■ 29	抱怨 bàoyuàn	동 (불만을 품고) 원망하다
■ 30	悲观 bēiguān	형 비관하다, 비관적이다
■ 31	背 bèi	명 등 동 등지다, 암기하다
■ 32	背景 bèijǐng	명 배경, 배후 (세력)
■ 33	被子 bèizi	명 이불
■ 34	本科 běnkē	명 (대학교의) 학부 (과정)
■ 35	本领 běnlǐng	명 기량, 능력, 수완, 재능
■ 36	本质 běnzhì	명 본질
■ 37	彼此 bǐcǐ	대 피차, 쌍방, 서로
■ 38	比例 bǐlì	명 비율, 비례
■ 39	毕竟 bìjìng	부 결국, 끝내, 필경
■ 40	避免 bìmiǎn	동 피하다, 모면하다
■ 41	必然 bìrán	형 필연적이다 부 반드시, 꼭
■ 42	必要 bìyào	명 필요 형 필요로 하다
■ 43	编辑 biānjí	동 편집하다
■ 44	鞭炮 biānpào	명 폭죽
■ 45	便 biàn	형 편리하다, 편하다 부 곧, 바로
■ 46	辩论 biànlùn	동 변론하다, 논쟁하다, 토론하다
■ 47	标点 biāodiǎn	명 구두점
■ 48	标志 biāozhì	명 상징, 표지 동 상징하다
■ 49	表达 biǎodá	동 (자신의 사상·감정을) 나타내다, 표현하다, 드러내다
■ 50	表面 biǎomiàn	명 표면, 겉, 외관
■ 51	表明 biǎomíng	동 분명하게 밝히다, 표명하다
■ 52	表情 biǎoqíng	명 표정
■ 53	表现 biǎoxiàn	명 표현, 태도, 행동 동 표현하다, 나타내다
■ 54	冰激凌 bīngjīlíng	명 아이스크림
■ 55	病毒 bìngdú	명 (컴퓨터) 바이러스

HSK 5급 필수 단어 1300

■ 56	播放 bōfàng	동	방송하다
■ 57	玻璃 bōli	명	유리
■ 58	博物馆 bówùguǎn	명	박물관
■ 59	脖子 bózi	명	목
■ 60	补充 bǔchōng	동	보충하다
■ 61	布 bù	명	천, 베, 포
■ 62	不安 bù'ān	형	불안하다, 편안하지 않다
■ 63	不得了 bùdéliǎo	형	큰일났다, 매우 심하다
■ 64	不断 búduàn	동 끊임없다 부 끊임없이, 늘	
■ 65	不见得 bújiàndé	동	반드시 ~이라고는 할 수 없다, ~이라고 생각되지 않다
■ 66	不耐烦 búnàifán	형	귀찮다, 성가시다, 못 참다
■ 67	不然 bùrán	접	그렇지 않으면, 아니면
■ 68	不如 bùrú	동	~만 못하다
■ 69	不要紧 búyàojǐn	형	괜찮다, 문제 될 것이 없다
■ 70	不足 bùzú	형	부족하다, 충분하지 않다
■ 71	部门 bùmén	명	부, 부문, 부서
■ 72	步骤 bùzhòu	명	(일이 진행되는) 순서, 절차, 차례

C

■ 73	财产 cáichǎn	명	(금전·물자·가옥 등의) 재산, 자산
■ 74	踩 cǎi	동	밟다, 딛다, 짓밟다
■ 75	采访 cǎifǎng	동	탐방하다, 인터뷰하다, 취재하다
■ 76	采取 cǎiqǔ	동	채택하다, 취하다, 강구하다
■ 77	彩虹 cǎihóng	명	무지개
■ 78	参考 cānkǎo	동	참고하다, 참조하다
■ 79	参与 cānyù	동	참여하다, 참가하다, 가담하다, 개입하다
■ 80	惭愧 cánkuì	형	부끄럽다, 창피하다, 송구스럽다
■ 81	操场 cāochǎng	명	운동장
■ 82	操心 cāoxīn	동	마음을 쓰다, 신경을 쓰다, 걱정하다

■	83	册 cè	명	책, 책자 양 책, 권[책을 세는 단위]
■	84	测验 cèyàn	동	시험하다, 테스트하다
■	85	曾经 céngjīng	부	일찍이, 이전에, 이미, 벌써
■	86	插 chā	동	끼우다, 꽂다, 삽입하다
■	87	差距 chājù	명	격차, 차이
■	88	叉子 chāzi	명	(양식용) 포크, (농업용) 갈고랑이
■	89	拆 chāi	동	(붙여 놓은 것을) 뜯다, 떼어 내다
■	90	产品 chǎnpǐn	명	생산품, 제품
■	91	产生 chǎnshēng	동	생기다, 발생하다, 나타나다
■	92	常识 chángshí	명	상식, 일반 지식
■	93	长途 chángtú	형	장거리의, 먼 거리의
■	94	抄 chāo	동	베끼다, 베껴 쓰다
■	95	超级 chāojí	형	(규모·수량·질량 등이) 최상급의, 슈퍼(super-)
■	96	朝 cháo	전	~을 향하여, ~ 쪽으로
■	97	潮湿 cháoshī	형	습하다, 축축하다, 눅눅하다
■	98	炒 chǎo	동	(기름 따위로) 볶다
■	99	吵 chǎo	형	시끄럽다, 떠들썩하다
■	100	吵架 chǎojià	동	말다툼하다, 다투다
■	101	车库 chēkù	명	차고
■	102	车厢 chēxiāng	명	객실이나 화물칸, 차량, 적재함
■	103	彻底 chèdǐ	형	철저하다, 철저히 하다
■	104	沉默 chénmò	동	침묵하다, 말을 하지 않다
■	105	趁 chèn	전	~을 틈타, (시간·기회 등을) 이용하여
■	106	称 chēng	동	(~이라고) 부르다, 칭하다, 일컫다
■	107	称呼 chēnghu	동	~이라고 부르다, 일컫다
■	108	称赞 chēngzàn	동	칭찬하다, 찬양하다
■	109	承担 chéngdān	동	맡다, 담당하다, 책임지다
■	110	承认 chéngrèn	동	승인하다, 인정하다, 동의하다
■	111	承受 chéngshòu	동	받아들이다, 견뎌 내다, 감당하다

HSK 5급 필수 단어 1300

- 112 程度 chéngdù   명 정도
- 113 程序 chéngxù   명 순서, 절차, 단계
- 114 成分 chéngfèn   명 (구성) 성분, 요소
- 115 成果 chéngguǒ   명 성과, 결과
- 116 成就 chéngjiù   명 (사업상의) 성취, 성과, 업적
- 117 成立 chénglì   동 (조직·기구 등을) 창립하다, 설립하다
- 118 成人 chéngrén   명 성인, 어른
- 119 成熟 chéngshú   형 성숙하다
- 120 成语 chéngyǔ   명 성어, 관용어
- 121 成长 chéngzhǎng   동 생장하다, 성장하다, 자라다
- 122 诚恳 chéngkěn   형 진실하다, 간절하다
- 123 吃亏 chīkuī   동 손해를 보다, 손실을 입다
- 124 池塘 chítáng   명 (비교적 작고 얕은) 못
- 125 持续 chíxù   동 지속하다
- 126 迟早 chízǎo   부 조만간, 머지않아
- 127 尺子 chǐzi   명 자, 척도
- 128 翅膀 chìbǎng   명 (새·곤충 등의) 날개
- 129 冲 chōng   동 (끓는 물 등을) 붓다, 뿌리다
- 130 充电器 chōngdiànqì   명 충전기
- 131 充分 chōngfèn   형 충분하다[주로 추상적 사물에 쓰임]
- 132 充满 chōngmǎn   동 가득 퍼지다, 가득 채우다
- 133 重复 chóngfù   동 (같은 일을) 반복하다, 되풀이하다, 다시 하다
- 134 宠物 chǒngwù   명 애완동물, 반려동물
- 135 抽屉 chōuti   명 서랍
- 136 抽象 chōuxiàng   명 추상   형 추상적이다
- 137 丑 chǒu   형 추하다, 못생기다
- 138 臭 chòu   형 (냄새가) 지독하다, 구리다, 역겹다
- 139 出版 chūbǎn   동 (서적·음반 등을) 출판하다, 발행하다
- 140 出口 chūkǒu   동 말을 꺼내다, 항구를 떠나다, 수출하다

141	出色	chūsè	형	특별히 좋다, 대단히 뛰어나다, 보통을 넘다
142	出示	chūshì	동	제시하다, 내보이다
143	出席	chūxí	동	참석하다, 출석하다
144	初级	chūjí	형	초급의, 초등의
145	除非	chúfēi	접	오직 ~해야 (비로소), ~한다면 몰라도
146	除夕	chúxī	명	섣달 그믐날 밤, 제야
147	处理	chǔlǐ	동	처리하다, (사물을) 안배하다, (문제를) 해결하다
148	传播	chuánbō	동	전파하다, 널리 퍼뜨리다, 유포하다
149	传染	chuánrǎn	동	전염하다, 감염하다, 옮다
150	传说	chuánshuō	명	전설
151	传统	chuántǒng	명	전통 / 형 전통적이다
152	窗帘	chuānglián	명	커튼
153	闯	chuǎng	동	돌진하다, 맹렬하게 돌격하다
154	创造	chuàngzào	동	창조하다, 만들다, 발명하다
155	吹	chuī	동	입으로 힘껏 불다, (바람이) 불다
156	词汇	cíhuì	명	어휘
157	辞职	cízhí	동	사직하다, 직장을 그만두다
158	此外	cǐwài	명	이 외에, 이 밖에
159	刺激	cìjī	동	자극하다, 고무하다, 북돋우다
160	次要	cìyào	형	부차적이다, 이차적이다
161	匆忙	cōngmáng	형	매우 바쁘다
162	从此	cóngcǐ	부	(시간·장소에 쓰여) 지금부터, 그로부터
163	从而	cóng'ér	접	따라서, 이리하여, 그리하여
164	从前	cóngqián	명	이전, 종전, 옛날
165	从事	cóngshì	동	종사하다
166	粗糙	cūcāo	형	(질감이) 거칠다, 까칠까칠하다
167	醋	cù	명	식초, 초
168	促进	cùjìn	동	촉진시키다, 재촉하다, 독촉하다
169	促使	cùshǐ	동	~하도록 (재촉)하다, ~하게 하다

HSK 5급 필수 단어 1300

- 170 催 cuī 동 재촉하다, 독촉하다, 다그치다
- 171 存在 cúnzài 동 존재하다
- 172 措施 cuòshī 명 조치, 대책

D

- 173 答应 dāying 동 대답하다, 응답하다, 승낙하다
- 174 达到 dádào 동 달성하다, 도달하다, 이르다
- 175 打工 dǎgōng 동 아르바이트하다
- 176 打交道 dǎ jiāodào (사람끼리) 왕래하다, 교제하다, 사귀다, 연락하다
- 177 打喷嚏 dǎ pēntì 재채기하다
- 178 打听 dǎting 동 물어보다, 탐문하다, 알아보다
- 179 大方 dàfang 형 (언행이) 시원시원하다, 거침없다, 대범하다
- 180 大厦 dàshà 명 빌딩, (고층·대형) 건물
- 181 大象 dàxiàng 명 코끼리
- 182 大型 dàxíng 형 대형의
- 183 呆 dāi 형 둔하다, 무표정하다 동 머무르다
- 184 代表 dàibiǎo 명 대표, 대표자 동 대표하다
- 185 代替 dàitì 동 대체하다, 대신하다
- 186 贷款 dàikuǎn 동 (은행에서) 대부하다, 대출하다
- 187 待遇 dàiyù 명 (급료·보수·권리·지위 등의) 대우, 대접 동 대우하다
- 188 单纯 dānchún 형 단순하다
- 189 单调 dāndiào 형 단조롭다
- 190 单独 dāndú 부 단독으로, 혼자서
- 191 单位 dānwèi 명 직장, 기관, 회사, (한 기관·단체 내의) 부, 부처
- 192 单元 dānyuán 명 (교재 등의) 단원, (공동 주택·빌딩 등의) 현관
- 193 担任 dānrèn 동 맡다, 담임하다, 담당하다
- 194 耽误 dānwu 동 (시간을 지체하다가) 일을 그르치다, 시기를 놓치다
- 195 胆小鬼 dǎnxiǎoguǐ 명 겁쟁이[풍자의 뜻을 내포함]
- 196 淡 dàn 형 (맛이) 약하다, 싱겁다, (농도가) 낮다

■ 197	当地 dāngdì	명	현지, 현장, 그 지방
■ 198	当心 dāngxīn	동	조심하다, 주의하다
■ 199	挡 dǎng	동	막다, 저지하다, 차단하다
■ 200	倒霉 dǎoméi	형	재수 없다, 운수 사납다, 불운하다
■ 201	导演 dǎoyǎn	명	연출자, 감독
■ 202	导致 dǎozhì	동	(어떤 사태를) 야기하다, 초래하다, 가져오다
■ 203	岛屿 dǎoyǔ	명	섬, 도서
■ 204	到达 dàodá	동	도달하다, 도착하다, 이르다
■ 205	道德 dàodé	명	도덕, 윤리
■ 206	道理 dàolǐ	명	도리, 이치, 일리, 근거, 경우
■ 207	登记 dēngjì	동	등기하다, 등록하다, 기입하다
■ 208	等待 děngdài	동	(사물·상황 등을) 기다리다
■ 209	等于 děngyú	동	(수량이) ~와 같다, 맞먹다
■ 210	滴 dī	명 양	한 방울씩 떨어지는 액체, 물방울 방울[둥글게 맺힌 액체를 세는 단위]
■ 211	的确 díquè	부	확실히, 분명히, 참으로, 실로
■ 212	敌人 dírén	명	적
■ 213	递 dì	동	넘겨주다, 전해 주다, 건네다
■ 214	地道 dìdao	형	순수하다, 진짜의, 오리지널의
■ 215	地理 dìlǐ	명	지리
■ 216	地区 dìqū	명	지역, 지구
■ 217	地毯 dìtǎn	명	양탄자, 카펫, 융단
■ 218	地位 dìwèi	명	(사회적) 지위, 위치
■ 219	地震 dìzhèn	명	지진
■ 220	点心 diǎnxin	명	(떡·과자·빵·케이크 등과 같은) 간식
■ 221	电池 diànchí	명	건전지
■ 222	电台 diàntái	명	방송국
■ 223	钓 diào	동	낚다, 낚시질하다
■ 224	顶 dǐng	명 동 양	꼭대기 / 머리로 받치다 개[꼭대기가 있는 물건을 세는 단위]

HSK 5급 필수 단어 1300

■ 225	冻 dòng	동	(액체·수분이 포함된 물질이) 얼다, 응고되다, 굳다
■ 226	洞 dòng	명	(~儿) 구멍, 굴, 동굴
■ 227	动画片 dònghuàpiān	명	만화 영화
■ 228	逗 dòu	동	놀리다, 골리다, 집적거리다
■ 229	豆腐 dòufu	명	두부
■ 230	独立 dúlì	동	독립하다
■ 231	独特 dútè	형	독특하다, 특별하다, 특수하다
■ 232	度过 dùguò	동	(시간을) 보내다, 지내다, 넘기다
■ 233	断 duàn	동	(도막으로) 자르다, 끊다
■ 234	堆 duī	동	(사물이) 쌓여 있다, 쌓이다, 퇴적되다 명 (~儿) 무더기, 더미
■ 235	对比 duìbǐ	동	대비하다, 대조하다
■ 236	对待 duìdài	동	다루다, 대응하다, 대처하다
■ 237	对方 duìfāng	명	상대방, 상대편
■ 238	对手 duìshǒu	명	상대, 적수
■ 239	对象 duìxiàng	명	(연애·결혼의) 상대
■ 240	兑换 duìhuàn	동	환전하다, 현금과 바꾸다
■ 241	吨 dūn	양	톤(t)
■ 242	蹲 dūn	동	쪼그리고 앉다, 웅크리고 앉다
■ 243	顿 dùn	동	잠시 멈추다, 잠깐 쉬다 양 끼니, 번[식사·질책 등을 세는 단위]
■ 244	多亏 duōkuī	동	은혜를 입다, 덕택이다
■ 245	多余 duōyú	형	여분의, 나머지의
■ 246	朵 duǒ	양	송이, 조각, 점[꽃·구름 등을 세는 단위]
■ 247	躲藏 duǒcáng	동	숨다, 피하다

E

■ 248	恶劣 èliè	형	아주 나쁘다, 열악하다
■ 249	耳环 ěrhuán	명	귀고리

F

250	发表 fābiǎo	동 (신문·잡지 등에) 글을 게재하다, 발표하다
251	发愁 fāchóu	동 걱정하다, 근심하다, 우려하다
252	发达 fādá	동 발전시키다, 발달하다
253	发抖 fādǒu	동 (벌벌·부들부들·달달) 떨다, 떨리다
254	发挥 fāhuī	동 발휘하다
255	发明 fāmíng	동 발명하다 명 발명
256	发票 fāpiào	명 영수증
257	发言 fāyán	동 의견을 발표하다, 발언하다 명 발표, 발언
258	罚款 fákuǎn	동 위약금을 물리다, 벌금을 부과하다
259	法院 fǎyuàn	명 법원
260	翻 fān	동 뒤집다, 뒤집히다, 전복하다
261	繁荣 fánróng	형 (경제나 사업이) 번영하다, 번창하다, 크게 발전하다
262	反而 fǎn'ér	부 반대로, 도리어, 거꾸로, 오히려
263	反复 fǎnfù	동 거듭하다, 반복하다, 되풀이하다
264	反应 fǎnyìng	명 반응 동 반응하다
265	反映 fǎnyìng	동 (사람이나 물체의 형상을) 되비치다, 반사하다
266	反正 fǎnzhèng	부 아무튼, 어떻든, 어쨌든
267	范围 fànwéi	명 범위
268	方 fāng	명 사각형, 육면체
269	方案 fāng'àn	명 방안
270	方式 fāngshì	명 방식, 방법
271	妨碍 fáng'ài	동 지장을 주다, 방해하다, 저해하다
272	仿佛 fǎngfú	부 마치 ~인 것 같다, 마치 ~인 듯하다
273	非 fēi	동 ~이 아니다[不是에 상당하며, 부정적인 판단을 나타냄]
274	肥皂 féizào	명 비누
275	废话 fèihuà	명 쓸데없는 말
276	分别 fēnbié	동 헤어지다, 이별하다, 구별하다 명 구별, 식별
277	分布 fēnbù	동 (일정한 지역에) 분포하다, 널려 있다

HSK 5급 필수 단어 1300

■	278	分配 fēnpèi	동	분배하다, 할당하다, 배급하다
■	279	分手 fēnshǒu	동	헤어지다, 이별하다
■	280	分析 fēnxī	동	분석하다
■	281	纷纷 fēnfēn	형	(말·눈·비·꽃·낙엽 등이) 분분하다, 어지럽게 날리다
■	282	奋斗 fèndòu	동	(일정한 목적을 달성하기 위해) 분투하다
■	283	风格 fēnggé	명	성격, 기질, 스타일, 태도
■	284	风景 fēngjǐng	명	풍경, 경치
■	285	风俗 fēngsú	명	풍속
■	286	风险 fēngxiǎn	명	위험(성), 모험
■	287	疯狂 fēngkuáng	형	미치다, 실성하다
■	288	讽刺 fěngcì	동	(비유·과장 등의 수법으로) 풍자하다
■	289	否定 fǒudìng	동	(어떤 존재나 사실을) 부정하다
■	290	否认 fǒurèn	동	부인하다, 부정하다
■	291	扶 fú	동	(넘어지지 않도록) 짚다, 기대다
■	292	幅 fú	명	너비, 폭 양 (~儿) 폭[그림·옷감을 세는 단위]
■	293	服装 fúzhuāng	명	복장, 의상, 의복
■	294	辅导 fǔdǎo	동	(학습을) 도우며 지도하다
■	295	妇女 fùnǚ	명	부녀(자), 성인 여성
■	296	复制 fùzhì	동	(주로 문물·예술품 등을) 복제하다

G

■	297	改革 gǎigé	동	개혁하다
■	298	改进 gǎijìn	동	개선하다, 개량하다
■	299	改善 gǎishàn	동	개선하다, 개량하다
■	300	改正 gǎizhèng	동	(잘못을·착오를) 개정하다, 시정하다
■	301	盖 gài	명	(~儿) 뚜껑, 덮개, 마개 동 덮다, 씌우다
■	302	概括 gàikuò	동	개괄하다, 요약하다, 총괄하다
■	303	概念 gàiniàn	명	개념
■	304	干脆 gāncuì	형	(언행이) 명쾌하다, 시원스럽다

■ 305	干燥 gānzào	형	건조하다
■ 306	感激 gǎnjī	동	감격하다
■ 307	感受 gǎnshòu	동	(영향을) 받다, 감수하다, 느끼다
■ 308	感想 gǎnxiǎng	명	감상, 느낌, 소감
■ 309	赶紧 gǎnjǐn	부	서둘러, 재빨리, 황급히
■ 310	赶快 gǎnkuài	부	황급히, 다급하게, 재빨리
■ 311	干活儿 gànhuór	동	일하다, 노동하다
■ 312	钢铁 gāngtiě	명	강철
■ 313	高档 gāodàng	형	고급의, 상등의
■ 314	高级 gāojí	형	(품질·수준 등이) 고급이다
■ 315	搞 gǎo	동	하다, 처리하다, 취급하다
■ 316	告别 gàobié	동	고별하다, 작별 인사를 하다
■ 317	隔壁 gébì	명	이웃집, 옆집, 이웃
■ 318	格外 géwài	부	각별히, 유달리, 특별히
■ 319	个别 gèbié	형	개개의, 개별적인, 단독의
■ 320	个人 gèrén	명	개인
■ 321	个性 gèxìng	명	개성
■ 322	各自 gèzì	대	각자, 제각기
■ 323	根 gēn	명	(~儿) 뿌리
■ 324	根本 gēnběn	명	근본, 근원, 기초
■ 325	公布 gōngbù	동	공포하다, 공표하다
■ 326	公开 gōngkāi	형 공개적이다 동	공개하다
■ 327	公平 gōngpíng	형	공평하다, 공정하다
■ 328	公寓 gōngyù	명	아파트, 공동 주택
■ 329	公元 gōngyuán	명	서기, 기원
■ 330	公主 gōngzhǔ	명	공주
■ 331	工厂 gōngchǎng	명	공장
■ 332	工程师 gōngchéngshī	명	기사, 엔지니어
■ 333	工具 gōngjù	명	공구, 작업 도구

HSK 5급 필수 단어 1300

■ 334	工人	gōngrén	명	노동자
■ 335	工业	gōngyè	명	공업
■ 336	功能	gōngnéng	명	기능, 작용, 효능
■ 337	恭喜	gōngxǐ	동	축하하다
■ 338	贡献	gòngxiàn	동	바치다, 헌납하다, 봉납하다
■ 339	沟通	gōutōng	동	연결하다, 교류하다, 소통하다
■ 340	构成	gòuchéng	동	구성하다, 짜다, 형성하다
■ 341	姑姑	gūgu	명	고모
■ 342	姑娘	gūniang	명	처녀, 아가씨
■ 343	古代	gǔdài	명	고대
■ 344	古典	gǔdiǎn	형	고전적이다
■ 345	股票	gǔpiào	명	주식, (유가) 증권
■ 346	骨头	gǔtou	명	뼈
■ 347	鼓舞	gǔwǔ	동	격려하다, 고무하다, 기운나게 하다
■ 348	鼓掌	gǔzhǎng	동	손뼉을 치다, 박수하다
■ 349	固定	gùdìng	형	고정되다, 불변하다
■ 350	挂号	guàhào	동	등록하다, 접수시키다, 수속하다
■ 351	乖	guāi	형	(어린아이가) 얌전하다, 착하다
■ 352	拐弯	guǎiwān	동	커브를 돌다, 방향을 틀다
■ 353	怪不得	guàibude	부	과연, 어쩐지, 그러기에
■ 354	官	guān	명 (~儿) 관리, 벼슬아치, 공무원	형	(옛날) 관청의, 정부의
■ 355	关闭	guānbì	동	닫다, 파산하다
■ 356	观察	guānchá	동	(사물·현상을) 관찰하다, 살피다
■ 357	观点	guāndiǎn	명	관점, 견해
■ 358	观念	guānniàn	명	관념, 생각
■ 359	管子	guǎnzi	명	대롱, 관, 호스, 파이프
■ 360	冠军	guànjūn	명	챔피언, 우승(자), 우승팀, 1등
■ 361	光滑	guānghuá	형	(물체의 표면이) 매끌매끌하다, 반들반들하다
■ 362	光临	guānglín	명 왕림	동	왕림하다

■ 363	光明 guāngmíng	명	광명, 빛
■ 364	光盘 guāngpán	명	CD
■ 365	广场 guǎngchǎng	명	광장
■ 366	广大 guǎngdà	형	(면적·공간이) 광대하다, 크고 넓다, (사람 수가) 많다
■ 367	广泛 guǎngfàn	형	광범위하다, 폭넓다, 두루 미치다
■ 368	规矩 guīju	명 표준, 법칙, 규율, 규정, 습관 형 단정하다, 바르다	
■ 369	规律 guīlǜ	명 규율, 법칙, 규칙 형 규칙적이다	
■ 370	规模 guīmó	명	규모, 형태, 범위, 영역
■ 371	规则 guīzé	명	규칙, 규정, 법규
■ 372	归纳 guīnà	동	귀납하다, 종합하다
■ 373	柜台 guìtái	명	계산대, 카운터
■ 374	滚 gǔn	동	구르다, 뒹굴다
■ 375	锅 guō	명	솥, 냄비, 가마
■ 376	国庆节 Guóqìngjié	고유	국경절[중화인민공화국의 건국 기념일]
■ 377	国王 guówáng	명	국왕
■ 378	果然 guǒrán	부	과연, 아니나 다를까, 생각한 대로
■ 379	果实 guǒshí	명	열매, 과실
■ 380	过分 guòfèn	동	지나치다, 분에 넘치다, 과분하다
■ 381	过敏 guòmǐn	동	이상 반응을 나타내다, 알레르기 반응을 보이다
■ 382	过期 guòqī	동	기한을 넘기다, 기일이 지나다

H

■ 383	哈 hā	감	아하, 하하[기쁘고 놀라움을 나타냄]
■ 384	海关 hǎiguān	명	세관
■ 385	海鲜 hǎixiān	명	해산물, 해물
■ 386	喊 hǎn	동	외치다, 소리 지르다, 고함치다
■ 387	行业 hángyè	명	직업, 직종, 업종
■ 388	豪华 háohuá	형	(생활이) 호화스럽다, 사치스럽다
■ 389	好客 hàokè	형	손님 접대를 좋아하다, 손님을 좋아하다

HSK 5급 필수 단어 1300

■	390	好奇 hàoqí	형	호기심을 갖다, 궁금하게 생각하다
■	391	何必 hébì	부	구태여 ~할 필요가 있는가, ~할 필요가 없다
■	392	何况 hékuàng	접	더군다나, 하물며
■	393	合法 héfǎ	형	법에 맞다, 합법적이다, 적법하다
■	394	合理 hélǐ	형	도리에 맞다, 합리적이다
■	395	合同 hétong	명	계약서
■	396	合影 héyǐng	동 함께 사진을 찍다 명 단체 사진	
■	397	合作 hézuò	동	합작하다, 협력하다
■	398	和平 hépíng	명	평화
■	399	核心 héxīn	명	핵심
■	400	恨 hèn	명 한, 원한, 원망 동 원망하다, 증오하다	
■	401	猴子 hóuzi	명	원숭이
■	402	后背 hòubèi	명	등
■	403	后果 hòuguǒ	명	(주로 안 좋은) 결과, 뒷일, 뒤탈
■	404	忽然 hūrán	부	갑자기, 홀연, 별안간, 돌연, 문득
■	405	忽视 hūshì	동	소홀히 하다, 등한히 하다, 경시하다, 주의하지 않다
■	406	呼吸 hūxī	동	호흡하다, 숨을 쉬다
■	407	壶 hú	명	병, 항아리, 주전자
■	408	蝴蝶 húdié	명	나비
■	409	胡说 húshuō	동	헛소리하다, 함부로 지껄이다
■	410	胡同 hútòng	명	골목
■	411	糊涂 hútu	형	어리석다, 멍청하다, 흐리멍텅하다
■	412	花生 huāshēng	명	땅콩
■	413	划 huá / huà	동 (배를) 젓다, (칼로) 베다 동 (금을) 긋다, 가르다, 나누다	
■	414	滑 huá	형 반들반들하다, 미끄럽다 동 미끄러지다	
■	415	华裔 huáyì	명	화교가 거주국에서 낳은 자녀
■	416	话题 huàtí	명	화제, 논제, 이야기의 주제
■	417	化学 huàxué	명	화학
■	418	怀念 huáiniàn	동	회상하다, 추억하다, 회고하다

■	419	怀孕 huáiyùn	동	임신하다
■	420	缓解 huǎnjiě	동	(정도가) 완화되다, 호전되다
■	421	幻想 huànxiǎng	명	공상, 환상, 몽상 동 공상하다, 꿈꾸다
■	422	慌张 huāngzhāng	형	당황하다, 쩔쩔매다, 허둥대다
■	423	黄金 huángjīn	명	황금, 금
■	424	挥 huī	동	휘두르다, 흔들다, 닦다, 씻다
■	425	灰 huī	명	재
■	426	灰尘 huīchén	명	먼지
■	427	灰心 huīxīn	동	낙담하다, 낙심하다, 의기소침하다
■	428	恢复 huīfù	동	회복하다, 회복되다
■	429	汇率 huìlǜ	명	환율
■	430	婚礼 hūnlǐ	명	결혼식, 혼례
■	431	婚姻 hūnyīn	명	혼인, 결혼
■	432	活跃 huóyuè	형	활동적이다, 활기차다
■	433	伙伴 huǒbàn	명	동료, 친구, 동반자
■	434	火柴 huǒchái	명	성냥
■	435	或许 huòxǔ	부	아마, 어쩌면, 혹시 (~인지 모른다)

J

■	436	基本 jīběn	형	기본의, 기본적이다, 근본적이다
■	437	激烈 jīliè	형	(동작·말이) 격렬하다, 치열하다
■	438	机器 jīqì	명	기계, 기기
■	439	肌肉 jīròu	명	근육
■	440	及格 jígé	동	합격하다
■	441	集合 jíhé	동	집합하다
■	442	集体 jítǐ	명	집단, 단체
■	443	集中 jízhōng	동	집중하다, 모으다, 집중시키다
■	444	急忙 jímáng	부	급히, 황급히, 바삐
■	445	急诊 jízhěn	명	응급 진료, 급진

HSK 5급 필수 단어 1300

☐	446	极其	jíqí	부 아주, (지)극히, 몹시
☐	447	系领带	jì lǐngdài	넥타이를 매다
☐	448	纪录	jìlù	명 (인물·사건 등의) 기록, 다큐멘터리
☐	449	纪律	jìlǜ	명 기율, 기강, 법도
☐	450	纪念	jìniàn	동 기념하다
☐	451	记录	jìlù	동 기록하다
☐	452	记忆	jìyì	동 기억하다, 떠올리다
☐	453	寂寞	jìmò	형 외롭다, 쓸쓸하다, 적막하다
☐	454	计算	jìsuàn	동 계산하다, 산출하다, 셈하다
☐	455	嘉宾	jiābīn	명 귀빈, 내빈, 귀한 손님
☐	456	家庭	jiātíng	명 가정
☐	457	家务	jiāwù	명 가사, 집안일
☐	458	家乡	jiāxiāng	명 고향
☐	459	夹子	jiāzi	명 집게, 클립, 폴더, 서류철
☐	460	甲	jiǎ	명 갑, 첫째 형 제일이다, 첫째이다
☐	461	假如	jiǎrú	접 만약, 만일, 가령
☐	462	假设	jiǎshè	동 가정하다, 꾸며 내다
☐	463	假装	jiǎzhuāng	동 가장하다, (짐짓) ~인 체하다
☐	464	嫁	jià	동 시집가다, (여자가) 혼인하다
☐	465	驾驶	jiàshǐ	동 (자동차·선박·비행기 등을) 운전하다, 조종하다, 운항하다
☐	466	价值	jiàzhí	명 가치
☐	467	肩膀	jiānbǎng	명 어깨
☐	468	艰巨	jiānjù	형 어렵고 힘들다, 막중하다
☐	469	艰苦	jiānkǔ	형 고생스럽다, 어렵고 고달프다
☐	470	坚决	jiānjué	형 (태도·행동 등이) 단호하다, 결연하다
☐	471	坚强	jiānqiáng	형 굳세다, 굳고 강하다, 꿋꿋하다
☐	472	兼职	jiānzhí	동 겸직하다
☐	473	捡	jiǎn	동 줍다
☐	474	剪刀	jiǎndāo	명 가위

475	简历 jiǎnlì	명	이력서
476	简直 jiǎnzhí	부	그야말로, 너무나, 전혀
477	建立 jiànlì	동	창설하다, 건립하다, 수립하다
478	建设 jiànshè	동	(새로운 사업을) 창립하다, 건설하다
479	建筑 jiànzhù	명 건축물 동 건축하다	
480	键盘 jiànpán	명	건반, 키보드
481	健身 jiànshēn	동	신체를 건강하게 하다, 튼튼하게 하다
482	讲究 jiǎngjiu	동	중요시하다, 신경 쓰다, 주의하다
483	讲座 jiǎngzuò	명	강좌
484	酱油 jiàngyóu	명	간장
485	浇 jiāo	동	관개하다, 물을 대다, (물을) 뿌리다
486	交换 jiāohuàn	동	교환하다
487	交际 jiāojì	동	교제하다, 서로 사귀다
488	交往 jiāowǎng	동	왕래하다, 교제하다
489	胶水 jiāoshuǐ	명	풀
490	角度 jiǎodù	명	각도
491	狡猾 jiǎohuá	형	교활하다, 간교하다
492	教材 jiàocái	명	교재
493	教练 jiàoliàn	명	감독, 코치
494	教训 jiàoxùn	동 교훈하다, 가르치고 타이르다, 훈계하다 명 교훈	
495	接触 jiēchù	동	닿다, 접촉하다
496	接待 jiēdài	명 접대, 응접 동 접대하다, 응대하다	
497	接近 jiējìn	동	접근하다, 가까이하다, 다가가다, 친하다
498	阶段 jiēduàn	명	단계, 계단
499	结实 jiēshi	형	굳다, 단단하다, 건장하다, 튼튼하다
500	结构 jiégòu	명	구성, 구조, 조직, 짜임새
501	结合 jiéhé	동	결합하다, 결부하다
502	结论 jiélùn	명	결론
503	结账 jiézhàng	동	계산하다, 결산하다

HSK 5급 필수 단어 1300

■	504	节省 jiéshěng	동	아끼다, 절약하다
■	505	届 jiè	동	(예정된 때에) 이르다, 다다르다
			양	회[정기적인 행사·기수를 세는 단위]
■	506	戒 jiè	동	방비하다, 경계하다, 중단하다
■	507	戒指 jièzhi	명	반지
■	508	借口 jièkǒu	명	구실, 핑계
■	509	金属 jīnshǔ	명	금속
■	510	紧急 jǐnjí	형	긴급하다, 절박하다, 긴박하다
■	511	尽快 jǐnkuài	부	되도록 빨리
■	512	尽量 jǐnliàng	부	가능한 한, 될 수 있는 대로, 최대한
■	513	谨慎 jǐnshèn	형	(언행이) 신중하다, 조심스럽다
■	514	进步 jìnbù	동	진보하다
■	515	进口 jìnkǒu	동	수입하다
■	516	近代 jìndài	명	근대, 근세
■	517	尽力 jìnlì	동	온 힘을 다하다, 전력을 다하다
■	518	经典 jīngdiǎn	명	고전, 경전　형 전형적이다
■	519	经商 jīngshāng	동	장사하다, 상업에 종사하다
■	520	经营 jīngyíng	동	경영하다, 운영하다
■	521	精力 jīnglì	명	정력, 정신과 체력
■	522	精神 jīngshén	명	정신
		jīngshen	형	활기차다, 기운을 내다
■	523	酒吧 jiǔbā	명	(서양식) 술집, 바
■	524	救 jiù	동	구하다, 구제하다, 구조하다
■	525	救护车 jiùhùchē	명	구급차
■	526	舅舅 jiùjiu	명	외삼촌
■	527	居然 jūrán	부	뜻밖에, 놀랍게도, 예상 외로, 의외로
■	528	橘子 júzi	명	귤
■	529	具备 jùbèi	동	(물품 등을) 갖추다, 구비하다
■	530	具体 jùtǐ	형	구체적이다
■	531	巨大 jùdà	형	(규모·수량 등이) 아주 크다, 많다

☐ 532	俱乐部	jùlèbù	명	클럽, 동호회
☐ 533	据说	jùshuō	동	말하는 바에 의하면, 듣건대
☐ 534	捐	juān	동	헌납하다, 부조하다, 기부하다
☐ 535	绝对	juéduì	형	절대적이다, 무조건적이다
☐ 536	决赛	juésài	명	결승(전)
☐ 537	决心	juéxīn	명 결심, 결의, 다짐 동 결심하다, 결의하다	
☐ 538	角色	juésè	명	(연극·영화·TV의) 배역, 역할
☐ 539	军事	jūnshì	명	군사[군대·전쟁에 관련된 일]
☐ 540	均匀	jūnyún	형	균등하다, 고르다, 균일하다

K

☐ 541	卡车	kǎchē	명	트럭
☐ 542	开发	kāifā	동	(자연 자원을) 개발하다, 개척하다
☐ 543	开放	kāifàng	동	(봉쇄·금지령·제한 등을) 해제하다, 개방하다
☐ 544	开幕式	kāimùshì	명	개막식
☐ 545	开水	kāishuǐ	명	끓인 물
☐ 546	砍	kǎn	동	(도끼 등으로) 찍다, 패다, 치다
☐ 547	看不起	kànbuqǐ	동	경시하다, 얕보다, 깔보다
☐ 548	看望	kànwàng	동	방문하다, 문안하다, 찾아가 보다
☐ 549	靠	kào	동	기대다, 의지하다
☐ 550	颗	kē	양	알, 방울[둥글고 작은 알맹이를 세는 단위]
☐ 551	可见	kějiàn	접	~이라는 것을 알 수 있다
☐ 552	可靠	kěkào	형	확실하다, 믿을 만하다
☐ 553	可怕	kěpà	형	두렵다, 무섭다, 겁나다
☐ 554	克	kè	양	그램(g)
☐ 555	克服	kèfú	동	극복하다, 이기다
☐ 556	课程	kèchéng	명	교육 과정, 커리큘럼
☐ 557	客观	kèguān	형	객관적이다
☐ 558	刻苦	kèkǔ	형	노고를 아끼지 않다, 고생을 참아 내다

HSK 5급 필수 단어 1300

■	559	空间 kōngjiān	명	공간
■	560	空闲 kòngxián	명	여가, 짬, 틈, 자유 시간
■	561	控制 kòngzhì	동	통제하다, 제어하다, 규제하다
■	562	口味 kǒuwèi	명	(지방 특유의) 맛, 향미, 풍미
■	563	夸 kuā	동	칭찬하다
■	564	夸张 kuāzhāng	동	과장하다, 과장하여 말하다
■	565	会计 kuàijì	명	회계, 경리
■	566	宽 kuān	형	(폭이) 넓다, 드넓다
■	567	昆虫 kūnchóng	명	곤충
■	568	扩大 kuòdà	동	(범위나 규모를) 확대하다, 넓히다

L

■	569	辣椒 làjiāo	명	고추
■	570	拦 lán	동	가로막다, 저지하다
■	571	烂 làn	형	썩다, 부패하다, 곪다
■	572	朗读 lǎngdú	동	낭독하다, 맑고 큰 소리로 읽다
■	573	劳动 láodòng	명	일, 노동
■	574	劳驾 láojià		수고하셨습니다, 죄송합니다
■	575	老百姓 lǎobǎixìng	명	백성, 국민, 일반인
■	576	老板 lǎobǎn	명	(상점) 주인, 사장
■	577	老婆 lǎopo	명	아내, 처, 집사람
■	578	老实 lǎoshi	형	성실하다, 솔직하다, 정직하다
■	579	老鼠 lǎoshǔ	명	쥐
■	580	姥姥 lǎolao	명	외할머니
■	581	乐观 lèguān	형	낙관적이다, 희망차다
■	582	雷 léi	명	천둥, 우레
■	583	类型 lèixíng	명	유형
■	584	冷淡 lěngdàn	형	쌀쌀하다, 냉담하다, 냉정하다
■	585	梨 lí	명	배

■ 586	离婚 líhūn	동 이혼하다		
■ 587	厘米 límǐ	양 센티미터(cm)		
■ 588	理论 lǐlùn	명 이론		
■ 589	理由 lǐyóu	명 이유, 까닭, 연유		
■ 590	立即 lìjí	부 곧, 즉시, 바로, 금방		
■ 591	立刻 lìkè	부 곧, 즉시, 바로, 금방		
■ 592	力量 lìliàng	명 힘, 역량		
■ 593	利润 lìrùn	명 이윤		
■ 594	利息 lìxī	명 이자		
■ 595	利益 lìyì	명 이익, 이득		
■ 596	利用 lìyòng	동 이용하다, 활용하다		
■ 597	联合 liánhé	동 연합하다, 결합하다, 단결하다		
■ 598	连忙 liánmáng	부 얼른, 급히, 재빨리		
■ 599	连续 liánxù	동 연속하다, 계속하다		
■ 600	恋爱 liàn'ài	동 서로 사랑하다, 연애하다		
■ 601	良好 liánghǎo	형 좋다, 양호하다, 훌륭하다		
■ 602	粮食 liángshi	명 양식, 식량		
■ 603	亮 liàng	형 밝다, 빛나다		
■ 604	了不起 liǎobuqǐ	형 놀랄 만하다, 비범하다, 뛰어나다		
■ 605	列车 lièchē	명 열차		
■ 606	临时 línshí	형 잠시의, 일시적인		
■ 607	铃 líng	명 방울, 종, 벨		
■ 608	灵活 línghuó	형 민첩하다, 재빠르다, 유연하다		
■ 609	零件 língjiàn	명 부속품, 부품		
■ 610	零食 língshí	명 간식, 군것질, 주전부리		
■ 611	领导 lǐngdǎo	동 지도하다, 영도하다, 이끌고 나가다	명 지도자, 리더	
■ 612	领域 lǐngyù	명 분야, 영역		
■ 613	流传 liúchuán	동 유전하다, 대대로 전해 내려오다		
■ 614	流泪 liúlèi	동 눈물을 흘리다		

HSK 5급 필수 단어 1300

■	615	浏览 liúlǎn	동	대충 훑어보다, 대강 둘러보다
■	616	龙 lóng	명	용
■	617	漏 lòu	동	(물체에 구멍·틈이 생겨) 새다
■	618	陆地 lùdì	명	땅, 육지
■	619	陆续 lùxù	부	끊임없이, 연이어, 부단히
■	620	录取 lùqǔ	동	(시험 등을 통하여) 채용하다, 뽑다
■	621	录音 lùyīn	동	녹음하다
■	622	轮流 lúnliú	동	차례로 (돌아가면서) ~하다
■	623	论文 lùnwén	명	논문
■	624	逻辑 luójì	명	논리
■	625	落后 luòhòu	형	낙후하다, 뒤떨어지다

M

■	626	骂 mà	동	욕하다, 꾸짖다
■	627	麦克风 màikèfēng	명	마이크
■	628	馒头 mántou	명	찐빵[소를 넣지 않고 밀가루만 발효시켜 만든 것]
■	629	满足 mǎnzú	동	만족하다, 흡족하다
■	630	毛病 máobìng	명	(기계의) 고장, 장애, 결함, 흠
■	631	矛盾 máodùn	명	창과 방패, 모순, 갈등
■	632	冒险 màoxiǎn	동	모험하다, 위험을 무릅쓰다
■	633	贸易 màoyì	명	무역, 교역, 매매
■	634	眉毛 méimao	명	눈썹
■	635	煤炭 méitàn	명	석탄
■	636	媒体 méitǐ	명	대중 매체, 미디어
■	637	美术 měishù	명	미술, 그림, 회화
■	638	魅力 mèilì	명	매력
■	639	梦想 mèngxiǎng	명	꿈, 몽상, 이상 동 꿈꾸다
■	640	蜜蜂 mìfēng	명	꿀벌
■	641	秘密 mìmì	명	비밀, 기밀

■ 642	秘书 mìshū	명	비서	
■ 643	密切 mìqiè	형	(관계가) 밀접하다, 긴밀하다, 가깝다	
■ 644	面对 miànduì	동	마주 보다, 마주 대하다, 직면하다	
■ 645	面积 miànjī	명	면적	
■ 646	面临 miànlín	동	(문제·상황에) 직면하다, 당면하다	
■ 647	苗条 miáotiao	형	몸매가 날씬하다, 호리호리하다	
■ 648	描写 miáoxiě	동	묘사하다, 그려 내다	
■ 649	敏感 mǐngǎn	형	민감하다, 감각이 예민하다	
■ 650	名牌 míngpái	명	(~儿) 유명 상표, 유명 브랜드	
■ 651	名片 míngpiàn	명	명함	
■ 652	名胜古迹 míngshèng gǔjì	명	명승고적	
■ 653	明确 míngquè	형	명확하다, 확실하다	
■ 654	明显 míngxiǎn	형	뚜렷하다, 분명하다, 확연히 드러나다	
■ 655	明星 míngxīng	명	스타[유명한 연예인·운동 선수·기업인 등을 가리킴]	
■ 656	命令 mìnglìng	동	명령하다	명 명령
■ 657	命运 mìngyùn	명	운명	
■ 658	摸 mō	동	(손으로) 짚어 보다, 쓰다듬다	
■ 659	模仿 mófǎng	동	모방하다, 본뜨다, 흉내 내다	
■ 660	模糊 móhu	형	모호하다, 분명하지 않다	
■ 661	模特 mótè	명	(~儿) 모델	
■ 662	摩托车 mótuōchē	명	오토바이	
■ 663	陌生 mòshēng	형	생소하다, 낯설다, 눈에 익지 않다	
■ 664	某 mǒu	대	아무, 어느, 모	
■ 665	目标 mùbiāo	명	목표	
■ 666	目录 mùlù	명	목록, 목차	
■ 667	目前 mùqián	명	지금, 현재	
■ 668	木头 mùtou	명	나무, 목재, 재목	

HSK 5급 필수 단어 1300

N

■	669	哪怕 nǎpà	접	설령 ~이라 해도, 비록 ~이라 해도
■	670	难怪 nánguài	부	어쩐지, 과연, 그러기에
■	671	难免 nánmiǎn	형	면하기 어렵다, 피하기 어렵다
■	672	脑袋 nǎodai	명	(사람·동물의) 머리(통)
■	673	内部 nèibù	명	내부
■	674	内科 nèikē	명	내과
■	675	嫩 nèn	형	연하다, 여리다, 부드럽다
■	676	能干 nénggàn	형	유능하다, 솜씨 있다, 일을 잘하다
■	677	能源 néngyuán	명	에너지원
■	678	嗯 ǹg	감	응, 그래[허락·대답을 나타냄]
■	679	年代 niándài	명	시대, 시기, 연대, 세월
■	680	年纪 niánjì	명	나이, 연령
■	681	念 niàn	동	그리워하다, 보고 싶어하다, 걱정하다, (글을) 읽다, 공부하다
■	682	宁可 nìngkě	부	차라리 ~할지언정, 설령 ~할지라도
■	683	牛仔裤 niúzǎikù	명	청바지
■	684	浓 nóng	형	진하다, 농후하다, 짙다
■	685	农村 nóngcūn	명	농촌
■	686	农民 nóngmín	명	농민, 농부
■	687	农业 nóngyè	명	농업
■	688	女士 nǚshì	명	여사, 숙녀, 부인

O

■	689	欧洲 Ōuzhōu	고유	유럽, 유럽 대륙
■	690	偶然 ǒurán	부	우연히, 뜻밖에

P

■ 691	拍 pāi	동	손바닥으로 치다, 촬영하다　명 채, 박자
■ 692	派 pài	명	파, 파벌, 기풍, 스타일　동 파견하다
■ 693	盼望 pànwàng	동	간절히 바라다
■ 694	赔偿 péicháng	동	배상하다, 변상하다, 보상하다
■ 695	培训 péixùn	동	양성하다, 육성하다, 키우다
■ 696	培养 péiyǎng	동	배양하다
■ 697	佩服 pèifú	동	탄복하다, 감탄하다, 감명받다
■ 698	配合 pèihé	동	협동하다, 협력하다, 호흡을 맞추다
■ 699	盆 pén	명	(~儿) 대야, 화분, 양푼
■ 700	碰 pèng	동	부딪치다, 충돌하다, 건드리다
■ 701	披 pī	동	(겉옷을) 걸치다, (책을) 펴다
■ 702	批 pī	동	손바닥으로 찰싹 때리다, 결재하다　양 무리, 더미
■ 703	批准 pīzhǔn	동	비준하다, 허가하다, 승인하다
■ 704	疲劳 píláo	형	피곤하다, 지치다
■ 705	匹 pǐ	동	필적하다, 맞먹다　양 필[말을 세는 단위]
■ 706	片 piàn	명	조각, 편　양 개[조각·면적을 세는 단위]
■ 707	片面 piànmiàn	형	일방적이다, 단편적이다
■ 708	飘 piāo	동	(바람에) 나부끼다, 흩날리다
■ 709	拼音 pīnyīn	명	병음　동 표음 문자로 표기하다
■ 710	频道 píndào	명	채널
■ 711	凭 píng	동	의지하다, 의거하다, 기대다
■ 712	平 píng	형	평평하다, 평탄하다, 반반하다
■ 713	平安 píng'ān	형	평안하다, 편안하다, 무사하다
■ 714	平常 píngcháng	명	평소, 평시, 평상시
■ 715	平等 píngděng	형	동일한 대우를 받다, 평등하다
■ 716	平方 píngfāng	명	제곱, 평방
■ 717	平衡 pínghéng	형	(무게가) 균형이 맞다, 균형 잡히다
■ 718	平静 píngjìng	형	조용하다, 고요하다, 차분하다

HSK 5급 필수 단어 1300

■	719	平均 píngjūn	형	평균의, 균등하다, 평균적이다
■	720	评价 píngjià	동	평가하다 명 평가
■	721	破产 pòchǎn	동	파산하다, 도산하다, 부도나다
■	722	破坏 pòhuài	동	(건축물 등을) 파괴하다, 훼손하다
■	723	迫切 pòqiè	형	절박하다, 다급하다, 촉박하다

Q

■	724	期待 qīdài	동	기대하다, 기다리다, 고대하다, 바라다
■	725	期间 qījiān	명	기간, 시간
■	726	奇迹 qíjì	명	기적
■	727	其余 qíyú	명	나머지, 남은 것
■	728	启发 qǐfā	명	계발, 깨우침, 영감 동 깨닫게 하다, 계몽하다
■	729	企业 qǐyè	명	기업
■	730	气氛 qìfēn	명	분위기
■	731	汽油 qìyóu	명	휘발유, 가솔린
■	732	签 qiān	동	서명하다, 사인하다
■	733	谦虚 qiānxū	형	겸손하다, 겸허하다
■	734	前途 qiántú	명	전도, 앞길, 전망
■	735	浅 qiǎn	형	얕다, (가옥·장소의 길이나 폭이) 좁다
■	736	欠 qiàn	동	빚지다
■	737	枪 qiāng	명	총, 창
■	738	墙 qiáng	명	담장, 벽, 울타리
■	739	强调 qiángdiào	동	강조하다
■	740	强烈 qiángliè	형	강렬하다, 맹렬하다
■	741	抢 qiǎng	동	빼앗다, 탈취하다, 약탈하다
■	742	悄悄 qiāoqiāo	부	(소리·행동을) 은밀히, 몰래
■	743	瞧 qiáo	동	보다, 구경하다
■	744	巧妙 qiǎomiào	형	교묘하다
■	745	切 qiē	동	(칼로) 끊다, 자르다, 썰다

■	746	亲爱 qīn'ài	형	친애하다, 사랑하다
■	747	亲切 qīnqiè	형	친근하다, 친밀하다, 친절하다
■	748	亲自 qīnzì	부	직접, 손수, 친히
■	749	勤奋 qínfèn	형	꾸준하다, 부지런하다, 열심히 하다
■	750	青 qīng	형	푸르다
■	751	青春 qīngchūn	명	청춘
■	752	青少年 qīngshàonián	명	청소년
■	753	清淡 qīngdàn	형	담백하다
■	754	轻视 qīngshì	동	경시하다, 무시하다, 가볍게 보다
■	755	轻易 qīngyì	형	제멋대로이다, 경솔하다, 수월하다 부 쉽게, 함부로
■	756	情景 qíngjǐng	명	광경, 정경, 장면
■	757	情绪 qíngxù	명	정서, 감정, 마음, 기분
■	758	请求 qǐngqiú	명	요구, 요청, 부탁 동 요청하다, 부탁하다
■	759	庆祝 qìngzhù	동	경축하다, 축하하다
■	760	球迷 qiúmí	명	(야구·축구 등의) 구기광, 팬
■	761	趋势 qūshì	명	추세
■	762	娶 qǔ	동	장가가다, (남자가) 혼인하다, 아내를 얻다
■	763	取消 qǔxiāo	동	취소하다
■	764	去世 qùshì	동	돌아가다, 세상을 뜨다
■	765	圈 quān	명	(~儿) 원, 고리, 범위 동 둘러싸다
■	766	权力 quánlì	명	(정치적) 권력
■	767	权利 quánlì	명	권리
■	768	全面 quánmiàn	명	전반, 전체 형 전면적이다, 전반적이다
■	769	劝 quàn	동	권하다, 권고하다, 타이르다
■	770	缺乏 quēfá	동	결핍되다, 결여되다
■	771	确定 quèdìng	동	확정하다, 확실히 결정을 내리다
■	772	确认 quèrèn	동	(사실·원칙 등을) 명확히 인정하다, 확인하다
■	773	群 qún	명	무리, 떼

HSK 5급 필수 단어 1300

R

■	774	燃烧 ránshāo	동	연소하다, 타다
■	775	绕 rào	동	휘감다, 두르다, 감다
■	776	热爱 rè'ài	동	열애에 빠지다, 뜨겁게 사랑하다
■	777	热烈 rèliè	형	열렬하다
■	778	热心 rèxīn	동	열심이다, 적극적이다, 열성적이다
■	779	人才 réncái	명	(재덕을 겸비하거나 한 방면에 뛰어난) 인재
■	780	人口 rénkǒu	명	인구
■	781	人类 rénlèi	명	인류
■	782	人民币 rénmínbì	명	인민폐[중국의 법정 화폐]
■	783	人生 rénshēng	명	인생
■	784	人事 rénshì	명	인사[직원의 임용·해임·평가와 관계되는 행정적인 일]
■	785	人物 rénwù	명	인물[특색이 있거나 대표적인 사람을 가리킴]
■	786	人员 rényuán	명	인원, 요원
■	787	忍不住 rěnbuzhù	동	견딜 수 없다, 참을 수 없다
■	788	日常 rìcháng	형	일상의, 평소의, 일상적인
■	789	日程 rìchéng	명	일정, 스케줄
■	790	日历 rìlì	명	일력, 달력
■	791	日期 rìqī	명	(특정한) 날짜, 기간, 기일
■	792	日用品 rìyòngpǐn	명	일용품
■	793	日子 rìzi	명	(선택한) 날, 날짜, 시일, 시간
■	794	如何 rúhé	대	어떻게, 어째서, 왜, 어떠한가
■	795	如今 rújīn	명	(비교적 먼 과거에 대비하여) 지금, 오늘날
■	796	软 ruǎn	형	(물체의 속성이) 부드럽다, 연하다
■	797	软件 ruǎnjiàn	명	소프트웨어
■	798	弱 ruò	형	허약하다, 약하다

S

799	洒 sǎ	동	(물건이나 물을 땅에) 뿌리다
800	嗓子 sǎngzi	명	목(구멍), 목소리, 목청
801	色彩 sècǎi	명	색채, 색깔, 빛깔
802	杀 shā	동	죽이다, 살해하다, 잡다
803	沙漠 shāmò	명	사막
804	沙滩 shātān	명	모래사장, 백사장, 모래톱
805	傻 shǎ	형	어리석다, 우둔하다, 멍청하다
806	晒 shài	동	햇볕을 쬐다, 햇볕에 말리다
807	删除 shānchú	동	빼다, 삭제하다, 지우다
808	闪电 shǎndiàn	명	번개
809	善良 shànliáng	형	선량하다, 착하다
810	善于 shànyú	동	~을 잘하다, ~에 능(숙)하다
811	扇子 shànzi	명	부채
812	伤害 shānghài	동	상하게 하다, 손상시키다
813	商品 shāngpǐn	명	상품
814	商务 shāngwù	명	상무, 상업상의 용무, 비즈니스
815	商业 shāngyè	명	상업, 비즈니스
816	上当 shàngdàng	동	속다, 꾐에 빠지다, 사기를 당하다
817	蛇 shé	명	뱀
818	舍不得 shěbude	동	헤어지기 섭섭하다, 이별을 아쉬워하다, 미련이 남다
819	设备 shèbèi	명	설비, 시설
820	设计 shèjì	동	설계하다, 디자인하다, 계획하다
821	设施 shèshī	명	시설
822	射击 shèjī	동	사격하다, 쏘다
823	摄影 shèyǐng	동	사진을 찍다, 촬영하다
824	伸 shēn	동	(신체나 물체의 일부분을) 펴다, 내밀다
825	身材 shēncái	명	몸매, 체격, 몸집
826	身份 shēnfèn	명	신분, 지위

HSK 5급 필수 단어 1300

- 827 深刻 shēnkè — 형 (인상이) 깊다, (느낌이) 매우 강렬하다
- 828 神话 shénhuà — 명 신화
- 829 神秘 shénmì — 형 신비하다
- 830 升 shēng — 동 오르다, 올라가다, 떠오르다
- 831 生产 shēngchǎn — 동 생산하다
- 832 生动 shēngdòng — 형 생동감 있다, 생생하다
- 833 生长 shēngzhǎng — 동 생장하다, 자라다
- 834 声调 shēngdiào — 명 성조, 말투, 어조, 톤
- 835 绳子 shéngzi — 명 (노)끈, 새끼줄, 밧줄
- 836 省略 shěnglüè — 동 생략하다, 삭제하다
- 837 胜利 shènglì — 명 승리 동 승리하다, 성공하다
- 838 诗 shī — 명 시
- 839 失眠 shīmián — 동 잠을 이루지 못하다, 불면증에 걸리다
- 840 失去 shīqù — 동 잃다, 잃어버리다
- 841 失业 shīyè — 동 일을 잃다, 실업하다, 직업을 잃다
- 842 湿润 shīrùn — 형 축축하다, 촉촉하다, 습윤하다
- 843 狮子 shīzi — 명 사자
- 844 时差 shíchā — 명 시차
- 845 时代 shídài — 명 시대, 시기
- 846 时刻 shíkè — 명 시간, 시각, 때, 순간
- 847 时髦 shímáo — 형 유행이다, 최신식이다, 현대적이다
- 848 时期 shíqī — 명 (특정한) 시기
- 849 时尚 shíshàng — 명 시대적 유행, 당시의 분위기, 시류 형 세련되다, 트렌디하다
- 850 实话 shíhuà — 명 실화, 참말, 솔직한 말
- 851 实践 shíjiàn — 명 실천, 실행, 이행 동 실천하다, 실행하다
- 852 实习 shíxí — 동 실습하다
- 853 实现 shíxiàn — 동 실현하다, 달성하다
- 854 实验 shíyàn — 명 실험 동 실험하다
- 855 实用 shíyòng — 형 실용적이다

■ 856	石头 shítou	명	돌	
■ 857	食物 shíwù	명	음식물	
■ 858	使劲儿 shǐjìnr	동	힘을 쓰다	
■ 859	始终 shǐzhōng	명	처음과 끝, 시종	
■ 860	士兵 shìbīng	명	병사, 사병	
■ 861	市场 shìchǎng	명	시장	
■ 862	似的 shìde	조	~와 같다, ~와 비슷하다	
■ 863	试卷 shìjuàn	명	시험지	
■ 864	事实 shìshí	명	사실	
■ 865	事物 shìwù	명	사물	
■ 866	事先 shìxiān	명	사전(에), 미리	
■ 867	收获 shōuhuò	동 수확하다, 추수하다	명	수확, 소득
■ 868	收据 shōujù	명	영수증, 인수증, 수취증	
■ 869	首 shǒu	명 머리, 시작, 처음	양	수[시·노래를 세는 단위]
■ 870	手工 shǒugōng	명	수공, 손으로 하는 일	
■ 871	手术 shǒushù	명 수술	동	수술하다
■ 872	手套 shǒutào	명	장갑	
■ 873	手续 shǒuxù	명	수속, 절차	
■ 874	手指 shǒuzhǐ	명	손가락	
■ 875	寿命 shòumìng	명	수명, 명, 목숨, 생명	
■ 876	受伤 shòushāng	동	부상당하다, 부상을 입다, 상처를 입다	
■ 877	蔬菜 shūcài	명	채소, 야채	
■ 878	书架 shūjià	명	책장, 책꽂이	
■ 879	输入 shūrù	동	입력하다	
■ 880	舒适 shūshì	형	편안하다, 쾌적하다, 기분이 좋다	
■ 881	梳子 shūzi	명	빗	
■ 882	熟练 shúliàn	형	능숙하다, 숙련되어 있다, 능란하다	
■ 883	数 shǔ / shù	동 세다, 헤아리다, 하나하나 계산하다 / 명 숫자, 수		
■ 884	鼠标 shǔbiāo	명	마우스	

HSK 5급 필수 단어 1300

■ 885	属于 shǔyú	동	~에 속하다, ~의 소유이다
■ 886	数据 shùjù	명	데이터, 통계 수치
■ 887	数码 shùmǎ	명	숫자, 디지털
■ 888	摔倒 shuāidǎo	동	쓰러지다, 넘어지다
■ 889	甩 shuǎi	동	휘두르다, 내젓다, 뿌리치다
■ 890	双方 shuāngfāng	명	쌍방, 양쪽, 양측
■ 891	税 shuì	명	세금
■ 892	说不定 shuōbudìng	부	아마, 짐작컨대, 대개
■ 893	说服 shuōfú	동	설득하다, 납득시키다
■ 894	撕 sī	동	(손으로) 찢다, 뜯다, 떼어 내다
■ 895	丝绸 sīchóu	명	비단, 명주, 견직물
■ 896	丝毫 sīháo	부	조금도, 추호도
■ 897	思考 sīkǎo	동	사고하다, 사색하다, 사유하다, 깊이 생각하다
■ 898	思想 sīxiǎng	명	사상, 의식
■ 899	私人 sīrén	명	개인, 개인 간, 민간
■ 900	似乎 sìhū	부	마치 ~인 것 같다
■ 901	搜索 sōusuǒ	동	(인터넷에) 검색하다, 수색하다
■ 902	宿舍 sùshè	명	기숙사
■ 903	随身 suíshēn	동	몸에 지니다, 휴대하다
■ 904	随时 suíshí	부	수시로, 아무 때나, 언제든지
■ 905	随手 suíshǒu	부	~하는 김에, 겸해서
■ 906	碎 suì	동	부서지다, 깨지다
■ 907	损失 sǔnshī	동	손실되다, 손해 보다
■ 908	缩短 suōduǎn	동	단축하다, 줄이다
■ 909	所 suǒ	명 장소, 곳 양 채, 곳[건물·기관을 세는 단위]
■ 910	锁 suǒ	명 자물쇠 동 잠그다, 걸다

T

911	台阶 táijiē	명	층계, 계단
912	太极拳 tàijíquán	명	태극권
913	太太 tàitai	명	처, 아내, 부인
914	谈判 tánpàn	동	담판하다, 회담하다, 협상하다
915	坦率 tǎnshuài	형	솔직하다, 정직하다, 담백하다
916	烫 tàng	형	몹시 뜨겁다
917	桃 táo	명	(~儿) 복숭아
918	逃 táo	동	도망치다, 달아나다
919	逃避 táobì	동	도피하다
920	淘气 táoqì	형	장난이 심하다, 말을 듣지 않다
921	讨价还价 tǎojià huánjià	성어	값을 흥정하다
922	套 tào	명	(~儿, ~子) 커버, 덮개 동 씌우다, 덧씌우다, 껴입다
923	特色 tèsè	명	특색, 특징
924	特殊 tèshū	형	특수하다, 특별하다
925	特征 tèzhēng	명	특징
926	疼爱 téng'ài	동	매우 귀여워하다, 사랑하다
927	提倡 tíchàng	동	제창하다
928	提纲 tígāng	명	요점, 요강, 개요
979	提问 tíwèn	동	(주로 교사가 학생에게) 질문하다
930	题目 tímù	명	제목, 표제
931	体会 tǐhuì	동	체득하다, 체험하여 터득하다
932	体贴 tǐtiē	동	자상하게 돌보다, 보살피다
933	体现 tǐxiàn	동	구현하다, 구체적으로 드러내다
934	体验 tǐyàn	동	체험하다 명 체험
935	天空 tiānkōng	명	하늘, 공중
936	天真 tiānzhēn	형	천진하다, 순진하다, 꾸밈이 없다
937	调皮 tiáopí	형	장난스럽다, 장난이 심하다, 짓궂다
938	调整 tiáozhěng	동	조정하다, 조절하다

HSK 5급 필수 단어 1300

■ 939	挑战 tiǎozhàn	명 도전 동 도전하다
■ 940	通常 tōngcháng	명 평상시, 보통, 통상
■ 941	统一 tǒngyī	동 통일하다, 하나로 일치되다
■ 942	痛苦 tòngkǔ	명 고통, 아픔, 비통, 고초 형 고통스럽다
■ 943	痛快 tòngkuài	형 통쾌하다, 즐겁다, 유쾌하다
■ 944	偷 tōu	동 훔치다, 도둑질하다
■ 945	投入 tóurù	동 돌입하다, 뛰어들다, 참가하다
■ 946	投资 tóuzī	동 (특정 목적을 위해) 투자하다, 자금을 투입하다
■ 947	透明 tòumíng	형 투명하다
■ 948	突出 tūchū	동 돌파하다, 뚫다 형 두드러지다
■ 949	土地 tǔdì	명 토지, 전지, 농토, 땅
■ 950	土豆 tǔdòu	명 감자
■ 951	吐 tù	동 토하다, 게우다
■ 952	兔子 tùzi	명 토끼
■ 953	团 tuán	명 단체, 집단, 덩어리, 뭉치
■ 954	推辞 tuīcí	동 거절하다, 사양하다, 물리다
■ 955	推广 tuīguǎng	동 널리 보급하다, 일반화하다
■ 956	推荐 tuījiàn	동 추천하다, 천거하다, 소개하다
■ 957	退 tuì	동 물러나다, 물러서다, 반품하다
■ 958	退步 tuìbù	동 퇴보하다, 후퇴하다, 악화하다
■ 959	退休 tuìxiū	동 퇴직하다, 퇴임하다, 은퇴하다

W

■ 960	歪 wāi	형 비뚤다, 기울다, 비스듬하다
■ 961	外公 wàigōng	명 외조부, 외할아버지
■ 962	外交 wàijiāo	명 외교
■ 963	玩具 wánjù	명 장난감, 완구
■ 964	完美 wánměi	형 매우 훌륭하다, 완전무결하다
■ 965	完善 wánshàn	형 완벽하다, 흠잡을 데가 없다

966	完整	wánzhěng	형	온전하다, 완전하다, 완전무결하다
967	万一	wànyī	부	만일, 만약에, 혹시
968	王子	wángzǐ	명	왕자
969	往返	wǎngfǎn	동	왕복하다, 오가다
970	网络	wǎngluò	명	네트워크, 인터넷
971	危害	wēihài	동 해를 끼치다, 손상시키다	명 위해, 해
972	微笑	wēixiào	동 미소 짓다, 웃음 짓다	명 미소
973	威胁	wēixié	동	(무력·권세로) 위협하다, 협박하다
974	违反	wéifǎn	동	위반하다, 위배하다, 범하다
975	围巾	wéijīn	명	목도리, 머플러, 스카프
976	围绕	wéirào	동	둘러싸다, 주위를 돌다
977	维修	wéixiū	동	수리하다, 보수하다, 수선하다
978	唯一	wéiyī	형	유일하다, 하나밖에 없다
979	尾巴	wěiba	명	꼬리, 꽁무니
980	伟大	wěidà	형	위대하다
981	委屈	wěiqu	형	억울하다, 답답하다, 괴롭다
982	胃	wèi	명	위(장)
983	胃口	wèikǒu	명	위, 식욕
984	未必	wèibì	부	반드시 ~한 것은 아니다, 꼭 ~하다고 할 수 없다
985	未来	wèilái	명	미래, 조만간, 향후
986	位于	wèiyú	동	~에 위치하다
987	位置	wèizhi	명	위치
988	温暖	wēnnuǎn	형	따뜻하다, 온난하다, 따스하다
989	温柔	wēnróu	형	온유하다, 부드럽고 상냥하다
990	闻	wén	동	듣다, 냄새를 맡다
991	文件	wénjiàn	명	문서[공문·서류·서신 등의 총칭]
992	文具	wénjù	명	문구, 문방구
993	文明	wénmíng	명	문명
994	文学	wénxué	명	문학

HSK 5급 필수 단어 1300

■ 995	文字 wénzì	명	문자, 글자
■ 996	吻 wěn	동	입맞춤하다, 키스하다
■ 997	稳定 wěndìng	형	안정되다
■ 998	问候 wènhòu	동	안부를 묻다, 문안드리다
■ 999	卧室 wòshì	명	침실
■ 1000	握手 wòshǒu	동	악수하다, 손을 잡다
■ 1001	屋子 wūzi	명	방
■ 1002	无奈 wúnài	동	어찌해 볼 도리가 없다, 방법이 없다
■ 1003	无数 wúshù	형	무수히 많다, 수를 헤아릴 수 없다
■ 1004	无所谓 wúsuǒwèi		상관없다, 아랑곳없다, 개의치 않다
■ 1005	武术 wǔshù	명	무술
■ 1006	勿 wù	부	~해서는 안 된다, ~하지 마라
■ 1007	雾 wù	명	안개
■ 1008	物理 wùlǐ	명	물리(학)
■ 1009	物质 wùzhì	명	물질

X

■ 1010	吸取 xīqǔ	동	흡수하다, 빨아들이다, 섭취하다
■ 1011	吸收 xīshōu	동	섭취하다, 흡수하다
■ 1012	系 xì	명 계통, 계열, 학과 동	맺다, 관련되다
■ 1013	系统 xìtǒng	명	계통, 체계, 시스템
■ 1014	细节 xìjié	명	자세한 사정, 세부 (사항)
■ 1015	戏剧 xìjù	명	희극, 연극, 가극, 오페라
■ 1016	瞎 xiā	동 눈이 멀다, 실명하다 부	제멋대로, 함부로
■ 1017	吓 xià	동	놀라다, 무서워하다, 두려워하다
■ 1018	夏令营 xiàlìngyíng	명	여름 학교, 여름 캠프, 하계 캠프
■ 1019	下载 xiàzǎi	동	다운로드하다
■ 1020	鲜艳 xiānyàn	형	화려하다, 산뜻하고 아름답다
■ 1021	显得 xiǎnde	동	드러나다, ~하게 보이다

■ 1022	显然	xiǎnrán	형	(상황·이치가) 명백하다, 분명하다
■ 1023	显示	xiǎnshì	동	현시하다, 분명하게 표현하다
■ 1024	县	xiàn	명	현[중국 행정 구획 단위]
■ 1025	现代	xiàndài	명	현대
■ 1026	现实	xiànshí	명	현실
■ 1027	现象	xiànxiàng	명	현상
■ 1028	限制	xiànzhì	동 제한하다, 한정하다, 속박하다 명 제한, 한계	
■ 1029	香肠	xiāngcháng	명	소시지
■ 1030	相处	xiāngchǔ	동	함께 살다, 지내다
■ 1031	相当	xiāngdāng	부	상당히, 무척, 꽤, 퍽
■ 1032	相对	xiāngduì	부	비교적, 상대적으로
■ 1033	相关	xiāngguān	동	상관이 있다, 서로 관련되다
■ 1034	相似	xiāngsì	형	닮다, 비슷하다, 근사하다
■ 1035	想念	xiǎngniàn	동	그리워하다, 생각하다
■ 1036	想象	xiǎngxiàng	동 상상하다 명 상상	
■ 1037	享受	xiǎngshòu	동	누리다, 향유하다, 즐기다
■ 1038	项	xiàng	명	항목, 조항
■ 1039	项链	xiàngliàn	명	목걸이
■ 1040	项目	xiàngmù	명	항목, 종목, 사항
■ 1041	象棋	xiàngqí	명	중국 장기
■ 1042	象征	xiàngzhēng	동 상징하다, 표시하다, 나타내다 명 상징, 표상	
■ 1043	消费	xiāofèi	동	소비하다
■ 1044	消化	xiāohuà	동	소화하다
■ 1045	消极	xiāojí	형	소극적이다, 의기소침하다
■ 1046	消失	xiāoshī	동	자취를 감추다, 사라지다
■ 1047	销售	xiāoshòu	동	팔다, 판매하다
■ 1048	小麦	xiǎomài	명	밀
■ 1049	小气	xiǎoqi	형	인색하다, 박하다, 짜다
■ 1050	效率	xiàolǜ	명	(작업 등의) 능률, 효율

■ 1051	孝顺 xiàoshùn	동	효도하다, 공경하다
■ 1052	歇 xiē	동	휴식하다, 쉬다
■ 1053	斜 xié	형	기울다, 비스듬하다, 비뚤다
■ 1054	血 xiě / xuè	명	피
■ 1055	写作 xiězuò	동 글을 짓다, 저작하다 명 (문학) 작품, 창작	
■ 1056	心理 xīnlǐ	명	심리
■ 1057	心脏 xīnzàng	명	심장
■ 1058	欣赏 xīnshǎng	동	감상하다
■ 1059	信号 xìnhào	명	신호, 사인
■ 1060	信任 xìnrèn	동	신임하다, 신뢰하다, 믿고 맡기다
■ 1061	形成 xíngchéng	동	형성되다, 이루어지다
■ 1062	形容 xíngróng	동	형용하다, 묘사하다
■ 1063	形式 xíngshì	명	형식, 형태
■ 1064	形势 xíngshì	명	정세, 형편, 상황
■ 1065	形象 xíngxiàng	명	인상, 이미지, 형상
■ 1066	形状 xíngzhuàng	명	형상, 물체의 외관, 생김새
■ 1067	行动 xíngdòng	명	행동, 동작, 행위
■ 1068	行人 xíngrén	명	행인, 길을 가는 사람
■ 1069	行为 xíngwéi	명	행위, 행동, 행실
■ 1070	幸亏 xìngkuī	부	다행히, 요행으로, 운 좋게
■ 1071	幸运 xìngyùn	형	운이 좋다, 행운이다
■ 1072	性质 xìngzhì	명	성질, 성분
■ 1073	胸 xiōng	명	가슴, 흉부
■ 1074	兄弟 xiōngdì	명	형제, 형과 아우
■ 1075	修改 xiūgǎi	동	(원고를) 고치다, 수정하다
■ 1076	休闲 xiūxián	동	한가하게 지내다, 한가롭게 보내다
■ 1077	虚心 xūxīn	형	겸손하다, 겸허하다, 자만하지 않다
■ 1078	叙述 xùshù	동	서술하다, 기술하다
■ 1079	宣布 xuānbù	동	선포하다, 공표하다, 선언하다

■ 1080	宣传 xuānchuán	동	선전하다, 홍보하다
■ 1081	学历 xuélì	명	학력
■ 1082	学术 xuéshù	명	학술
■ 1083	学问 xuéwen	명	학식, 지식
■ 1084	询问 xúnwèn	동	알아보다, 물어보다, 의견을 구하다
■ 1085	寻找 xúnzhǎo	동	찾다, 구하다
■ 1086	训练 xùnliàn	동	훈련하다, 훈련시키다
■ 1087	迅速 xùnsù	형	신속하다, 재빠르다, 날래다

Y

■ 1088	押金 yājīn	명	보증금, 담보금
■ 1089	牙齿 yáchǐ	명	이, 치아
■ 1090	延长 yáncháng	동	연장하다
■ 1091	严肃 yánsù	형	엄숙하다, 근엄하다
■ 1092	演讲 yǎnjiǎng	명	강연, 연설 동 강연하다, 연설하다
■ 1093	宴会 yànhuì	명	연회, 파티
■ 1094	阳台 yángtái	명	발코니, 베란다
■ 1095	痒 yǎng	형	가렵다, 간지럽다
■ 1096	样式 yàngshì	명	양식, 형식, 모양, 스타일
■ 1097	腰 yāo	명	허리
■ 1098	摇 yáo	동	흔들다, 흔들어 움직이다
■ 1099	咬 yǎo	동	물다, 깨물다
■ 1100	要不 yàobù	접	그렇지 않으면
■ 1101	夜 yè	명	밤
■ 1102	业务 yèwù	명	업무
■ 1103	业余 yèyú	형	업무 외의, 여가의, 아마추어의
■ 1104	依然 yīrán	형	여전하다, 의연하다, 그대로이다 부 여전히
■ 1105	一辈子 yíbèizi	명	한평생, 일생
■ 1106	一旦 yídàn	부	일단 ~한다면, 만약 ~한다면

HSK 5급 필수 단어 1300

■	1107	一律 yílǜ	형	일률적이다, 한결같다
■	1108	一再 yízài	부	수차, 거듭, 반복해서
■	1109	一致 yízhì	형	일치하다
■	1110	移动 yídòng	동	옮기다, 움직이다, (위치를) 변경하다
■	1111	移民 yímín	동	이민하다
■	1112	遗憾 yíhàn	동	유감이다, 섭섭하다
■	1113	疑问 yíwèn	명	의문, 의혹
■	1114	乙 yǐ	명	을, 두 번째
■	1115	以及 yǐjí	접	및, 그리고, 아울러
■	1116	以来 yǐlái	명	이래, 동안
■	1117	亿 yì	수	억
■	1118	议论 yìlùn	동	의논하다, 논의하다
■	1119	意外 yìwài	형	의외의, 뜻밖의, 뜻하지 않은
■	1120	意义 yìyì	명	의의, 의미, 뜻
■	1121	义务 yìwù	명	의무
■	1122	因而 yīn'ér	접	그러므로, 그런 까닭에, 따라서
■	1123	因素 yīnsù	명	(구성) 요소, 성분
■	1124	银 yín	명	은, 은색
■	1125	印刷 yìnshuā	동	인쇄하다
■	1126	英俊 yīngjùn	형	재능이 출중하다, 용모가 준수하다
■	1127	英雄 yīngxióng	명	영웅
■	1128	迎接 yíngjiē	동	영접하다, 마중하다
■	1129	营养 yíngyǎng	명	영양
■	1130	营业 yíngyè	동	영업하다
■	1131	影子 yǐngzi	명	그림자
■	1132	硬 yìng	형	딱딱하다, 단단하다, 굳다
■	1133	硬件 yìngjiàn	명	하드웨어
■	1134	应付 yìngfù	동	대응하다, 대처하다
■	1135	应用 yìngyòng	동	응용하다, 이용하다, 사용하다

■ 1136	拥抱	yōngbào	동	포옹하다, 껴안다
■ 1137	拥挤	yōngjǐ	동 한데 모이다, 한 곳으로 밀리다	형 혼잡하다, 밀리다
■ 1138	勇气	yǒngqì	명	용기
■ 1139	用功	yònggōng	동	노력하다, 열심히 공부하다
■ 1140	用途	yòngtú	명	용도
■ 1141	优惠	yōuhuì	형	특혜의, 우대의
■ 1142	优美	yōuměi	형	우아하고 아름답다
■ 1143	优势	yōushì	명	우세, 우위
■ 1144	悠久	yōujiǔ	형	유구하다, 장구하다
■ 1145	游览	yóulǎn	동	(풍경·명승 등을) 유람하다
■ 1146	犹豫	yóuyù	형	머뭇거리다, 주저하다, 망설이다
■ 1147	油炸	yóuzhá	동	기름에 튀기다, 식용유로 튀기다
■ 1148	有利	yǒulì	형	유리하다, 이롭다, 좋은 점이 있다
■ 1149	幼儿园	yòu'éryuán	명	유치원
■ 1150	娱乐	yúlè	동 오락하다, 즐겁게 소일하다	명 오락
■ 1151	与其	yǔqí	접	~하기보다는, ~하느니 (차라리)
■ 1152	语气	yǔqì	명	어투, 말투
■ 1153	预报	yùbào	동 미리 알리다, 예보하다	명 예보
■ 1154	预订	yùdìng	동	예약하다
■ 1155	预防	yùfáng	동	예방하다
■ 1156	玉米	yùmǐ	명	옥수수, 강냉이
■ 1157	圆	yuán	형	둥글다
■ 1158	元旦	Yuándàn	고유	신정, 원단, 양력 1월 1일
■ 1159	员工	yuángōng	명	직원, 종업원
■ 1160	原料	yuánliào	명	원료, 감
■ 1161	原则	yuánzé	명	원칙
■ 1162	愿望	yuànwàng	명	희망, 소망, 바람, 소원
■ 1163	乐器	yuèqì	명	악기
■ 1164	晕	yūn	형	어지럽다, 어질어질하다

HSK 5급 필수 단어 1300

■ 1165	运气	yùnqi	명 운, 운수, 운세, 운명
■ 1166	运输	yùnshū	동 운수하다, 운송하다, 수송하다
■ 1167	运用	yùnyòng	동 운용하다, 활용하다, 응용하다

Z

■ 1168	灾害	zāihài	명 재해, 재난, 화, 환난
■ 1169	在乎	zàihu	동 ~에 (달려) 있다, 마음에 두다, 개의하다
■ 1170	在于	zàiyú	동 ~에 있다, ~에 달려 있다
■ 1171	再三	zàisān	부 재삼, 두세 번, 몇 번씩
■ 1172	赞成	zànchéng	동 (다른 사람의 주장·행위에) 찬성하다, 동의하다
■ 1173	赞美	zànměi	동 찬미하다, 찬양하다, 칭송하다
■ 1174	糟糕	zāogāo	동 못쓰게 되다, 엉망이 되다, 아뿔싸
■ 1175	造成	zàochéng	동 형성하다, 조성하다, 초래하다
■ 1176	则	zé	명 규칙, 규정, 제도 접 ~하면 곧 ~하다
■ 1177	责备	zébèi	동 탓하다, 책망하다, 꾸짖다
■ 1178	摘	zhāi	동 (식물의 꽃·열매·잎을) 따다, 꺾다
■ 1179	窄	zhǎi	형 협소하다, (폭이) 좁다
■ 1180	粘贴	zhāntiē	동 (풀 따위로) 붙이다, 바르다
■ 1181	展开	zhǎnkāi	동 펴다, 펼치다
■ 1182	展览	zhǎnlǎn	동 전람하다, 전시하다
■ 1183	占	zhàn	동 (토지·장소를) 차지하다, 점령하다
■ 1184	战争	zhànzhēng	명 전쟁
■ 1185	涨	zhǎng	동 (수위·물가 등이) 오르다
■ 1186	长辈	zhǎngbèi	명 집안 어른, 손윗사람, 연장자
■ 1187	掌握	zhǎngwò	동 숙달하다, 정통하다, 파악하다
■ 1188	账户	zhànghù	명 계좌, 수입 지출의 명세
■ 1189	招待	zhāodài	동 접대하다, 대접하다
■ 1190	着火	zháohuǒ	동 불나다, 불붙다
■ 1191	着凉	zháoliáng	동 감기에 걸리다

HSK를 대하는 자세를 바꾸다
중단기 HSK 5급 기적의 필기노트

■ 1192	照常	zhàocháng	동	평소대로 하다, 평소와 같다
■ 1193	召开	zhàokāi	동	(회의를) 열다, 개최하다, 소집하다
■ 1194	哲学	zhéxué	명	철학
■ 1195	针对	zhēnduì	동	겨누다, 조준하다, 초점을 맞추다
■ 1196	真实	zhēnshí	형	진실하다
■ 1197	珍惜	zhēnxī	동	진귀하게 여겨 아끼다, 귀중히 여기다
■ 1198	诊断	zhěnduàn	동	진단하다
■ 1199	阵	zhèn	명 양	(군대의) 진, 진영, 전장 번, 바탕[잠시 지속되는 동작·현상을 세는 단위]
■ 1200	振动	zhèndòng	동	진동하다
■ 1201	睁	zhēng	동	(눈을) 크게 뜨다
■ 1202	争论	zhēnglùn	동	변론하다, 쟁론하다, 논쟁하다
■ 1203	争取	zhēngqǔ	동	쟁취하다, 얻어 내다, 따내다
■ 1204	征求	zhēngqiú	동	(서면·구두로) 널리 구하다
■ 1205	整个	zhěnggè	명	온, 모든, 전체의
■ 1206	整齐	zhěngqí	형	정연하다, 단정하다, 깔끔하다
■ 1207	整体	zhěngtǐ	명	(한 집단의) 전부, 전체, 총체
■ 1208	正	zhèng	형	곧다, 바르다, 정면의 부 바로, 마침, 막
■ 1209	挣	zhèng	동	(돈·재산 등을) 노력하여 얻다, 벌다
■ 1210	政府	zhèngfǔ	명	정부
■ 1211	政治	zhèngzhì	명	정치
■ 1212	证件	zhèngjiàn	명	(학생증·신분증 등의) 증명서
■ 1213	证据	zhèngjù	명	증거
■ 1214	支	zhī	동	받치다, 세우다, 지탱하다 양 개, 자루
■ 1215	支票	zhīpiào	명	수표
■ 1216	直	zhí	형	곧다, 수직이다 부 곧장, 줄곧
■ 1217	执照	zhízhào	명	면허증, 인가증, 허가증
■ 1218	指导	zhǐdǎo	동	지도하다, 이끌어 주다
■ 1219	指挥	zhǐhuī	동	지휘하다
■ 1220	制定	zhìdìng	동	(방침·정책·법률·제도 등을) 제정하다

HSK 5급 필수 단어 1300

■	1221	制度 zhìdù	명	제도, 규칙
■	1222	制造 zhìzào	동	제조하다, 만들다
■	1223	制作 zhìzuò	동	제작하다, 만들다
■	1224	智慧 zhìhuì	명	지혜
■	1225	至今 zhìjīn	부	지금까지, 여태껏, 오늘까지
■	1226	至于 zhìyú	동	~의 정도에 이르다, ~한 결과에 이르다
■	1227	治疗 zhìliáo	동	치료하다
■	1228	秩序 zhìxù	명	질서
■	1229	志愿者 zhìyuànzhě	명	지원자, 자원봉사자
■	1230	中介 zhōngjiè	동	중개하다, 매개하다
■	1231	中心 zhōngxīn	명	한가운데, 중심, 복판, 센터
■	1232	中旬 zhōngxún	명	중순
■	1233	种类 zhǒnglèi	명	종류
■	1234	重大 zhòngdà	형	중대하다, 무겁고 크다
■	1235	重量 zhòngliàng	명	중량, 무게
■	1236	周到 zhōudào	형	세심하다, 치밀하다, 꼼꼼하다
■	1237	猪 zhū	명	돼지
■	1238	逐步 zhúbù	부	한 걸음 한 걸음, 점차
■	1239	逐渐 zhújiàn	부	점점, 점차
■	1240	竹子 zhúzi	명	대나무
■	1241	煮 zhǔ	동	삶다, 끓이다, 익히다
■	1242	主持 zhǔchí	동	주관하다, 주재하다, 사회를 보다
■	1243	主动 zhǔdòng	형	주동적이다, 능동적이다
■	1244	主观 zhǔguān	형	주관적이다
■	1245	主人 zhǔrén	명	주인
■	1246	主任 zhǔrèn	명	장, 주임
■	1247	主题 zhǔtí	명	(말·글·예술 작품의) 주제
■	1248	主席 zhǔxí	명	의장, 주석
■	1249	主张 zhǔzhāng	동	주장하다 명 주장, 견해

■ 1250	注册 zhùcè	동	(주관 기관·학교 등에) 등록하다
■ 1251	祝福 zhùfú	동	축복하다, 기원하다, 축원하다
■ 1252	抓 zhuā	동	꽉 쥐다, 긁다
■ 1253	抓紧 zhuājǐn	동	꽉 쥐다, 단단히 잡다, 놓치지 않다
■ 1254	专家 zhuānjiā	명	전문가
■ 1255	专心 zhuānxīn	형	전심전력하다, 전념하다, 몰두하다, 열중하다
■ 1256	转变 zhuǎnbiàn	동	전환하다, 바꾸다, 바뀌다
■ 1257	转告 zhuǎngào	동	전언하다, (말을) 전달하다
■ 1258	装 zhuāng	동	싣다, 적재하다, 포장하다, 가장하다
■ 1259	装饰 zhuāngshì	명	장식(품)
■ 1260	装修 zhuāngxiū	동	장식하고 꾸미다, 인테리어하다
■ 1261	撞 zhuàng	동	부딪치다
■ 1262	状况 zhuàngkuàng	명	상황, 형편, 상태
■ 1263	状态 zhuàngtài	명	상태
■ 1264	追 zhuī	동	뒤쫓다, 쫓아가다, 추격하다
■ 1265	追求 zhuīqiú	동	추구하다, 탐구하다
■ 1266	资格 zīgé	명	자격
■ 1267	资金 zījīn	명	자금
■ 1268	资料 zīliào	명	자료
■ 1269	资源 zīyuán	명	자원
■ 1270	姿势 zīshì	명	자세, 모양
■ 1271	咨询 zīxún	동	자문하다, 상의하다, 의논하다
■ 1272	紫 zǐ	형	자색의, 자줏빛의
■ 1273	自从 zìcóng	전	~에서, ~부터
■ 1274	自动 zìdòng	형	자발적이다, 주체적이다, 자동적이다
■ 1275	自豪 zìháo	형	스스로 긍지를 느끼다, 자랑스럽게 생각하다
■ 1276	自觉 zìjué	동	자각하다, 스스로 느끼다
■ 1277	自私 zìsī	형	이기적이다
■ 1278	自由 zìyóu	형	자유롭다 명 자유

HSK 5급 필수 단어 1300

■ 1279	自愿	zìyuàn	동	자원하다
■ 1280	字母	zìmǔ	명	자모, 알파벳
■ 1281	字幕	zìmù	명	자막
■ 1282	综合	zōnghé	동	종합하다
■ 1283	总裁	zǒngcái	명	(정당·그룹의) 총재, 총수
■ 1284	总共	zǒnggòng	부	모두, 전부, 합쳐서, 도합
■ 1285	总理	zǒnglǐ	명	총리
■ 1286	总算	zǒngsuàn	부	겨우, 간신히, 마침내, 드디어
■ 1287	总统	zǒngtǒng	명	총통, 대통령
■ 1288	总之	zǒngzhī	접	총괄적으로 말하면, 요컨대
■ 1289	组	zǔ	명 조, 그룹, 팀 양 벌, 세트
■ 1290	组成	zǔchéng	동	조성하다, 구성하다, 조직하다
■ 1291	组合	zǔhé	명 조합 동 조합하다
■ 1292	组织	zǔzhī	동 조직하다, 구성하다, 결성하다 명 조직
■ 1293	阻止	zǔzhǐ	동	저지하다
■ 1294	醉	zuì	동	취하다
■ 1295	最初	zuìchū	명	최초, 처음, 맨 처음
■ 1296	尊敬	zūnjìng	동	존경하다
■ 1297	遵守	zūnshǒu	동	(규정 등을) 준수하다, 지키다
■ 1298	作品	zuòpǐn	명	창작품, 작품
■ 1299	作为	zuòwéi	동	~으로 여기다, ~으로 삼다
■ 1300	作文	zuòwén	동 작문하다, 글을 짓다 명 작문, 글

듣기

PART 1·2 대화문

UNIT 01　보기가 사람·시간·장소 명사(구)인 문제　p.10
기술 1. 보기 중 대화에 나온 단어와 똑같거나 관련된 명사(구)가 정답이다.
기술 2. 보기 중 대화에 나온 표현과 바꿔 쓸 수 있는 명사(구)가 정답이다.
기술 3. 보기와 일치하는 단어가 여러 개 들리면 하나 이상은 함정이다.
기술 4. 보기가 장소 명사라면 장소를 유추할 수 있는 힌트 단어를 찾아라.

UNIT 02　보기가 사물 명사(구)인 문제　p.15
기술 5. 대화에 나온 단어들로 조합된 보기가 정답이다.
기술 6. 보기가 대화에 나온 단어와 똑같지 않더라도 핵심 키워드가 같으면 정답이다.
기술 7. 대화의 화제를 묻는다면 핵심 키워드를 찾아라.

UNIT 03　이유, 감정을 묻는 문제　p.19
기술 8. 대화에서 이유를 묻거나 설명하는 말을 찾아라.
기술 9. 대화에서 제안을 거절할 경우, 뒤에 나오는 거절의 이유가 핵심이다.
기술 10. 보기가 감정, 기분, 태도를 나타내는 단어라면 대화에서 감정 시그널을 찾아라.
기술 11. 감정 시그널이 들리지 않는다면 어감을 나타내는 단어로 감정을 유추하라.

UNIT 04　제안, 요청을 묻는 문제　p.24
기술 12. '注意(주의하다)', '建议(제안하다)', '推荐(추천하다)', '要(~해야 한다)' 뒤에 정답이 나온다.
기술 13. '请(~해 주세요)', '让(~하게 하다)', '把(~을)' 뒤에 정답이 나온다.
기술 14. '得(~해야 한다)', '多/少+동사(많이/덜 ~해라)' 뒤나 '更(더욱)' 앞에 정답이 나온다.

UNIT 05　종합적인 판단이 필요한 문제　p.28
기술 15. 보기가 동작, 상태를 나타내면 시점과 사람에 주의해서 들어라.
기술 16. 보기에 사람 주어가 있으면 각각의 행동을 구분해서 들어라.
기술 17. 보기에 정도를 나타내는 표현이 있으면 형용사가 핵심이다.

PART 2 단문

UNIT 06　이야기형 단문　p.32
기술 18. 보기가 행동, 상황 묘사라면 녹음과 비슷한 표현이 정답이다.
기술 19. 전후 관계를 나타내는 단어가 들리면 그 앞뒤에 힌트가 있다.
기술 20. 주제나 교훈은 마지막에 나오므로 끝까지 들어라.

HSK를 대하는 자세를 바꾸다
중단기 HSK 5급 기적의 필기노트

| UNIT 07 | 설명형 단문 | p.37 |

기술 21. 보기 중 녹음에 나온 것과 일치하는 표현이 정답이다.

기술 22. 녹음에서 정보를 열거한다면 보기와 대조하며 들어라.

기술 23. 예시나 가설로 부연 설명하는 표현이 들리면 보기와 대조하며 들어라.

| UNIT 08 | 논설형 단문 | p.42 |

기술 24. 견해를 주장하거나 일반화하는 표현이 들리면 보기와 대조하며 들어라.

기술 25. 해야 하는 것과 하지 말아야 하는 것에 대한 주장이 들리면 보기와 대조하며 들어라.

기술 26. 귀납형 논설문에서는 마무리 멘트가 결정적인 힌트다.

독해

PART 1   빈칸 채우기

| UNIT 09 | 문장 성분 파악 유형 | p.50 |

기술 27. 빈칸 앞뒤의 구조조사 的, 地는 문장 성분을 알려주는 신호다.

기술 28. 빈칸이 관형어 자리이면 뒤에 나오는 명사가 힌트다.

기술 29. 빈칸이 부사어 자리이면 뒤에 나오는 술어가 힌트다.

| UNIT 10 | 어휘 호응 파악 유형 | p.55 |

기술 30. 보기 단어가 모두 동사라면 빈칸 앞뒤의 주어나 목적어와 호응하는 동사가 정답이다.

기술 31. 보기 단어가 모두 명사라면 빈칸 앞뒤의 주어나 술어와 호응하는 명사가 정답이다.

기술 32. 빈칸 뒤에 동태조사 了, 着, 过가 있으면 동사 자리로, 주어나 목적어가 힌트다.

기술 33. 빈칸 앞에 정도부사 很, 非常 등이 있으면 형용사 자리로, 앞 절의 내용이나 주어가 힌트다.

| UNIT 11 | 앞뒤 문맥 파악 유형 | p.60 |

기술 34. 보기가 구나 문장이라면 빈칸 앞뒤 절의 접속사나 부사와 호응하는 단어부터 찾아라.

기술 35. 보기가 주어가 없는 문장이라면 빈칸 앞 절의 주어와 연결되는 내용이 정답이다.

기술 36. 보기 문장에 这, 那, 它 등이 있다면 빈칸 앞 절에 지시대사가 가리키는 내용이 있는지 찾아라.

PART 2   지문과 일치하는 문장 고르기

| UNIT 12 | 독해 2부분 문제 풀이 전략 | p.64 |

기술 37. 보기에서 공통된 어휘를 제외하고, 변화된 부분을 지문과 대조하자.

기술 38. 상식적으로 옳더라도 지문에 나오지 않은 내용은 오답이다.

기술 39. 보기에 '要/应该(~해야 한다)'가 있으면 지문의 주제를 찾아라.

| UNIT 13 | 오답 소거하기 | p.69 |

기술 40. 지문과 다르거나 지문에서 언급하지 않은 보기는 오답이다.

기술 41. 보기 중 변화, 비교를 나타내는 표현이 지문과 일치하지 않으면 오답이다.

기술 42. 보기 중 '只(오직)', '最(가장)', '都(모두)'처럼 절대적인 표현은 오답일 확률이 높다.

| UNIT 14 | 정답 찾기 | p.74 |

기술 43. 보기 중 지문 내용을 요약한 표현이 정답이다.

기술 44. 보기 중 지문에 나온 문장과 바꿔 쓸 수 있는 표현이 정답이다.

기술 45. 논설문의 경우 마지막 부분에 결정적인 힌트가 나온다.

PART 3   지문 읽고 질문에 알맞은 답 고르기

| UNIT 15 | 질문 유형별 문제 풀이 전략 1 | p.79 |

기술 46. '为什么(왜)', '原因(원인)'으로 질문하면 술어 내용을 지문에서 찾아 읽어라.

기술 47. '怎么(어떻게)'로 질문하면 지문에서 동일한 주어를 찾아 행동, 상태를 확인하라.

기술 48. 지문 속 밑줄 친 표현의 뜻은 해당 표현 앞뒤에 나와 있거나 글자 그대로 해석할 수 있다.

| UNIT 16 | 질문 유형별 문제 풀이 전략 2 | p.85 |

기술 49. '为了(~을 위해서)', '目的(목적)'로 질문하면 보기에서 의미가 통하는 술어를 찾아라.

기술 50. 时, 前, 后 등으로 시기를 제한하는 질문은 지문에서 같은 시점을 언급한 부분에 정답이 있다.

기술 51. 사례에 관한 질문은 지문 속 해당 사례가 나온 앞뒤에 정답이 있다.

| UNIT 17 | 질문 유형별 문제 풀이 전략 3 | p.91 |

기술 52. '关于(~에 관하여)'로 질문하면 그 뒤의 키워드를 지문에서 찾아 대조하라.

기술 53. 주제에 관한 질문은 지문의 처음 또는 마지막 부분에 힌트가 있다.

기술 54. 제목을 묻는 질문은 전체 내용을 요약한 명사구나 문장이 정답이다.

쓰기

PART 1 제시어 배열하기

UNIT 18 기본 어순 배열하기 p.100
기술 55. 중국어의 문장은 '주어-술어-목적어' 순서로 배열하라.
기술 56. 동태조사 了, 着, 过는 동사 뒤에 붙여 술어 자리에 배열하라.
기술 57. 서술성 목적어를 받는 동사가 있다면 또 다른 동사를 찾아 목적어구를 만들어라.

UNIT 19 관형어, 부사어 배열하기 p.104
기술 58. '수사/지시대사+양사'는 명사 앞 관형어 자리에 배열하라.
기술 59. 구조조사 '的(~의/~한)'는 관형어 뒤, 주어/목적어 앞에 배열하라.
기술 60. 구조조사 '地(~하게)'가 붙은 부사어는 술어 앞에 배열하라.
기술 61. 전치사는 '전치사+명사/대사'구를 만들어 술어 앞 부사어 자리에 배열하라.
기술 62. 정도부사 很, 相当 등은 수식할 형용사 앞에 붙여 관형어나 부사어를 만들어라.

UNIT 20 是자문, 有자문, 比자문 배열하기 p.110
기술 63. 是가 술어이면 주어와 목적어부터 판단하라.
기술 64. '是~的' 구문일 경우, 是와 的 사이에 들어갈 술어를 먼저 찾아라.
기술 65. 有가 술어이면 제시어 중 주어와 목적어를 판단하라.
기술 66. 전치사 比가 있으면 주어와 술어를 먼저 찾고 比 전치사구를 만들어라.

UNIT 21 把자문, 피동문, 겸어문 배열하기 p.115
기술 67. 전치사 把나 将이 있으면 전치사구를 만들어 술어 앞에 배열하라.
기술 68. 전치사 被가 있으면 주어와 술어를 먼저 찾아 주어를 被 앞에 배열하라.
기술 69. 把자문과 피동문에서 부사와 조동사는 把나 被 앞에 배열하라.
기술 70. 동사 使, 让, 令이 있으면 그 뒤에서 목적어와 주어 역할을 겸할 수 있는 어휘를 찾아라.
기술 71. 제시어에 请, 让이 있고 주어가 없다면 주어 없이 명령문을 만들어라.

UNIT 22 연동문, 존현문 배열하기 p.121
기술 72. 동사가 두 개 이상이면 동작의 발생 순서대로 배열하라.
기술 73. 여러 개의 동사 중 하나가 有라면 첫 번째 동사 자리에 배열하라.
기술 74. '동사+着', 有가 장소를 나타내는 단어와 함께 나왔다면 장소를 주어 자리에 배열하라.
기술 75. 출현 여부, 소실을 나타내는 동사가 술어이면 시간 명사, 장소 명사를 주어 자리에 배열하라.

HSK 5급 합격 기술 88

UNIT 23   보어 배열하기   p.126

기술 76. 구조조사 得가 있으면 술어 동사나 형용사를 得 앞에 배열하라.

기술 77. 일부 전치사구는 보어로 쓰이므로 술어 뒤에 배열해야 한다.

기술 78. 전치사 在, '동사+在' 뒤에는 장소 명사, 시간 명사를 배열하라.

기술 79. (上/下/进/出/回/过/起+)来/去 등 방향을 나타내는 동사가 있다면 동사나 형용사 뒤에 배열하라.

기술 80. 동작의 횟수, 지속 시간, 변화량 등을 나타내는 단어는 술어 뒤에 배열하라.

PART 2   작문하기

UNIT 24   제시어로 작문하기   p.132

기술 81. 제시어를 모두 사용할 수 있는 주제를 정하고 제시어를 활용한 구문을 만들어라.

기술 82. 스토리를 구상하고 도입, 전개, 마무리로 작문 뼈대를 만들어라.

기술 83. 문장을 접속사, 부사 등으로 업그레이드하라.

기술 84. IBT 시험 중 글자 수가 부족하다면 관형어, 부사어, 의문문으로 글자 수를 늘려라.

UNIT 25   사진 보고 작문하기   p.137

기술 85. 사진 속의 소재, 배경을 바탕으로 스토리를 구상하고 주요 어휘와 구문을 정하라.

기술 86. 사진 속의 상황과 인물 표정으로 사건에서 변화되는 감정을 서술하라.

기술 87. 회화체보다는 서면어로, 쉬운 어휘보다 고급 어휘로 바꿔 작문하라.

기술 88. 도입부나 마무리에는 글의 메시지를 담아라.